新商科"互联网+教育"新形态电子商务系列教材

电子商务法律法规

（第3版）

孔令秋　郭海霞◎主编　　于潇洋◎副主编

电子工业出版社

Publishing House of Electronics Industry

北京·BEIJING

内容简介

本书坚持以"理论+实践"的教学模式为主导，即把电子商务法的课程体系划分为课堂理论教学和电子商务法律实践环节，紧紧围绕电子商务法律实践工作流程，将实体法与程序法有机结合起来，以保证本教材的实用性和知识的全面性。本教材涵盖了电子商务法概述、电子商务主体法律制度、电子签名、电子认证与电子合同法律制度、电子支付法律制度、新兴电子商务模式的法律规制、电子商务安全保障与争议解决法律制度、其他相关电子商务法律制度等内容。本教材力求教与学互动，引导学生主动思考，强化学生对电子商务法律法规的掌握与运用。

未经许可，不得以任何方式复制或抄袭本书之部分或全部内容。
版权所有，侵权必究。

图书在版编目（CIP）数据

电子商务法律法规/孔令秋，郭海霞主编．—3版．—北京：电子工业出版社，2021.9
ISBN 978-7-121-41925-6

Ⅰ.①电⋯ Ⅱ.①孔⋯ ②郭⋯ Ⅲ.①电子商务—法规—中国—高等学校—教材 Ⅳ.①D922.294

中国版本图书馆CIP数据核字（2021）第177732号

责任编辑：刘淑敏　　　　特约编辑：田学清
印　　刷：北京七彩京通数码快印有限公司
装　　订：北京七彩京通数码快印有限公司
出版发行：电子工业出版社
　　　　　北京市海淀区万寿路173信箱　　邮编：100036
开　　本：787×1092　1/16　印张：13.5　字数：354.3千字
版　　次：2010年1月第1版
　　　　　2021年9月第3版
印　　次：2024年7月第6次印刷
定　　价：49.80元

凡所购买电子工业出版社图书有缺损问题，请向购买书店调换。若书店售缺，请与本社发行部联系，联系及邮购电话：(010) 88254888, 88258888。
质量投诉请发邮件至 zlts@phei.com.cn，盗版侵权举报请发邮件至 dbqq@phei.com.cn。
本书咨询联系方式：(010) 88254199, sjb@phei.com.cn。

前　　言

随着电子商务这一新兴产业在我国的蓬勃发展,"电子商务法"课程已成为全国高等学校法学专业、电子商务专业教学中不可或缺的专业课程。为了适应《中华人民共和国电子商务法》颁布后"电子商务法"课程教学的需求,修订后的《电子商务法律法规》(第3版)仍坚持以解决实际电子商务法律问题为目的,紧紧围绕电子商务法律实践工作流程,将实体法与程序法有机结合起来,以保证本教材的实用性和知识的全面性。在内容安排上,本教材沿用了上一版教材的结构体系,在此基础上,结合近年来电子商务及相关法律发展的内容,对第2版教材中的部分章节进行了完善和充实,并更换了绝大部分案例。

本教材以"理论+实践"的教学模式为主导,即把"电子商务法"的课程体系划分为课堂理论教学和电子商务法律实践环节。本教材主要包括如下模块。

引导性案例:每章都设有"引导性案例",通过具体生动的典型案例,将学生带入特定事件的现场进行案例分析,引导学生参与分析、讨论、表达等活动。通过学生的独立思考或集体协作,让学生在具体的问题情境中进一步提高其识别、分析和解决某一具体问题的能力,培养学生的学习兴趣,激发学生学习理论的热情。

本章学习目标:每章均设有"本章学习目标"。学习目标是分析教材和指导学生行为的依据,对学生了解预期结果具有明确的导向和激励作用,是教学活动的出发点与落脚点。学习目标达成与否是对教师教学评价的主要内容和标准之一,也是对学生学习评价的主要内容和标准之一。

能力指标解析表:本教材每章前都设置"能力指标解析表",通过权重的方式标明各部分知识内容在本章中的重要程度,易于学生知晓和掌握本章的重点、难点。通过知识学习及技能实训后便于学生检验对该章内容的掌握程度。

职业指导:为了使学生更好地将在校时的"所学"与就业时的"所需"结合起来,本教材设有"职业指导",介绍电子商务行业的发展状况、人才需求等情况。

理论知识:本教材每章的单元内容主要阐述基本理论知识,并与该章实践技能操作相对应,学生可以用最短的时间掌握"3基"(基本理论、基本知识和基本技能),并将所学的知识转化到实践领域。

法律提示:本教材在讲述一些关键法律问题时列出了相应法条,便于学生掌握该法条的核心所在。

学而思:通过设问,将思想品德、法治意识和职业道德等内容有机地融于教材之中,以实现课程思政的目标。

案例与思考:通过课程思政与经典案例的有机结合,将学生培养成为具有法治思维、高道德水准和职业操守的高素质人才。

自测题:本教材每章均设有"自测题"。在课堂教学中,教师将电子商务法的有关知识传输给学生,学生通过自测题可以检验自己对知识的掌握程度并反馈给教师,教师可以据此诊断教学效果,随时反思自己原来的教学方案,调整课时计划;同时,知识和技能掌握情况的反馈能有效调动、激励学生和教师双方的非智力因素，使学与教达到最佳效果。

实训题：在"电子商务法"课程教学中，实践技能操作能够使学生的基本理论、基本知识与实践充分结合，使学生更加深入地了解电子商务实践中可能出现的法律问题，运用基本理论对网上的真实案例进行解读，亲身体会电子商务活动中的法律问题。

小组任务：为了巩固所学的理论知识，增强学生的实践技能和团队精神，本教材在每章最后均设有"小组任务"，要求学生以小组为单位进行案例模拟与角色分配。学生通过案例模拟，可以对所学法律内容有更深层次的理解，同时对诉讼程序也更加熟悉。

本教材由孔令秋（哈尔滨学院）、郭海霞（东北农业大学）担任主编；于潇洋（东北农业大学）担任副主编。具体编写分工如下：第1章、第4章由郭海霞编写，第3章由于潇洋编写，第5～7章由孔令秋编写，第2章由孔令秋、郭海霞编写，全书由隋东旭、郭海霞统稿。

本教材在编写过程中参阅和借鉴了大量的相关书籍、报纸、学术论文和网站内容，在此表示感谢。由于编者水平有限，书中的缺点和错误在所难免，恳请专家、读者不吝赐教。编者邮箱为klq2006@126.com。

编　者

目 录

第1章 电子商务法概述 1
- 1.1 电子商务法的基本含义 3
- 1.2 电子商务立法概况 10
- 1.3 电子商务法律法规体系说明 18
- 自测题 20
- 实训题 21
- 小组任务 23

第2章 与电子商务经营者、消费者相关的法律制度 24
- 2.1 电子商务经营者 26
- 2.2 电子商务中消费者权益的法律保护 36
- 自测题 45
- 实训题 47
- 小组任务 48

第3章 电子签名与电子合同法律制度 49
- 3.1 电子签名与电子合同概述 51
- 3.2 数据电文的法律效力 57
- 3.3 电子签名的法律效力 59
- 3.4 电子认证的法律规定 62
- 3.5 电子合同的法律制度 70
- 自测题 85
- 实训题 86
- 小组任务 87

第4章 电子支付法律制度 88
- 4.1 电子支付概述 90
- 4.2 电子支付法律关系主体及其法律责任 100
- 4.3 电子银行法律制度 106
- 4.4 第三方支付法律制度 110
- 自测题 116
- 实训题 119
- 小组任务 119

第5章 新兴电子商务模式的法律规制 121
- 5.1 网络直播营销行为规范 123
- 5.2 跨境电子商务法律法规 132
- 自测题 139
- 实训题 141
- 小组任务 141

第6章 电子商务安全保障与争议解决法律制度 143
- 6.1 电子商务安全及其法律保护 145
- 6.2 电子商务与网络犯罪 153
- 6.3 电子商务争议解决法律制度 159
- 自测题 167
- 实训题 169
- 小组任务 169

第7章 其他相关电子商务法律制度 170
- 7.1 电子商务中的隐私权和个人信息的法律保护 172
- 7.2 电子商务中的域名法律保护 178
- 7.3 电子商务与著作权保护 184
- 7.4 电子商务税收法律制度 193
- 自测题 203
- 实训题 205
- 小组任务 206

参考文献 207

第1章

电子商务法概述

【引导性案例】

《中华人民共和国电子商务法》的立法过程与立法思路

2018年8月31日,第十三届全国人民代表大会常务委员会第五次会议以167票赞成、1票反对、3票弃权,表决通过了《中华人民共和国电子商务法》(以下简称《电子商务法》),并由中华人民共和国主席令第七号公布,自2019年1月1日起施行。

《电子商务法》是我国电子商务领域的第一部综合性、基础性法律。该法的颁布,对于充分发挥立法的引领和推动作用,保障电子商务各方主体的合法权益,规范电子商务行为,促进电子商务持续健康发展,具有重要意义。

制定电子商务法的立法过程

电子商务法立法引起了社会广泛关注,从起草组第一次会议到草案审议通过历时近五年,经全国人大常委会四次审议,三次向社会公开征求意见,各方积极参与、充分讨论,全国人大常委会在立法过程中坚持民主立法、科学立法、依法立法,认真回应社会关切、慎重决策,最终通过的法律凝聚了最广泛的社会共识,可谓来之不易。

2013年9月,中央批准十二届全国人大常委会立法规划,电子商务法列为立法项目,由全国人大财政经济委员会负责牵头起草;2013年12月,全国人大财政经济委员会牵头组织成立由国务院十二个部门参加的电子商务法起草组。经过近三年的调研、论证,形成电子商务法草案;2016年4月,电子商务法起草领导小组会议讨论并原则同意草案。

2016年12月,《中华人民共和国电子商务法(草案)》提请十二届全国人大常委会第二十五次会议审议。

2017年10月,十二届全国人大常委会第三十次会议对草案进行了第二次审议。

2018年6月,十三届全国人大常委会第三次会议对草案进行了第三次审议。

2018年8月31日,十三届全国人大常委会第五次会议审议通过了《电子商务法》。

电子商务法立法思路

第一,保障并支持电子商务创新发展。《电子商务法》充分认识到电子商务在经济社会发展中的地位和作用,坚持"创新是引领发展的第一动力"的要求,充分发挥立法的引领和推动作用,保障并支持电子商务的创新发展。

第二,规范经营与促进发展并重。《电子商务法》遵循规范经营与促进发展并重的思路,针对电子商务活动的特点和实践中反映的突出问题,聚焦于规范电子商务经营者特别是平台经营者,对其义务与责任做出规定,以更好地保证交易安全,保护用户和消费者权益,维护市场秩序。

第三，处理好与有关民事法律和行政管理法律的关系。对现行法律已有明确规定的，不再做重复规定，同时明确与相关法律的衔接。电子商务法主要针对电子商务实践中的突出问题和特有领域确立了新的规范，体现了法律体系的完整性、统一性和协调性。

（资料来源：https://www.sohu.com/a/270892799_221481）

【本章学习目标】

1. 掌握电子商务的含义，熟悉电子商务的基本构成要素。
2. 掌握电子商务法的调整对象和电子商务法律关系。
3. 理解电子商务法的定义和《电子商务法》的基本内容。
4. 了解电子商务法立法概况。

【课程思政目标】

通过对《电子商务法》的立法进程、立法内容的学习和掌握，使学生牢固树立正确的法治观念，培养学生运用法治思维解决电子商务实践中的涉法问题，并使其养成心中有法、自觉守法、遇事找法、解决问题用法、化解矛盾靠法的良好习惯，使其成为具有较高法律素质的社会主义事业建设者和接班人。

【能力指标解析表】

电子商务法概述

一级指标	权重	二级指标	权重	三级指标	权重
电子商务法的基本含义	0.5	电子商务概述	0.2	电子商务的含义	0.5
				电子商务的基本构成要素	0.5
		电子商务法的调整对象	0.2	电子商务法所涉及的技术范围	0.5
				电子商务法所涉及的商务范围	0.5
		电子商务法的定义	0.2		
		电子商务法的基本原则	0.2	中立原则	0.25
				意思自治原则	0.25
				功能等同原则	0.25
				安全原则	0.25
		电子商务法律关系	0.2	电子商务法律关系的概念	0.4
				电子商务法律关系的主体	0.2
				电子商务法律关系的客体	0.2
				电子商务法律关系的内容	0.2
电子商务立法概况	0.4	国际电子商务立法概况	0.4	联合国电子商务的相关立法	0.2
				世界贸易组织的电子商务立法	0.2
				地区性组织的电子商务立法	0.2
				世界主要国家的电子商务立法	0.2
				各国电子商务立法的特点	0.2
		我国电子商务的法制建设	0.6	我国的电子商务立法进程	0.4
				我国电子商务法立法的原则	0.3
				我国的《电子商务法》及其基本内容	0.3
电子商务法律法规体系说明	0.1				

第1章 电子商务法概述

【职业指导】

2019年1月1日起,《电子商务法》正式实施。在经历了20多年的发展之后,中国电子商务终于迎来了有法可依、全面法治的时代。这也意味着统一开放、竞争有序、诚信守法、安全可靠的电子商务大市场基本建成。为此,加强对《电子商务法》的宣传、培养具有电子商务法律知识的专门人才,已经成为电子商务发展的重要支撑点。

电子商务行业人才总体上需求量很大,2018年中国电子商务从业人员约4700万人,2019年中国电子商务从业人员突破5000万人,2020年从业人员达到7970万人。电子商务从业人员数量快速增长的同时,对其能力也提出了更高要求,复合型、开拓型和既有专业能力又有实践经验的人才是新一轮人才招聘中的新宠,既懂电子商务技术又懂电子商务法律的人才更为抢手。建立安全、稳定的电子商务安全交易平台与法律环境,培养既懂电子商务技术又懂电子商务法律的专门人才成为重中之重。为此,开展电子商务基础理论及其发展规律的研究,探索建立电子商务学科体系,引导高等院校加强电子商务学科建设和人才培养,为电子商务发展提供更多的高层次复合型专门人才迫在眉睫。预计未来5年内,仅中国农村电商人才缺口就将达350万人,其他行业的电子商务人才需求缺口更大。

1.1 电子商务法的基本含义

1.1.1 电子商务概述

1. 电子商务的含义

电子商务是运用现代通信技术、计算机技术和网络技术进行的一种社会经济形态,其目的是通过降低社会经营成本、提高社会生产效率、优化社会资源配置,从而实现社会财富的最大化利用。它建立在全社会的"网络就绪"的基础上,利用信息技术实现社会商业模式、管理模式、组织结构的创新与变革,使全社会资源以透明、快捷、互动的方式流动,促进整个社会生产经营活动价值链的改变。电子商务是经济和信息技术发展并相互作用的必然产物。目前,对电子商务概念的认识大致分为两类:广义的电子商务和狭义的电子商务。

广义的电子商务(Electronic Business,EB)是指利用电子手段进行的商务贸易活动。这里的电子手段无论是初级的还是高级的,均涵盖其中,既包括较为先进的互联网技术,也包括以往的电报、电传等技术手段。

狭义的电子商务(Electronic Commerce,EC)包含在广义的电子商务概念之中,仅将通过互联网进行的商业活动归属于电子商务。其准确描述为:依托计算机及网络进行货物贸易和服务交易,并提供相关服务的商业形态。其具体细分为企业之间的电子商务(Business to Business,B2B)、企业和消费者之间的电子商务(Business to Consumer,B2C)、消费者之间的电子商务(Consumer to Consumer,C2C)、政府和企业之间的电子商务(Government to Business,G2B)。

本教材采用了《电子商务法》所给出的狭义的电子商务概念,即"电子商务,是指通过互联网等信息网络销售商品或者提供服务的经营活动",并以此为基础构建电子商务法体系。

2. 电子商务的基本构成要素

电子商务是由诸多参与方构成的,并且在交易过程中辅以信息流、资金流和物流来完成交易过程。为此,电子商务的立法也围绕电子商务的基本构成要素而进行。

(1)电子商务平台及其经营者

电子商务平台主要是指计算机网络平台。网络平台是网络基础设施,是电子商务底层的硬件基础设施,是商业、业务信息的传输系统。

电子商务平台经营者,是指在电子商务中为交易双方或者多方提供网络经营场所、交易撮合、信息发布等服务,供交易双方或者多方独立开展交易活动的法人或者非法人组织。

(2)电子商务平台内经营者

电子商务平台内经营者是指通过电子商务平台销售商品或者提供服务的电子商务经营者。

【相关链接】

我国超 378 万家电商相关企业　较多集中在沿海地区

天眼查专业版数据显示,截至 2020 年 11 月底,我国共有超 378 万家电商相关企业。其中,超 69%的相关企业注册资本在 200 万元以下。从地域分布来看,广东省的电商相关企业数量最多,约 74 万家,占全国的 19.66%。另外发现,电商相关企业较多集中在沿海地区,如福建、浙江、上海、山东、江苏等。其中,较为知名的城市有浙江义乌、江苏昆山、福建石狮等。

(资料来源:我国超 378 万家电商相关企业　较多集中在沿海地区,https://news.tianyancha.com/ll_9pcv3e3amw.html)

(3)电子商务消费者

电子商务消费者是指借助互联网为满足个人或家庭生活消费需要而在网络上购买、使用商品或者接受服务的个人。在电子商务环境中,消费者网上消费行为的本质和交易性质并未因消费环境的变化而发生改变,区别仅在于消费形式发生了变化。

(4)电子认证服务机构

电子认证服务机构,即 CA 认证中心,是指作为第三方的数字签名认证服务机构,通过给从事交易活动的各方主体颁发数字证书、提供证书验证服务等手段来保证交易过程中各方主体电子签名的真实性和可靠性的机构。

(5)网上金融机构

网络金融又称为电子金融,从狭义上讲是指在互联网上开展的金融业务,包括网络银行、网络证券、网络保险等金融服务及相关内容;从广义上讲,网络金融是以网络技术为支撑,在全球范围内的所有金融活动的总称,它不仅包括狭义的内容,还包括网络金融安全、网络金融监管等诸多方面。现今的网上金融机构主要是指电子银行和第三方支付平台。电子银行可以为用户提供 24 小时全天候服务,并采用网上支付手段,极大地方便了用户。第三方支付即由非金融机构提供的支付服务,是指非金融机构在收、付款人之间作为中介机构,通过网络支付提供部分或全部货币资金转移服务。为此,网上支付业务规模不断扩大,服务效率稳步提高,网上资金交易和转移日益频繁,客户对电子渠道服务的依赖程度不断加深。

(6) 物流中心

物流中心主要进行商品与服务的配送与传输。对于大多数实体商品和服务来说，物流可能仍通过传统的渠道进行，而网络信息产品和服务则可以直接通过网络传输方式进行配送，如软件、信息咨询服务等。

【相关链接】

物流行业：2020 年"双 11"当日件量同比增长 26.15%

2020 年 11 月 11 日，即"双 11"当日，全国邮政、快递企业共处理快件量为 6.75 亿票（一票货物是指一张快递单号运送的货物），创历史新高，较 2019 年"双 11"（5.35 亿票）同比增长 26.15%。2020 年 11 月 1 日至 11 日，即"双 11"期间，全国邮政、快递企业已完成处理快件量共计 39.65 亿票，对应日均件量 3.6 亿票。电子商务继续提供强劲驱动，快递业持续保持高景气度，2020 年全年行业件量比 2019 年增加近 30%。

▶▶ 1.1.2 电子商务法的调整对象

调整对象是立法的核心问题，也是一部法律区别于另一部法律的基本标准。根据电子商务的本质和特点，电子商务法的调整对象应当是电子商务交易活动中发生的各种社会关系，而这类社会关系是在广泛采用新型信息技术并将这些技术应用到商业领域后才形成的特殊的社会关系，它交叉存在于虚拟社会和实体社会之间，有别于实体社会中的各种社会关系，且完全独立于现行法律的调整范围。电子商务是利用电子手段开展的商务活动，所以电子商务法的调整对象应包括技术范围与商务范围。

1. 电子商务法所涉及的技术范围

电子商务是通过电子手段传递信息的。例如，通过互联网进行的自由格式的文本传递，以电子数据交换方式进行的通信，计算机之间以标准格式进行的数据传递，利用公开标准或专有标准进行的电文传递。电子商务法在考虑比较先进的通信技术（如电子数据交换和电子邮件）的同时，也应考虑到适用于不太先进的通信技术（如电传、传真等），并且任何通信技术均不应排除在电子商务法范围之外，未来通信技术的发展也必须顾及。

2. 电子商务法所涉及的商务范围

从本质上讲，电子商务仍然是一种商务活动。因此，电子商务法需要涵盖电子商务环境下的合同、支付、商品配送的演变形式和操作规则；需要涵盖交易双方、居间商和政府的地位、作用和运行规范；也需要涵盖涉及交易安全的大量问题；同时，还需要涵盖某些现有民商法尚未涉及的特定领域的法律规范。

▶▶ 1.1.3 电子商务法的定义

与电子商务概念相对应，大部分的国内外法律法规文件或论著都对电子商务法有广义和狭义两种解释。

广义的电子商务法与广义的电子商务相对应，包括所有调整以数据电文方式进行的商务活动的法律规范。其内容涉及广泛，是具有形式意义的电子商务法，包括调整以电子商务为交易形式和以电子信息为交易内容的法律规范，如联合国的《电子商务示范法》。

狭义的电子商务法对应狭义的电子商务，是调整以数据电文为交易手段而形成的由交易形式所引起的商事关系的法律规范。这是实质意义上的电子商务法，也是作为部门法意义上的电子商务法。它不仅包括以电子商务命名的法律法规，还包括其他各种制定法中有关电子商务的法律规范，如《中华人民共和国民法典》合同编中关于数据电文的规定、《中华人民共和国刑法》中关于计算机犯罪的规定等。

本教材采用了《中华人民共和国电子商务法》中所界定的电子商务法的概念，即电子商务法是指调整通过互联网等信息网络销售商品或者提供服务的经营活动所引起的商事关系的法律规范的总称。

1.1.4 电子商务法的基本原则

电子商务是新兴的立法领域，除了遵循法律的一般原则，还应符合网络环境的新的法律原则。

1. 中立原则

电子商务法的基本目标就是在电子商务活动中建立公平的交易规则。为了实现各方利益的平衡，达到公平的目标，就必须确立电子商务法的中立原则。中立原则包括以下三个方面：

（1）技术中立

电子商务法对电子商务中各种现行技术不应有任何歧视性要求，同时还要给未来技术的发展留下法律空间。例如，新型计算机的问世、新一代高速网络的出现等，都将考验电子商务法的技术中立性。当然，技术中立原则在实施过程中势必会遇到许多困难，而克服这些具体困难的过程就是技术中立原则的实现过程。

（2）媒介中立

媒介中立是中立原则在各种通信媒体上的具体表现，所不同的是，技术中立侧重于信息的控制和利用手段，而媒介中立则侧重于信息依赖的载体。电子商务法应以中立原则对待这些媒介，允许各种媒介根据技术和市场的发展规律而相互融合、互相促进。只有这样，才能使各种资源得到充分的利用，从而避免人为的行业垄断。开放性互联网的出现正好为各种媒介发挥其作用提供了理想的环境，达到兴利除弊的目的。

（3）实施中立

实施中立指在电子商务法与其他相关法律的实施上不可偏废，在本国电子商务活动与国际性电子商务活动的法律待遇上应一视同仁。特别是不能将传统书面环境下的法律规范（如书面、签名、原件等法律要求）的效力置于电子商务法之上，而应中立对待，根据具体环境特征的需求决定法律的实施。

2. 意思自治原则

当事人意思自治是民事法律中的一项基本原则，即在民事活动中，除法律有强制性规定外，各民事主体可以自主决定自己的行为，交易各方可以自愿约定双方之间的权利义务关系。当事人意思自治的核心是尊重当事人自主的意思选择，从法律上承认当事人可以自由决定相互之间的法律关系。电子商务本质上是一种商业活动，仍未脱离民法的调整范畴。所以，电子商务交易活动虽然通过电子形式进行，但在本质上与一般的民事交易活动没有区别，因此同样应当遵循意思自治原则，参加电子交易的各方应当能够选择电子方式，也能够按双方的意愿确定交易协议的条款，不应含有被强迫的成分和由国家强制执行。电子商务活动的主体有权决定自己是否进行交易、和谁交易，这体现了电子商务主体的意思自治。

3. 功能等同原则

功能相同，则法律效力应该相同。电子商务法对商家与消费者、国内当事人与国外当事人等都应尽量做到同等保护。因为电子商务市场本身具有国际性，在现代通信技术条件下，割裂的、封闭的电子商务市场是无法生存的。电子商务法应以这样的认识为依据：针对传统的书面文件的法律规定是利用现代信息手段发展商务活动的主要障碍。电子商务法通过扩大"书面形式""签字""原件"等概念的范围，把以计算机为基础的技术也包括进去，解决国内法中的传统规定对使用电子商务造成的障碍。因此，在电子商务立法过程中应依赖"功能等同"的新办法，这种办法立足于分析传统书面要求的目的和作用，以确定如何通过电子商务技术来达到这些目的或作用。例如，书面文件可起到下述作用：提供的文件均可识读；提供的文件在长时间内可保持不变；可复制一份文件以便每一当事方均掌握一份同一数据副本；可通过签字核证数据；提供的文件采用社会和法院可接受的形式。应当注意到，关于所有上述书面文件的作用，电子记录也可提供如同书面文件同样程度的安全，在大多数情况下，特别是就查明数据的来源和内容而言，其可靠程度和速度要高得多，但须符合若干技术和法律要求。然而，采取"功能等同"办法不应造成电子商务使用者须达到比书面环境更加严格的安全标准。

4. 安全原则

保障电子商务活动的安全既是电子商务法的重要任务，也是电子商务法的基本原则。电子商务以其高效、快捷的特性，在各种商事交易形式中脱颖而出，具有强大的生命力。而这种高效、快捷的交易工具必须以安全为前提，它不仅需要技术上的安全措施，同时也离不开法律上的安全规范。例如，强化安全电子签名的标准，规定认证服务机构的资格及其职责等具体的制度，都是为了在电子商务条件下形成一个较为安全的环境，至少其安全程度应与传统纸面形式相同。

▶▶ 1.1.5 电子商务法律关系

在电子商务活动中，诸多的参与者由于参与的方式和参与的目的不同，形成了不同的经济关系。通过相关的电子商务法律法规的调整，确立他们之间的权利义务关系，从而形成了不同的电子商务法律关系。

1. 电子商务法律关系的概念

电子商务法律关系是指由各种相关的电子商务法律规范所确认的电子商务活动中的当事人之间的具有权利义务内容的经济关系。

法律关系一般由主体、客体、内容三个要素构成。电子商务法律关系的构成要素自然也包括电子商务法律关系的主体、电子商务法律关系的客体和电子商务法律关系的内容。电子商务法律关系必须同时具备这三个基本要素，缺一不可。如果变更其中任何要素，均会对电子商务法律关系产生影响。

2. 电子商务法律关系的主体

法律关系的主体是法律关系的参加者，即在法律关系中，一定权利的享有者和一定义务的承担者。电子商务法律关系的主体是指电子商务的各方参与者，是指享有权利、承担义务的当事人。在一种电子商务法律关系中一般存在着两个或两个以上的主体，其中权利的享有者称为权利主体，义务的承担者称为义务主体，但一般情况下，当事人都是双重身份。

电子商务法需要涵盖电子商务经营者、电子商务平台经营者、消费者和政府这几类当事人的地位、作用和运行规范。以上几类当事人参与电子商务法律关系，必须按照相关的法律法规取得相应的主体资格。

电子商务法律关系的主要主体包括：

（1）电子商务经营者

电子商务经营者是指通过互联网等信息网络从事销售商品或者提供服务的经营活动的自然人、法人和非法人组织，包括电子商务平台经营者、电子商务平台内经营者及通过自建网站、其他网络服务销售商品或者提供服务的电子商务经营者。

（2）电子商务中的消费者

电子商务中的消费者是指借助互联网为满足个人或家庭生活消费需要而在网络上购买、使用商品或者接受服务的个人。在电子商务环境中，消费者网上消费行为的本质和交易性质并未因消费环境的变化而发生改变，区别仅在于消费形式发生了变化。

（3）电子商务认证机构

电子商务认证机构是在开放性的电子商务活动中为交易双方提供验证的第三方机构，由一个或多个用户信任的、具有权威性质的组织实体管理。电子商务认证机构主要证明数据电文中电子签名人的身份及其信用状况，为用户的电子签名颁发数字证书，从而消除交易双方的疑虑，实现交易目的。它不仅要对进行电子商务的交易双方负责，还要对整个电子商务的交易秩序负责。

（4）电子商务监管者

作为管理者，政府需要加强对电子商务的有效监管，履行监管者的职责，以保证电子商务健康、有序发展。我国政府相关部门在对电子商务监管时应做到联合监管、网络监管、透明监管、服务监管和依法监管。

【相关案例】

吴某与××会电子商务平台网络服务合同纠纷案

××会电子商务平台超级VIP会员吴某，因84.54%的高退货率，被××会电子商务平台依据用户协议冻结账户，吴某不服便起诉。在本案中，法律关系的主体为××会电子商务平台和消费者吴某。法院经审理认为，消费者虽享有退货权，但若退货行为长期超过消费者普遍的退货率，则该行为有悖于诚实信用原则，构成权利滥用。

本案中，法院的裁判规则对消费者滥用权利做出消极评价，肯定了电商平台自治对网络空间治理的重要作用，为日后类似案件的审理提供了有效参考和指导。同时，有利于引导消费者合理行使权利，发挥平台自治对营造良好网络秩序的重要作用，从而推动电子商务市场的进一步发展。

（资料来源：2019年度电子商务领域十大案例，https://www.sohu.com/a/378665335_473656）

3. 电子商务法律关系的客体

法律关系的客体是指法律关系主体之间的权利和义务所指向的对象，它是构成法律关系的要素之一。法律关系的客体包括物、人身、精神产品和行为结果。电子商务法律关系的客体是指电子商务法律关系的主体享有的权利和承担的义务所指向的对象。在电子商务法律关系主体之间，为达到一定的商务目的而形成了相应的法律关系，这种目的就是电子商务法律关系的客体。例如，有的是为了取得一定的财物，有的是为了提供一定的劳务或者完成一定的工作，有的是为了获得一定的智力成果。电子商务法律关系的客体包括以下两方面：

（1）实体商品

在现实生活中的任何有形商品或物品，包括动产和不动产均可以通过电子商务进行交易。只不过目前通过电子商务进行交易的实体物品多集中在图书、音像制品和标准化商品，有形商品的电子商务交易要依赖传统方式进行配送或交付。

（2）数字化商品

在网络中进行物流传递的商品是数字化商品、信息商品和网上服务行为。消费者可以通过网络直接下载数字化商品或信息，如电子书刊、软件和游戏等。这种数字化商品或信息的交易可以通过网络完成信息流、资金流和物流的全过程。

网上服务行为是通过网络向消费者提供某种信息或服务，如网上旅游服务、网上法律咨询、网上远程教育等在线行为。

4. 电子商务法律关系的内容

电子商务法律关系的内容是指电子商务交易中当事人享有的权利和承担的义务。

电子商务主体在电子商务法律关系中依法享有自己为或者不为一定行为，以及要求他人为或者不为一定行为的权利。而各方的义务相对于权利而存在，其目的是满足权利的需要，是各方的义务主体依法或依合同的规定，为实现他人的利益而必须为一定行为或者不为一定行为的责任。

不同的电子商务法律关系的主体享有的权利和承担的义务是各不相同的。

（1）电子商务交易双方当事人的权利和义务

电子商务交易双方之间的法律关系实质上表现为双方当事人的权利和义务。买卖双方的权利和义务是对等的。卖方的义务就是买方的权利，反之亦然。

（2）电子商务平台经营者的法律地位

电子商务平台经营者在电子商务交易中扮演着介绍、促成和组织者的角色。这一角色决定了电子商务平台经营者既不是买方的卖方，也不是卖方的买方，而是交易的中间人。它是按照法律的规定、买卖双方委托业务的范围和具体要求进行业务活动的。

电子商务平台经营者应当认真负责地执行买卖双方委托的任务，并积极协助双方当事人成交。电子商务平台在进行介绍、联系活动时要诚实、公正、守信用，不得弄虚作假、招摇撞骗，否则须承担赔偿损失等法律责任。

买卖双方之间各自因违约而产生的违约责任风险应由违约方承担，而不应由电子商务平台经营者承担。因买卖双方的责任而产生的对社会第三人（包括广大消费者）的产品质量责任和其他经济（民事）、行政、刑事责任也概不应由电子商务平台承担。

（3）认证服务机构在电子商务中的法律地位

认证服务机构扮演着一个对买卖双方签约、履约进行监督管理的角色，买卖双方有义务接受其监督管理。在整个电子商务交易过程中，认证服务机构有着不可替代的地位和作用。

认证服务机构的权利。在电子商务法律关系中，认证服务机构的权利包括：收取服务费的权利，这是最基本的合同权利；要求证书所有者提交有关信息并保证这些信息真实性的权利；中止、废止或撤销证书的权利，即有权根据证书所有者的请求或根据情势中止、废止或撤销证书的权利；损失赔偿请求权，即由于证书所有者的过失给自己造成损失的，有权要求其赔偿损失。

认证服务机构的义务。在电子商务法律关系中，认证服务机构的义务包括：颁发电子签名认证证书的义务；使用安全、可靠的信息系统保存证书及证书信息的义务，即认证服务机构有义务将证书所有者的证书的私匙、有关个人身份方面的信息，安全、妥善地保管起来，以免这些信息丢失或被他人截获、盗用；及时发布有关证书信息的义务，即按照约定或法定的要求，将那些必须发布的证书信息及时发布，以使潜在的信赖人可以及时查询；及时中止、撤销、恢复证书的义务，即按照证书所有者的请求或根据情势及时将因私匙丢失、遗忘等原因暂时不能使用的证书予以中止，将因私匙被他人盗用或丢失而无法继续使用的证书予以撤销，或将已经暂时中止的证书及时恢复使用的义务；及时通知的义务；损失赔偿义务。

1.2 电子商务立法概况

▶▶ 1.2.1 国际电子商务立法概况

电子商务的发展对世界现行法律体系产生了很大的冲击，为此，近年来世界上已有许多国家和国际组织都不同程度地对制定和颁行与电子商务有关的法律规范进行了有益的尝试。

1. 联合国电子商务的相关立法

（1）联合国《电子商务示范法》

随着电子商务实践的不断发展，1996年12月16日，联合国国际贸易法委员会（以下简称贸易法委员会）第85次全体大会通过了《电子商务示范法》，正式拉开全球电子商务立法的帷幕。《电子商务示范法》是迄今为止世界上第一个关于电子商务的法律。该示范法共十七条，其中，第一条至第十五条为电子商务总则部分，是《电子商务示范法》的核心。总则将纸面文件的基本功能抽取出来，对电子商务交易中哪些条件可视为等同于书面文件签字效力的情况做了明确规定，保证了交易双方通过电子手段传递信息、签订合同的合法性。第十六条、第十七条是电子商务在特定领域中的运用，主要是货物运输方面的法律规定。

作为示范法，该法的内容对各国不具有直接的法律效力，只有各国在立法过程中将这些内容明确规定于法律法规中时，方对各国当事人具有约束力。但它对于各国的电子商务立法具有很大的指导作用，在电子商务法律领域具有不可忽视的重要意义。此外，《电子商务示范法》中表述的"对数据电文不加歧视"等原则对各国相关立法都产生了很大的借鉴意义。

（2）联合国《电子签字示范法》

2001年，贸易法委员会择机通过《电子签字示范法》，这是贸易法委员会继《电子商务示范法》之后，又一部专门针对电子商务制定的示范法。《电子签字示范法》共十二条，分别规定了电子签字的适用范围、定义、解释、经由协议的改动、符合签字要求、认证服务提供人的行为等内容。该法将电子商务活动中的数据签字（Digital Signature）、电子签名等具有相同内容的不同表述统一起来，提出了一套完整的法律制度，为电子签字在电子商务交易中的广泛应用奠定了坚实的法律基础。

（3）联合国关于电子商务的其他立法活动

贸易法委员会电子商务工作组以会议的方式确定立法议题，开展立法活动。例如，2016年7月，在贸易法委员会第49届会议上，贸易法委员会采纳了中国提出的一个既体现中国需求又考虑欧盟和美国法律差异特点的《跨境电子商务交易网上争议解决技术指引》的中国方案，这是中国引领国际经贸规则制定的一次有益尝试。相关指引充分考虑了中国跨境电子商务企业的发展规范经验，对于我国相关企业参与全球电子商务市场具有积极作用。又如，2019年11月25日至29日召开的贸易法委员会第59届会议，继续审议了身份管理与信任服务的法律规则。身份管理与信任服务是开展电子商务和其他网上交易的重要基础问题之一。各国代表就有关定义、身份管理服务提供人的义务、功能等同问题、身份管理与信任服务的跨境承认问题进行了深入磋商。

（4）联合国TIR公约

联合国TIR公约即《国际道路运输公约》。为简化和协调国际货物道路运输的海关手续，降低货物承运人成本，有效保护货物过境国的海关税费利益，联合国欧洲经济委员会牵头制定了《国际道路运输公约》（TIR公约）。TIR公约是国际货运海关过境的全球标准，旨在通过简化通关程序以提高效率，加强贸易与国际道路运输的便利化与安全化。2016年7月26日，中国签署《国际公路运输公约》，为建设通往欧洲的快速"新丝绸之路"迈出了重要一步。2019年6月25日起，中国海关总署决定在全国范围实施《国际公路运输公约》。公约实施后，从预订货物的发货仓库，到运输至目的地仓库，整个过程从装货、施封，到拆封、卸货，沿途海关原则上不查验、不开箱，可大幅节省通关时间和运输成本。这样，中国加入TIR公约大大促进了跨境电商的发展。

2. 世界贸易组织的电子商务立法

1986年，关税及贸易总协定乌拉圭回合谈判最终制定了《服务贸易总协定》。《服务贸易总协定》的谈判产生了一个《电信业附录》，这一附录的制定使全球范围内电信市场开始开放。世界贸易组织（World Trade Organization，WTO）成立后，立即开展了信息技术的谈判，并先后达成了三大协议。

①《全球基础电信协议》。该协议于1997年2月15日达成，主要内容是要求各成员方向外国公司开放其电信市场并结束垄断行为。

②《信息技术协议（ITA）》。该协议于1997年3月26日达成，协议要求所有参加方自1997年7月1日起至2000年1月1日，将主要的信息技术产品的关税降为零。

③《开放全球金融服务市场协议》。该协议于1997年12月31日达成,协议要求成员方对外开放银行、保险、证券和金融信息市场。

在WTO的发展历史上,一年内制定三项重要协议是史无前例的,这三项协议为电子商务和信息技术的稳步有序发展确立了新的法律基础。WTO对于贸易领域的电子商务已提出了工作计划,特别针对服务贸易提出了重点解决的几个问题,如电子商务定义、司法管辖权、电子商务分类、协议签署等,至于其他如关税、个人隐私、安全保证、国民待遇、公共道德等问题也提出了讨论和研析。

1998年5月,WTO的132个成员签署了《关于电子商务的宣言》,规定至少1年内免征互联网上所有贸易活动关税。1998年9月,WTO总务理事会通过了一个极具影响力的《电子商务工作方案》;1999年9月,通过了《数字签名统一规则草案》,就电子合同实施中的电子签名问题做了初步规定。

2017年12月,71个WTO成员在WTO第十一届部长级会议上发布《关于电子商务的联合声明》,启动WTO框架下"与贸易相关的电子商务议题"的谈判探索工作。2019年1月25日,包括中国、美国、欧盟等成员在内,代表世界贸易90%份额的76个WTO成员签署《关于电子商务的联合声明》,启动WTO电子商务诸边谈判。自2019年3月谈判正式启动以来,WTO成员已提交了30多份议案,内容广泛涉及电子商务的传统问题和数字贸易新规则,其中不少成员提出了具体条文建议。2020年1月24日,在瑞士达沃斯小型部长会议上,WTO时任总干事阿泽维多再次呼吁谈判成员继续保持谈判的包容性和开放性,并利用第十二届部长级会议召开之机产出实质性成果,而非止步于盘点谈判进展或规划谈判路线图等。

WTO希望建立跨境电子商务货物和服务的国际规则,但是由于各种条件的限制,至今尚未出台相应的跨境电商法律法规。

3. 地区性组织的电子商务立法

目前已经或正在制定电子商务法律政策的主要是经济合作与发展组织(Organization for Economic Co-operation and Development,OECD)、欧盟等地区性组织。

(1) 经济合作与发展组织(OECD)的电子商务立法

经济合作与发展组织(以下简称经合组织)在电子商务政策与立法方面起到先锋和模范作用:1992年制定了《信息系统安全指导方针》;1997年发表了《电子商务:税务政策框架条件》《电子商务:政府的机遇与挑战》等报告;1998年发表了《电子商务:互联网上提供的数字化产品的贸易政策问题》等报告。1998年10月7日至9日,经合组织在加拿大渥太华召开题为"一个无国界的世界:发挥全球电子商务的潜力"的电子商务部长级会议,公布了《OECD电子商务行动计划》《有关国际组织和地区组织的报告:电子商务的活动和计划》《工商界全球商务行动计划》,并通过了《在全球网络上保护个人隐私宣言》《关于在电子商务条件下保护消费者的宣言》《关于电子商务身份认证的宣言》,以及《电子商务:税务政策框架条件》报告。1999年12月9日,经合组织制定了《电子商务消费者保护准则》,提出了保护消费者的三大原则和保护消费者的七个目标;并于2002年和2003年公布了《经济合作与发展组织信息系统与网络安全准则》和《经济合作与发展组织在跨国界特别是互联网商务欺诈行为中保护消费者准则》等重要法律性文件。

(2) 欧盟的电子商务立法

在全球性电子商务的发展浪潮中,欧盟国家一直致力于在联盟内部促进电子商务的发展。

法律是电子商务发展的重要的软环境,欧盟从1997年起颁布了一系列保障和促进联盟内部电子商务发展的重要法律文件。

欧盟委员会在1997年提出了《欧洲电子商务行动方案》,为规范欧盟电子商务活动制定了框架;在1998年又颁布了《关于信息社会服务的透明度机制的指令》;在1999年12月13日通过了《关于建立有关电子签名共同法律框架的指令》(以下简称《电子签名指令》);在2000年5月4日又通过了《关于内部市场中与信息社会的服务,特别是与电子商务有关的若干法律问题的指令》(以下简称《电子商务指令》)。《电子签名指令》和《电子商务指令》这两部法律文件协调与规范了电子商务立法的基本内容,构成了欧盟国家电子商务立法的核心和基础。欧盟的"指令"与一般的国家法不完全相同,它们具有地区性国际条约的性质。

此外,欧盟层面重要立法还包括97/7/EC号指令《关于在远程合同订立中保护消费者权益指令》,该指令旨在统一协调各成员有关电子商务活动中保护消费者权益的法律;2015/1535/EU号指令由98/34/EC指令发展而来,要求成员必须将涉及"信息社会服务"的技术规范和规则向欧盟通报审查,确保了各国相关立法同欧盟统一市场立法相一致,避免各国单独立法对欧盟单一电子商务市场造成干扰和阻碍。相关的立法还包括:欧盟关于统一电子货币法律制度的两项指令、欧盟关于民商事领域司法管辖及相互承认和执行裁决的条例、关于消费者金融服务远程销售的指令、修订后的关于控制双用途产品(加密技术产品)出口制度的条例、关于修订现行增值税制度的法律议案等。

从全球电子商务立法的角度看,欧盟的电子商务立法无论在立法思想上、立法内容上,还是在立法技术上都是很先进的。

4. 世界主要国家的电子商务立法

美国是电子商务的发源地。从全球范围看,美国的电子商务开展时间最早,发展也最快。为了使电子商务在法律的保护和规范下健康发展,美国早在20世纪90年代中期就开始了有关电子商务的立法准备工作。美国的电子商务立法是以各州的立法行动为先导的。犹他州1995年颁布的《数字签名法》(Utah Digital Signature Act),是全世界范围的第一部全面确立电子商务运行规范的法律文件。迄今为止,美国各州关于电子商务及其配套的法律文件有近百部之多。从法律文件的名称上看,美国大部分州级电子商务法律文件都直接以"电子签名法"或"数字签名法"命名,因为在以互联网为运行平台的电子商务环境下,交易当事人的身份认证是其中最关键的环节,如果这一问题能够得到妥善解决,其他问题也就迎刃而解了。

法国于2019年7月通过首部《数字税法案》,规定全球数字业务年营业收入超过7.5亿欧元并在法国境内年营业收入超过2500万欧元的企业按3%的税率纳税。受影响最大的为谷歌、苹果、脸书和亚马逊,因此该法案又被称为"GAFA法案"。

除法国外,英国也在2018年提出"数字税法案",拟于2020年4月开征数字税。西班牙、意大利、奥地利、乌拉圭、哥伦比亚等国也相继推出其数字税版本。

在亚太地区的一些国家中,新加坡的电子商务发展速度是比较快的。自贸易法委员会于1996年颁布《电子商务示范法》之后,新加坡便开始了相关的立法研究与立法起草工作。为了推动本国电子商务的发展,1998年新加坡颁布了有关电子商务的综合性法律文件《电子商务法》。该法主要涉及与电子商务有关的三个核心法律问题,即电子签名问题、电子合同的效力和网络服务提供者的责任。其中,有关电子签名的法律规定占据了大量篇幅,是该法最核心的内容。该部法律的颁布早于欧盟的"电子商务指令"及美国的《统一计算机信息交易法》和《电子签名法》，而且在内容和体例上具有独到之处，因此不仅在亚太地区，而且在世界范围内都产生了较大的影响。

韩国的《电子商务基本法》于1997年7月正式生效。该法共分为总则、电子通信信息、电子商务安全、电子商务的促进、消费者保护和附则六章，内容较为全面。1999年颁布并于2002年修订了《电子商务框架条例》，该条例的主旨是通过澄清法律的利害关系、保证电子交易的安全与可靠来促进全国的经济发展，并建立便利电子交易的框架，规定了电子信息、电子商务的安全、电子商务用户的保护、电子商务政策制定系统、电子商务促进措施和电子商务仲裁委员会等。1999年制定并于2001年修订了《电子签名法》，该法旨在通过提供电子签名的基本规则促进信息社会发展和提升人民生活的方便性，目的是确保电子信息安全可靠，在使用中更加便利。该法还规定了公共认证权威机构，保证认证服务的安全可靠，同时还规定了电子签名认证的政策制定等。2002年制定了《电子商务用户保护法》，其目的是通过保证电子贸易和直销方式的货物贸易、服务贸易的公平来保护用户权利，提高市场的可靠性，发展全国经济。该法规定了电子贸易和直销、用户权利的保护、检查和监督、实行纠正和惩罚等。2003年公布了《电子商务用户保护指南》，其依据是《电子商务用户保护法》第23条，通过规定和例示相关法律法规，保护用户基本权利和利益，并促使交易双方自觉、自愿地去遵守电子贸易和直接贸易的规章。该指南分成基本内容和建议两部分：基本内容包括相关规定的应用标准，该标准用来判断哪些属于违规行为；建议部分提供了用户在交易中出现不利于自身的情形时如何实施补救措施。

5. 各国电子商务立法的特点

信息技术革命所引起的电子商务立法在一定程度上与以往传统的立法形式有所不同。其特点主要表现在：

（1）立法的速度快

电子商务立法仅仅在数年内就席卷了全世界。从1995年俄罗斯的《联邦信息法》、美国犹他州的《数字签名法》开始，在短短十几年间，已有数十个国家和地区、国际组织制定了相关的电子商务法。无论是美国、德国等发达国家，还是马来西亚等发展中国家，对此反应都极为迅速。尤其是贸易法委员会，更是起到了先锋与表率的作用，及时引导了世界各国的电子商务认证立法。电子商务立法出现高效、快速的现状和电子商务的发展速度快、电子技术不断升级及难以预测的未来风险等特点密切相关。

（2）立法的范围广，学科跨度大

电子商务的产生和发展给很多传统学科都带来了巨大的冲击，电子商务的关键性问题，涉及包括法学部门在内的多学科领域。互联网给人们开辟了一片新的天地，也改变着传统的交易方式，其实质是把某一层次的技术全面地应用到社会生产和生活的各个层面，由此使得立法的范围、立法的模式发生了巨大的变化。因此，电子商务立法在总体框架上涉及部门法的各个领域及相关学科。

（3）立法的实践性、兼容性

电子商务的快速发展对各国法律都提出了严峻的挑战，传统法律对电子商务相关问题的调整不力使法律的适用处于尴尬境地，使民商事法律关系呈现模糊和不确定状态，进而直接影响了经济的发展和社会的稳定。这种状态迫使各国在制定电子商务相关法律规范时侧重于法律的适用性、衔接性和实践性。

而电子商务的全球性特征又加速了电子商务全球规则的问世。在电子商务高速发展并逐步打破国界的大趋势下，各国在进行电子商务立法时，兼容性是首要考虑的指标之一。并且，也正是这种兼容性的要求造就了电子商务立法中先有国际条约后有国内立法的奇特现象。贸易法委员会在其《电子签名统一规则指南》中曾指出："电子商务内在的国际性要求建立统一的法律体系，而目前各国分别立法的现状可能产生阻碍其发展的危险。"

（4）立法进程的不平衡性

电子商务在各国的发展表现出明显的不平衡性。目前，已形成以美国为首、欧洲和亚洲国家为主的国际电子商务格局，使得非洲、拉丁美洲地区处于落后地位，由此导致各国电子商务立法的发展速度不平衡。

（5）促进性

各国电子商务法律的制定及时有力地推动了各国电子商务、信息化和相关产业的发展。2000年前后席卷全球的电子商务狂潮在很大程度上要归功于两个法律文件：一个是贸易法委员会的《电子商务示范法》，它奠定了全球电子商务开展的根基；另一个就是美国1997年的《全球电子商务纲要》，它直接涉及了电子商务安全性、隐私保护、关税、电子支付、基础设施、知识产权保护等发展电子商务的关键性问题，为美国电子商务的发展创造了良好的政策法律环境。在亚洲，马来西亚是最早进行电子商务立法的国家，该国早在20世纪90年代中期就提出了建设"信息走廊"的计划，该计划与其在1997年颁布的《数字签名法》相呼应，且极大地促进了其信息产业和相关产业的发展。在信息产业界后来居上的印度，也不失时机地在1998年推出《电子商务支持法》，并在2000年提出其针对电子商务的免税方案，促进了其信息产业和相关产业的持续增长。

总之，电子商务是未来世界经济发展的潮流，在不断完善电子商务立法的同时，如何实施和运用电子商务法已经成为国际社会的当务之急。

▶▶ 1.2.2 我国电子商务的法制建设

随着人类步入信息经济时代，我国立法机关和政府部门敏锐地捕捉到电子商务对传统法律的影响和冲击。在电子商务立法上采取了渐进式的审慎立法政策，"成熟一个，制定一个""宜粗不宜细""先立单项法，后立综合法"等，并在立法时机成熟时，适时出台了《中华人民共和国电子商务法》。

1. 我国的电子商务立法进程

早在20世纪80年代，我国就开始了计算机与网络的立法保护工作，陆续出台了《中华人民共和国计算机信息系统安全保护条例》（征求意见稿）、《计算机软件保护条例》、《中华人民共和国计算机信息网络国际联网管理暂行规定》、《中国互联网络域名注册暂行管理办法》等规范性法律文件，为电子商务的法制建设奠定了基础。自2004年我国第一部真正意义上的电子商务法——《中华人民共和国电子签名法》颁布后，我国明显加快了电子商务立法进程，陆续颁布和出台了《电子认证服务管理办法》《电子认证服务密码管理办法》《关于促进银行卡产业发展的若干意见》《电子支付指引（第一号）》《互联网电子邮件服务管理办法》《国务院办公厅关于加快电子商务发展的若干意见》《电子商务发展"十一五"规划》等规范性法律文件。2018年，经历三次公开征求意见、四次审议及修改，历时近五年，我国电子商务领域的首部综合性法律——《中华人民共和国电子商务法》（以下简称《电子商务法》）于8月31日正式出台。

2. 我国电子商务法立法的原则

（1）安全性原则

电子商务立法要把维护电子商务的安全性放在重要位置。电子交易安全性是电子商务主体决定选择利用网络进行电子商务的最重要的因素，维护网络安全，既需要先进的安全技术，也需要严密的安全法律规范支持。

（2）兼容性原则

电子商务的基础是互联网，互联网的开放性特点决定了电子商务在本质上是全球性的商事活动，这也必然会导致法律的兼容性。

（3）动态性原则

我国电子商务发展迅猛，目前仍处在高速发展过程中，新的法律问题还将随着电子商务的发展不断出现，因而目前要建立并完善国际电子商务法律体系是不可能的，也是不切实际的。立法部门只能就目前已成熟或已经达成共识的法律问题制定相应的法律法规，并随着电子商务发展而不断修改和完善。

（4）指导性原则

由于电子商务的主要活动是电子交易，而商业交易的主要特征是平等自愿。因此，电子商务立法应充分体现指导性原则，明确政府在发展电子商务中的地位，即宏观规划和指导作用，减弱政府对电子商务的管制与指令，充分体现当事人的意思自治。

（5）协调性原则

电子商务立法在解决问题的同时，还要注意与其他层面解决方案的协调，避免"法出多门"，避免因立法权与管理权冲突而导致整个电子商务法律环境的无序。

3. 我国的《电子商务法》及其基本内容

近年来，我国电子商务迅速发展，在转方式、调结构、稳增长、促就业、惠民生等方面发挥了重要作用。

【相关链接】

2013年12月，我国成立电子商务法起草组，拉开了电子商务法立法的帷幕。2018年8月31日，第十三届全国人大常委会第五次会议以167票赞成、1票反对、3票弃权，表决通过了《中华人民共和国电子商务法》，该法于2019年1月1日起开始实施。《中华人民共和国电子商务法》包括总则、电子商务经营者、电子商务合同的订立与履行、电子商务争议解决、电子商务促进、法律责任及附则，共七章八十九条内容。

（1）电子商务立法的指导思想

电子商务立法的指导思想是全面贯彻党的十八大和十八届三中、四中、五中、六中全会精神,牢固树立和贯彻落实创新、协调、绿色、开放、共享发展理念,按照完善社会主义市场经济体制、依法治国、依法行政的总体目标和要求,坚持促进发展、规范秩序、保障权益,充分发挥立法的引领和推动作用,加强顶层设计,夯实制度基础,激发电子商务发展创新的新动力、新动能,解决电子商务发展中的突出矛盾和问题,建立开放、共享、诚信、安全的电子商务发展环境,推动经济结构调整,实现经济提质增效转型升级,切实维护国家利益。

(2)《电子商务法》的立法宗旨

《电子商务法》的立法宗旨是为了保障电子商务各方主体的合法权益,规范电子商务行为,维护市场秩序,促进电子商务持续健康发展。

国家鼓励发展电子商务新业态,创新商业模式,促进电子商务技术研发和推广应用,推进电子商务诚信体系建设,营造有利于电子商务创新发展的市场环境,充分发挥电子商务在推动高质量发展、满足人民日益增长的美好生活需要、构建开放型经济方面的重要作用。

国家平等对待线上线下商务活动,促进线上线下融合发展,各级人民政府和有关部门不得采取歧视性的政策措施,不得滥用行政权力排除、限制市场竞争。

(3)《电子商务法》的适用范围

中华人民共和国境内的电子商务活动,适用《电子商务法》。这里所说的电子商务,是指通过互联网等信息网络销售商品或者提供服务的经营活动。法律、行政法规对销售商品或者提供服务有规定的,适用其规定。金融类产品和服务,利用信息网络提供新闻信息、音视频节目、出版及文化产品等内容方面的服务,不适用《电子商务法》。

(4)《电子商务法》的主要内容

第一,电子商务经营主体。《电子商务法》对电子商务经营主体做出了明确规定,区分了一般的电子商务经营者和电子商务第三方平台。第三方平台对市场的主导作用,构成了我国电子商务发展的重要特点。《电子商务法》着重对第三方平台做出明确规定:一是要求其对经营者进行审查,提供稳定、安全的服务;二是应当公开、透明地制定平台交易规则;三是遵循重要信息公示、交易记录保存等要求;四是退出的要求。市场主体登记是电子商务经营者的法定义务,但考虑到我国国情和电子商务发展实际,为促进就业,可以对部分符合条件的小规模经营者免予登记。《电子商务法》第十条规定:"电子商务经营者应当依法办理市场主体登记。但是,个人销售自产农副产品、家庭手工业产品,个人利用自己的技能从事依法无须取得许可的便民劳务活动和零星小额交易活动,以及依照法律、行政法规不需要进行登记的除外。"

第二,电子商务交易与服务。围绕电子商务的交易与服务主要有电子合同、电子支付和快递物流。关于电子合同,《电子商务法》根据电子商务发展的特点,在现有法律规定的基础上规定了电子商务当事人行为能力推定规则、电子合同的订立、自动交易信息系统,以及电子错误等内容。关于电子支付,《电子商务法》规定了电子支付服务提供者和接受者的法定权利义务,对于支付确认、错误支付、非授权支付、备付金等做出规定。关于快递物流,《电子商务法》明确了快递物流依法为电子商务提供服务,规范了电子商务寄递过程中的安全和服务问题。

第三,电子商务交易保障。《电子商务法》主要规定了四方面内容。一是电子商务数据信息的开发、利用和保护。明确规定鼓励数据信息交换共享,保障数据信息的依法有序流动和合理利用,强调电子商务经营者对用户个人信息应采取相应保障措施,并对电子商务数据信息的收集利用及其安全保障做出明确要求。二是市场秩序与公平竞争,规定电子商务经营主体知识产权保护、平台责任、不正当竞争行为的禁止、信用评价规则。三是消费者权益保护,包括商品或者服务信息真实、商品或者服务质量保证、交易规则和格式条款制定，并规定了设立消费者权益保证金，电子商务第三方平台有协助消费者维权的义务。四是争议解决，在适用传统方式的基础上，根据电子商务发展特点，积极构建在线纠纷解决机制。

第四，跨境电子商务。近年来，我国跨境电子商务快速发展，已经形成了一定的产业集群和交易规模。发展跨境电子商务，有利于完善我国对外开放战略布局和对外贸易优化升级，有利于推进"一带一路"建设和实施自由贸易区战略，形成对外开放新体制。为支持、促进和保障跨境电子商务发展，电子商务立法对此做了专门规定：一是国家鼓励促进跨境电子商务的发展；二是国家推动建立适应跨境电子商务活动需要的监督管理体系，提高通关效率，保障贸易安全，促进贸易便利化；三是国家推进跨境电子商务活动通关、税收、检验检疫等环节的电子化；四是推动建立国家之间跨境电子商务交流合作等。

第五，监督管理与社会共治。《电子商务法》规定了国务院及各级政府对电子商务的监管职能。电子商务治理要充分发挥政府作用，同时还要充分发挥行业自律和社会共治的作用，实现多管齐下、综合治理，即要体现电子商务管理创新，运用互联网思维、互联网管理办法。电子商务行业组织和电子商务经营主体应当加强行业自律，建立健全行业规范和网络规范，引导本行业经营者公平竞争，推动行业诚信建设。国家鼓励、支持和引导电子商务行业组织、电子商务经营主体和消费者共同参与电子商务市场治理。

【相关提示】

电子商务属于新兴产业，为了保障电子商务各方主体的合法权益、规范电子商务行为，就要有一部专门的电子商务法。《中华人民共和国电子商务法》是我国电商领域首部综合性法律，推进电子商务与实体经济深度融合，在发展中规范，在规范中发展。它的制定和颁行是全面推进依法治国的具体措施，通过对该法的学习，有利于对学生的法制教育实现从理论到实践的转变。

1.3 电子商务法律法规体系说明

对于电子商务法学的主要内容及体系，学术界的认识极不统一。有学者认为，电子商务法律制度应分为基本法律制度和相关法律制度。有学者认为可分为实体法律制度和程式法律制度，即把规范商务活动内容的法律规范称为实体商法，而把规范商务活动方式的法律规范称为程式商法。本教材根据电子商务由电子技术和商务活动组成，侧重于商务这一特性，将其分为电子商务主体法律制度和电子商务行为法律制度两大部分来研究。

本教材结构大致如下：

第一部分，电子商务法概述。该部分主要介绍电子商务及电子商务法的基础知识，在了解电子商务基本知识的基础上，掌握电子商务法的概念及调整对象，电子商务法的含义、法律关系等基本问题，并对国内外电子商务的立法现状进行介绍，为学生的后续学习奠定基础。本部分包括第1章。

第二部分，涉及电子商务主体的法律制度，这里的电子商务主体主要指的是电子商务经营者和电子商务的消费者。电子商务经营者和消费者是相对应的概念，对消费者权益的保护也就是对电子商务经营者的义务要求。为此，本部分主要介绍电子商务经营者的一般规定、电子商务平台经营者网络服务的法律规制、《电子商务法》中的相关规定，以及电子商务中消费者权益的法律保护等内容。本部分包括第 2 章。

第三部分，电子商务行为法律制度，可分成两部分，即交易方式行为法律制度和交易内容行为法律制度。电子商务交易方式行为主要包括电子签名、电子认证和电子合同法律制度的主要内容。在电子商务交易内容行为法律制度中，主要探讨电子支付等法律问题。本部分包括第 3 章和第 4 章。

第四部分，新兴电子商务模式的法律规制，主要包括网络直播营销行为规范和跨境电子商务法律法规等内容。网络直播营销行为规范主要探讨网络直播与网络直播营销概述，网络直播营销主体、商家、主播、网络直播营销平台和其他参与者的法定义务。而跨境电子商务法律法规探讨跨境电子商务的模式与分类、我国跨境电子商务立法进程和我国现行跨境电子商务的法律体系等内容。本部分包括第 5 章。

第五部分，电子商务安全保障与争议解决法律制度。目前企业发展电子商务的最大顾虑是安全性问题，信息的安全性是当前发展电子商务最迫切需要解决的问题之一。电子商务安全与网络犯罪的防范问题，已经成为目前发展电子商务的关键。伴随着电子商务交易量的快速增长，交易纠纷也随之大量产生，在电子商务消费者和电子商务经营者发生纠纷时，可以通过下列途径解决：协商和解、调解、投诉、线上仲裁、提起传统诉讼，也可以进行线上诉讼或者向互联网法院提起诉讼。本部分包括第 6 章。

第六部分，其他相关电子商务法律制度。这些制度不是电子商务法的组成部分，许多内容也没有现成法律法规作为参照，如电子商务中的隐私权和个人信息的法律保护、电子商务中的域名法律保护、电子商务与著作权保护、电子商务税收法律制度等。这部分内容对学生的法律基础知识要求较高，学生之前至少要学过《经济法概论》。本部分包括第 7 章。

案例与思考

大学生"刷单"面临法律风险

随着电商快速发展及网购市场不断繁荣，交易量、信用评价、商品评价等对电商平台的影响不言而喻，它们影响着消费者的购买决策。网络"刷单"行为应运而生，并逐渐演变成危害市场秩序的"痼疾"，它既降低了电商平台的信誉，也侵害了消费者的权益。

值得警惕的是，很多在校及刚刚跨出校门的大学生加入"刷单"大军中。不少在校生将此视作兼职赚钱的一个"好路子"，只需轻点鼠标，就可足不出户赚点生活费。由于法律意识淡薄，甚至有的大学毕业生以此为业，误以为自己走上了"创业之路"。

大学生顾某在上大学期间曾在网吧兼职网管工作，后来接触到"刷单"业务，因为很讲"信誉"，在圈内拥有不少粉丝。后来，他在当地成立了一家电子商务公司，随后他和李某等 11 人，打着"青年创业"的幌子，收集掌握京东、淘宝等电商平台的商家信息，并联系提供"刷单"服务，牟取不法利益。不到一年，顾某已非法获利近百万元。他的公司曾经为 100 多家电商提供过"刷单"服务，其中 37 家电商为固定客户。

事实上，在校大学生的"刷单"现象也很普遍。据了解，这些刷单的学生有一个"共同之处"，都是被身边的熟人介绍进入刷单"大家族"的，"方便快捷、赚钱轻松"是拉人入伙屡试不爽的"金句"口号。

2013 年，"两高"发布的司法解释中对网络犯罪行为进行了界定，明确规定，违反国家规定，以营利为目的，通过信息网络有偿提供发布信息等服务，扰乱市场秩序，个人非法经营数额在 5 万元以上，或者违法所得数额在 2 万元以上的，属于非法经营行为"情节严重"，以非法经营罪定罪处罚。

案例思考：结合案例谈一谈，大学生应该如何自觉培养法治思维，依法行使权利与履行义务，从而提升自己的法治素养，积极参与和推动社会主义法治国家建设？

自测题

一、单选题

1. 电子商务法的调整对象是（　　）。
   A. 商家与消费者之间的服务关系
   B. 电子商务交易活动中发生的各种社会关系
   C. 实体社会中的各种商事活动的法律规范
   D. 企业与员工之间的劳务关系

2. 参加电子商务交易的各方可以自行选择交易的方式和内容，这符合电子商务法的（　　）。
   A. 意思自治原则　　　　　　　　B. 中立原则
   C. 功能等同原则　　　　　　　　D. 安全原则

3. 世界范围内第一部全面确立电子商务运行的法律文件是（　　）。
   A. 联合国《电子商务示范法》　　B. 美国《数字签名法》
   C. 美国《统一计算机信息交易法》　D. 马来西亚《电子签名法》

4. 消费者与消费者之间的电子商务，即（　　）电子商务。
   A. B2C　　　B. B2B　　　C. G2G　　　D. C2C

5. 功能等同原则是指（　　）。
   A. 在本国电子商务活动与国际性电子商务活动的法律待遇上，应一视同仁
   B. 电子商务对传统口令法和非对称公开密钥法等认证方法，不可厚此薄彼
   C. 商业交易的公平理念
   D. 一种将数据电文的效力与纸面形式的功能进行类比的方法

二、多选题

1. 电子商务法的基本框架应当由《电子商务法》与配套的法律规范构成，配套的法律规范大致包括（　　）。
   A. 电子商务经营法律规范　　　　B. 电子支付法律规范
   C. 电子签名法律规范　　　　　　D. 安全认证法律规范

2. 电子商务法的立法原则中的中立原则包括（　　）。
   A. 技术中立　　B. 媒介中立　　C. 内容中立　　D. 实施中立

3. 电子商务法的调整对象包括（　　）。
   A. 技术范围　　B. 商务范围　　C. 法律范围　　D. 业务范围

4. 电子商务法的基本原则包括（　　）。

A．意思自治原则　　B．中立原则　　C．功能等同原则　　D．安全原则
5．电子商务法律关系的构成要素有（　　）。
　A．电子商务法律关系的主体　　　　B．电子商务法律关系的客体
　C．电子商务法律关系的内容　　　　D．电子商务法律关系的对象

三、简答题

1．简述电子商务的含义。
2．简述电子商务的基本构成要素。
3．电子商务法的基本原则有哪些？
4．电子商务法律关系的客体有哪些？

四、案例题

平台的安全保障义务——滴滴出行空姐遇害案

2018年5月5日晚上，空姐李某珠在执行完郑州—连云港—郑州—绵阳—郑州的航班后，在郑州航空港经济综合实验区通过滴滴出行叫了一辆车赶往市里，结果惨遭司机杀害。

2018年5月8日，警方告知李某珠家属其遗体被找到，身中数刀。2018年5月10日，滴滴公司向全社会公开征集线索，寻找一位名为刘某华的顺风车司机。

2018年5月12日凌晨4时30分许，经多方努力、全力搜寻，警方在郑州市西三环附近一河渠内打捞出一具尸体。警方已对打捞出尸体的DNA样本完成鉴定，可以确认，此次打捞出的尸体确系杀害空姐李某珠的犯罪嫌疑人刘某华。

郑州市航空港经济综合实验区人民法院做出的判决书显示，法院判决被告刘某军、宋某某在继承其子刘某华遗产范围内，赔偿原告李某某、董某（被害人李某珠父母）死亡赔偿金、丧葬费、交通费、住宿费、误工费等损失，共计62.668 986万元。

同时，因运营滴滴出行平台的北京某公司已与李某某、董某达成补偿协议（依协议，该补偿费具有精神慰藉性质），因此原告要求被告赔偿精神损失费10万元的请求，法院不予支持。

【法条链接】电子商务法第三十八条第二款。

对关系消费者生命健康的商品或者服务，电子商务平台经营者对平台内经营者的资质资格未尽到审核义务，或者对消费者未尽到安全保障义务，造成消费者损害的，依法承担相应的责任。

思考：
1．在本案中，电子商务平台经营者是否应承担责任？
2．在本案中，电子商务平台应该承担什么法律责任？

实训题

实训一　登录当当网，了解B2C型网上商城

操作步骤

（1）打开IE浏览器，输入网址http://www.dangdang.com/。

(2) 浏览当当网的主页。

(3) 在"商品搜索"中输入相关商品，进行商品搜索。

(4) 利用左侧商品分类也可查找相关商品。

实践技能要点解读

1. 网上开店方式

目前，网上开店主要有两种方式。

(1) 在专业的大型网站上注册会员，开设个人的网店。像淘宝网、易趣网等均为个人提供网上开店服务，开店者只需支付少量费用，如网店租金、商品交易费等，即可在专业的大型网站上注册会员，开设个人的网店，进行网上销售。该方式相当于在线下一些大商场里租用一个店铺或柜台，借助大商场的影响与人气做生意，目前网上开店多采用这种方式。

(2) 自立门户型的网上开店，即经营者自行设计网店，使用独立的域名和网店名称，完全依靠经营者个人的宣传吸引浏览者。自立门户型的网店的建设方式有两种：一种是完全根据商品销售的需要进行个性化设计，需要进行注册域名、租用空间、网页设计、程序开发等一系列工作，个性化较好；另一种是向一些网络公司购买自助式网站模块，操作简单，费用较低，但是缺乏个性化。

自立门户型的网店建设费用相对较高，同时还需要投入足够的时间与金钱进行网站宣传，优点是网店内容不需要像第一种方式那样受到固定格式的限制，也不必交纳如商品交易费之类的费用。这一类型的网店相当于路边的小店，如何吸引浏览者进入自己的网店，完全依靠经营者自己的推广。

2. 网上开店的经营方式

网上开店的经营方式主要有三种。

(1) 网上开店与网下开店相结合的经营方式。此种网店因为有网下店铺的支持，在商品的价位、销售的技巧方面都更高一筹，也容易得到消费者的认可与信任。

(2) 全职经营网店。经营者将全部的精力都投入到网店的经营上，将网上开店作为自己的全部工作，将网店的收入作为个人收入的主要来源。

(3) 兼职经营网店。经营者将经营网店作为自己的副业，如现在许多在校学生利用课余时间经营网店，也有一些职场人员利用工作的便利开设网店，增加收入来源。

▶▶ 实训二　登录"京东商城"，体会电子合同的订立及履行

操作步骤

(1) 进入"京东"首页 http://www.jd.com/。

(2) 单击"新用户注册"，进行用户注册。

(3) 输入注册信息，注册成功。

(4) 输入用户名称和密码登录。

(5) 查看第一次购物演示流程，浏览商品，找到自己要购买的商品，并单击该商品图标，查看介绍。

（6）将该商品放入购物车中，查看购物车中的商品信息。
（7）选择付款方式和送货方式，了解相关合同的约定。
（8）查看生成的订单，并记住订单号，进行订单追踪。

实践技能要点解读

电子商务交易中使用的合同多为格式合同。格式合同是指合同条款由当事人一方预先拟定，另一方当事人只能表示全部同意或者不同意的合同，也就是说，一方当事人或者从整体上接受合同条件，或者不订立合同。电子认证合同作为格式合同的特征：一是数字证书的项目由电子认证服务提供者预订且不能改变；二是认证费用由电子认证服务提供者预订而不能讨价还价；三是签署者和电子认证服务提供者的责任条款由电子认证服务提供者单方制定并且不容进一步协商，而这正是电子认证合同中最关键的内容。目前在实践中，此责任条款有的出现在认证业务声明中，如美国的 Verisign 公司就在其业务声明中规定了免责条款；也可以直接以责任书的形式出现，如上海电子商务安全证书管理中心有限公司就采取这种做法；还可以以电子认证中心数字证书章程的形式出现，如广东省电子商务认证中心就采取此种做法。对此责任条款只有"我接受"和"我拒绝"两种选择，选择"我接受"则继续证书申请的下一个步骤，选择"我拒绝"则终止证书的申请。

小组任务

1. 小组组成及任务

案例：平台的安全保障义务——滴滴出行空姐遇害案。

任务：法庭模拟审理"平台的安全保障义务——滴滴出行空姐遇害案"。

团队：全班学生分成三个小组，第一组为公诉人，第二组为被告和辩护律师，第三组为法官、书记员和陪审员。

2. 要求

各小组准备相应的诉讼材料，在法庭模拟审理该案时完成并体会相应角色，同时熟悉并掌握相应法律知识。

各小组主要准备《中华人民共和国刑事诉讼法》《电子商务法》《中华人民共和国刑法》。

第一组（公诉人）准备材料。

第二组（被告和辩护律师）准备材料。

第三组（法官、书记员和陪审员）审查证据，并借助网络，写出判决书。

相关资料请在网络中查找。

第2章

与电子商务经营者、消费者相关的法律制度

【引导性案例】

×××外卖点餐平台超时没送外卖还取消订单　法院判决：欺诈！赔偿

2018年年底，北京的周先生在×××外卖点餐平台订购"真功夫"餐点，页面宣传"全城送约41分钟"。11:08短信提示外卖已送出，11:38短信告知订单因配送问题被取消。2020年1月，周先生就此事向北京互联网法院起诉×××外卖点餐平台欺诈消费者，要求其按消费者权益保护法赔付500元。×××外卖点餐平台否认存在欺诈行为，称系真功夫公司做出取消行为，应由真功夫公司承担相应责任。

2020年5月13日，北京互联网法院依据消费者权益保护法做出判决：被告×××外卖点餐平台作为网络交易平台提供者存在提供信息不真实的情况，作为配送服务提供者存在隐瞒可能影响交易的重要信息的行为，法院认为被告的行为构成欺诈，对原告要求赔偿500元的诉讼请求予以支持。

（资料来源：https://www.chinacourt.org/article/detail/2019/05/id/3935919.shtml）

【本章学习目标】

1. 掌握电子商务经营者的概念、分类。
2. 了解和熟悉电子商务经营者的一般规定。
3. 理解电子商务平台经营者网络服务的法律规制。
4. 了解和熟悉我国电子商务消费者权利保护法律体系的构建。
5. 掌握电子商务消费者权利的法律保护。

【课程思政目标】

通过对电子商务经营者与消费者的权利与义务内容的学习，使学生牢固树立法律意识，熟知电子商务活动主体如何行使法律权利、履行法律义务，树立正确的法治观念，提高自身的法律素质。强调在国家的宏观调控和社会主义精神文明的引导和制约下，电子商务主体要有为人民服务的思想，能够更自觉、更积极、更规范地在自主的基础上为人民、为社会服务。

第 2 章 与电子商务经营者、消费者相关的法律制度

【能力指标解析表】

与电子商务经营者、消费者相关的法律制度

一级指标	权重	二级指标	权重	三级指标	权重
电子商务经营者	0.5	电子商务经营者概述	0.25	电子商务经营者的概念	0.3
				电子商务经营者的分类	0.3
				电子商务经营者的特征	0.4
		电子商务经营者的一般规定	0.25	电子商务经营者的市场主体登记	0.25
				电子商务经营者应当依法履行纳税义务	0.25
				依法取得行政许可的义务	0.25
				电子商务经营者的法定义务与消费者权益保护	0.25
		电子商务平台经营者网络服务的法律规制	0.25	网络信息服务的含义	0.3
				网络信息服务的市场准入	0.3
				网络服务提供商	0.4
		《电子商务法》中的相关规定	0.25	信息的管理与报送	0.1
				网络安全与交易安全保障	0.2
				电子商务平台经营者的服务协议和交易规则	0.2
				合规经营与不得从事的交易活动	0.1
				知识产权保护	0.2
				电子商务平台经营者的连带责任与相应责任	0.2
电子商务中消费者权益的法律保护	0.5	概述	0.2		
		电子商务时代消费者权益保护的困境	0.3	网上交易安全问题	0.25
				电子商务合同订立中的问题	0.25
				电子商务消费者索赔的问题	0.25
				侵犯消费者隐私的问题	0.25
		我国电子商务消费者权利保护法律体系的构建	0.3		
		电子商务消费者权利的法律保护	0.2	电子商务消费者的安全权	0.2
				电子商务消费者的知情权	0.1
				电子商务消费者的自主选择权	0.2
				电子商务消费者的公平交易权	0.2
				电子商务消费者的索赔权	0.2
				电子商务消费者的其他权利	0.1

【职业指导】

当前，我国电子商务发展正进入密集创新和快速扩张的新阶段，日益成为拉动我国消费需求、促进传统产业升级、发展现代服务业的重要引擎。为此，电子商务行业对人才的需求较为旺盛。电子商务行业对人才的需求包括对电子技术人才、商务人才和其他类人才的需求。需求较大的是技术类，其次是市场营销类。技术类的职位包括首席技术官、首席信息官、技术总监/经理、高级软件工程师、系统管理员、网络与信息安全工程师、网页设计/制作网站编辑、系统工程师、数据库管理员。市场营销类职位包括销售经理、渠道管理、销售主管、销售代表、校

园电子商务专员、电子商务主任、市场策划人员等。其他类别的职位包括法律人才、物流人员、人事、行政、财务等。

2.1 电子商务经营者

2.1.1 电子商务经营者概述

电子商务主体是指电子商务交易参与各方，包括电商平台、商家、消费者等。作为商事主体的电子商务法律关系的主体也是民事法律关系的主体。电子商务经营者是电子商务交易活动中重要的民事法律关系主体。

1. 电子商务经营者的概念

电子商务经营者是指通过互联网等信息网络从事销售商品或者提供服务的经营活动的自然人、法人和非法人组织，包括电子商务平台经营者、平台内经营者及通过自建网站、其他网络服务销售商品或者提供服务的电子商务经营者。

2. 电子商务经营者的分类

《电子商务法》中明确界定了电子商务经营者的类型。
（1）电子商务平台经营者

电子商务平台经营者简称"电子商务平台"，是指在电子商务中为交易双方或者多方提供网络经营场所、交易撮合、信息发布等服务，供交易双方或者多方独立开展交易活动的法人或者非法人组织。电子商务平台的本质特征在于其搭建交易平台的属性，各类电子商务主体通过平台服务协议和交易规则相互连接实现经营活动。只有法人或者非法人组织才可以注册成为电子商务平台，自然人无法取得该项资质。

（2）电子商务平台内的经营者

电子商务平台内的经营者也被称为"商家"，是指通过电子商务平台销售商品或者提供服务的电子商务经营者。商家通过平台服务协议与电子商务平台之间联系起来。商家既可以是法人或非法人组织，也可以是自然人。

（3）通过自建网站、其他网络服务销售商品或者提供服务的电子商务经营者

自建网站电子商务经营者是指在自行搭建的网络平台上从事商品销售和提供服务的电子商务经营者。电子商务法之所以规定"通过其他网络服务销售商品或者提供服务的电子商务经营者"这样一种电子商务经营者，主要是考虑到技术的发展可能带来不同的电子商务经营形式，立法需要有一定的前瞻性，同时也是为其他通过特殊信息网络进行电子商务活动的经营者提供一个兜底的界定。①

---

① 《电子商务法》系列解读之二：电子商务经营者及一般法律义务，https://zhuanlan.zhihu.com/p/51423478。

3. 电子商务经营者的特征

（1）电子商务经营者首先是从事市场经营活动的商事主体

电子商务经营者作为市场经营主体，必须满足两个要件：一是强调主体以营利为主要目的；二是这种营利性是持续不断的。在《电子商务法》中，未将那些偶尔从事交易活动的主体（即使以营利为目的）纳入电子商务经营者的范畴，如出售自用闲置物品。

（2）电子商务经营者是通过互联网等信息网络从事销售商品或者提供服务的经营活动的商事主体

电子商务经营者在经营过程中，需要借助包含互联网、移动互联网、电信网、物联网等网络技术，涉及 App、微信、微博、论坛、小程序、小视频、直播等网络应用手段从事销售商品或者提供服务的经营活动并达成交易。这里需要强调的是，交易活动无须全过程都要通过网络进行。

（3）电子商务经营者以自然人、法人、非法人组织等形态存在

电子商务经营者是通过互联网向消费者提供其生产、销售的商品或者提供服务的经济实体，其是以营利为目的的。为了保护电子商务交易过程中各主体的合法权益，必然要求电子商务的经营者以自然人、法人、非法人组织等形态存在。

【相关链接】

电子商务从业人员应当恪守职业道德。电子商务从业人员的职业道德是电子商务人员在职业活动中的行为规范，优良的职业道德能促进电子商务的稳定、快速发展，同时也是电子商务从业人员职业活动的指南。电子商务主体更应该加强对员工的职业道德要求。电子商务从业人员应提高自身素质，加强职业道德修养：忠于职守、坚持原则、遵纪守法、实事求是、勇于创新、坚持原则、恪守信用等。大学生作为未来电子商务行业的从业者，更应该自觉认识到自己将来所从事职业的社会价值，在将来的从业行为上，热爱本职工作，尽职尽责地履行职业义务，有较强的敬业和奉献精神。

▶▶ 2.1.2 电子商务经营者的一般规定

电子商务已经渗透到社会生活和消费的各个领域，电子商务经营者侵害消费者合法权益的现象屡见不鲜。为了规范电子商务的有序发展和保护消费者的合法权益，《电子商务法》第二章对电子商务经营者的内容做了规定。

1. 电子商务经营者的市场主体登记

作为市场主体的电子商务经营者依法履行市场主体登记义务，是市场主体彰显其商事主体身份、提升信用程度的重要途径，不仅有利于市场监管，也是国家鼓励线上线下经营共同发展的重要体现。《电子商务法》采用了原则登记、例外豁免的制度。

《电子商务法》第十条规定，电子商务经营者应当依法办理市场主体登记。电子商务经营者申请登记成为企业、个体工商户或农民专业合作社的，应当依照现行市场主体登记管理相关规定向各地市场监督管理部门申请办理市场主体登记。

但是，个人销售自产农副产品、家庭手工业产品，个人利用自己的技能从事依法无须取得许可的便民劳务活动和零星小额交易活动，以及依照法律、行政法规不需要进行登记的除外。除法律另有规定外，上述豁免登记只适用于以自然人名义开展经营活动的情形，企业开展电子商务活动仍需要进行市场主体登记。

【相关链接】

电子商务经营者申请登记为个体工商户的相关要求

《市场监管总局关于做好电子商务经营者登记工作的意见》规定，电子商务经营者申请登记为个体工商户的，允许其将网络经营场所作为经营场所进行登记。对于在一个以上电子商务平台从事经营活动的，需要将其从事经营活动的多个网络经营场所向登记机关进行登记。允许其将经常居住地登记为住所，个人住所所在地的县、自治县、不设区的市、市辖区市场监管部门为其登记机关。以网络经营场所作为经营场所登记的个体工商户，仅可通过互联网开展经营活动，不得擅自改变其住宅房屋用途用于线下生产经营活动并应做出相关承诺。登记机关要在其营业执照"经营范围"项标注"（仅限于通过互联网从事经营活动）"。

2. 电子商务经营者应当依法履行纳税义务

作为市场主体，纳税是电子商务经营者法定的义务。即便是依法无须办理市场主体登记的电子商务经营者，仍然需要履行税务登记和纳税申报的义务。《电子商务法》第十一条规定：电子商务经营者应当依法履行纳税义务，并依法享受税收优惠；依照前条规定，不需要办理市场主体登记的电子商务经营者在首次纳税义务发生后，应当依照税收征收管理法律、行政法规的规定申请办理税务登记，并如实申报纳税。

电子商务平台经营者应当依照税收征收管理法律、行政法规的规定，向税务部门报送平台内经营者的身份信息和与纳税有关的信息，并应当提示依法不需要办理市场主体登记的电子商务经营者按照相关规定办理税务登记。

由此可以看出，电子商务平台经营者有提示和报送信息的义务，而电子商务平台内经营者需要履行纳税申报和税务登记的义务。

3. 依法取得行政许可的义务

行政许可是行政机关根据自然人、法人或者其他组织的申请，经依法审查，准予其从事特定活动的行为。《电子商务法》第十二条规定，电子商务经营者从事经营活动，依法需要取得相关行政许可的，应当依法取得行政许可。根据《中华人民共和国电信条例》《互联网信息服务管理办法》的规定，设立网站的电信信息业务和在线销售商品或提供服务特定领域的需要取得行政许可。

（1）设立网站的电信信息业务许可

一是建立经营性网站需要取得电信与信息服务业务经营许可证（ICP许可证）。二是从事在线数据处理与交易处理业务的经营者，需要取得增值电信业务经营许可证。增值电信业务经营许可证就是在线数据处理与交易处理业务（EDI许可证）。详细内容见本教材2.1.3节的内容。

（2）在线销售商品或提供服务特定领域的行政许可

一般情形下，电子商务经营者通过互联网从事销售商品或提供服务的经营活动，在行政许可具体事项上实行线下线上一致的原则。也就是说,某种类型的商品或服务经营活动,只要法律法规规定需要取得行政许可,无论是以线下方式经营还是以线上方式经营,都应当取得许可,如食品经营等。反之,线下经营不需要取得行政许可,线上经营原则上也不需要取得行政许可。在需要取得行政许可的事项中,经营者在线下经营中已经取得行政许可,又开展线上经营活动的,一般情况下只要依法公示其许可证即可,不必再次申请取得线上经营行政许可。但是,作为例外情况,在某些领域,线下经营已经取得行政许可的,若从事线上经营活动或者专门从事线上经营活动,还应取得线上经营行政许可。例如,从事互联网医疗服务、网络出版服务及网络预约出租车许可等。①

【相关案例】

无证网销退热药被罚 150 万元

2019 年 9 月 20 日开始,余姚市某公司借助网络平台"×××外卖点餐平台"开设的店铺"同城送百货水果实惠超市"无证销售药品和食品,特别是在 2020 年 2 月新冠肺炎疫情期间各级政府已明文规定暂停退热药、止咳药销售的情况下,该店置若罔闻,从余姚药店采购药品,加价在网上销售。

2021 年 1 月,余姚市市场监督管理局依法对当事人做出行政处罚决定:关闭药品经营业务,无证销售药品和食品分别根据《药品管理法》《食品安全法》处以罚款 150 万元和 5 万元。

4. 电子商务经营者的法定义务与消费者权益保护

(1) 不得从事法律禁止的商品或者服务交易

电子商务经营者销售的商品或者提供的服务应当符合保障人身、财产安全的要求和环境保护要求,不得销售或者提供法律、行政法规禁止交易的商品或者服务。

(2) 电子商务经营者信息公示义务

第一,电子商务经营者有公示营业执照信息等方面的义务。电子商务经营者应当在其首页显著位置,持续公示营业执照信息、与其经营业务有关的行政许可信息、属于依法不需要办理市场主体登记情形等信息,或者上述信息的链接标识。信息发生变更的,电子商务经营者应当及时更新公示信息。

电子商务经营者自行终止从事电子商务的,应当提前三十日在首页显著位置持续公示有关信息。

【案例链接】

湖州个体网上经营者未公示证照信息案

2019 年 1 月 2 日,浙江省湖州市南浔区市场监督管理局执法人员发现卢某在其微信朋友圈内从事饼干、蛋糕等糕点食品销售,但未公示其营业执照、食品经营许可证等信息。由此,执法人员立即前往当事人所描述的某地址进行现场检查。经查,当事人在上述地址开设了一家从事糕点类食品制售的店铺,并且能提供合法有效的个体工商户营业执照及食品经营许可证。自 2018 年 7 月起,当事人为了提高知名度,方便开拓市场,吸引消费者,通过微信朋友圈的方式

---

① http://www.cicn.com.cn/zggsb/2019-03-26/cms116314article.shtml。

发布了数十条关于店内所制售的饼干、蛋糕、饮料等食品信息，但未在其销售食品的微信朋友圈内公示营业执照、食品经营许可证信息。

鉴于上述行为涉嫌违反《电子商务法》第十五条第一款的相关规定，该局当即依法予以立案查处，责令当事人改正上述违法行为，并对其处以罚款2000元。当事人在案发后积极配合调查，已及时在微信朋友圈的显著位置公示了营业执照和食品经营许可证信息。

（资料来源：http://www.samr.gov.cn/wljys/wlscjg/201902/t20190218_290069.html）

第二，全面、真实、准确、及时地披露商品、服务信息。电子商务经营者应当全面、真实、准确、及时地披露商品或者服务信息，保障消费者的知情权和选择权。电子商务经营者不得以虚构交易、编造用户评价等方式进行虚假或者引人误解的商业宣传，欺骗、误导消费者。

（3）信息搜索和发送中的法定义务

电子商务经营者根据消费者的兴趣爱好、消费习惯等特征向其提供商品或者服务的搜索结果的，应当同时向该消费者提供不针对其个人特征的选项，尊重和平等保护消费者的合法权益。

电子商务经营者向消费者发送广告的，应当遵守《中华人民共和国广告法》的有关规定。

（4）交易过程中电子商务经营者应遵循的法定义务

第一，电子商务经营者不得滥用市场支配地位。电子商务经营者因其技术优势、用户数量、对相关行业的控制能力及其他经营者对该电子商务经营者在交易上的依赖程度等因素而具有市场支配地位的，不得滥用市场支配地位，排除、限制竞争。

第二，禁止搭售商品或者服务。电子商务经营者搭售商品或者服务，应当以显著方式提请消费者注意，不得将搭售商品或者服务作为默认同意的选项。

第三，电子商务经营者交付商品和服务的在途风险和责任。电子商务经营者应当按承诺或者与消费者约定的方式、时限向消费者交付商品或者服务，并承担商品运输中的风险和责任。但是，消费者另行选择快递物流服务提供者的除外。

第四，电子商务经营者收取和退还押金。电子商务经营者按照约定向消费者收取押金的，应当明示押金退还的方式、程序，不得对押金退还设置不合理条件。消费者申请退还押金，符合押金退还条件的，电子商务经营者应当及时退还。

第五，开具电子发票的义务。电子商务经营者销售商品或者提供服务应当依法出具纸质发票或者电子发票等购货凭证或者服务单据。电子发票与纸质发票具有同等法律效力。

（5）信息提供和信息保护义务

第一，电子商务数据信息提供义务与安全保护。有关主管部门依照法律、行政法规的规定要求电子商务经营者提供有关电子商务数据信息的，电子商务经营者应当提供。有关主管部门应当采取必要措施保护电子商务经营者提供的数据信息的安全，并对其中的个人信息、隐私和商业秘密严格保密，不得泄露、出售或者非法向他人提供。

第二，电子商务经营者的个人信息保护义务。电子商务经营者收集、使用其用户的个人信息，应当遵守法律、行政法规有关个人信息保护的规定。

第三，用户信息的查询、更正、删除等。电子商务经营者应当明示用户信息查询、更正、删除及用户注销的方式、程序，不得对用户信息查询、更正、删除及用户注销设置不合理条件。电子商务经营者收到用户信息查询或者更正、删除的申请的，应当在核实其身份后及时提供查询或者更正、删除用户信息服务。用户注销的，电子商务经营者应当立即删除该用户的信息；依照法律、行政法规的规定或者双方约定保存的，依照其规定。

2.1.3 电子商务平台经营者网络服务的法律规制

电子商务平台在运行过程中依赖于网络服务，网络服务已成为电子商务不可分割的组成部分，同时它也是支撑网上交易运营环境的基础。所有的电子商务网站主要提供电子商务信息的收集、整理、发布、传递与存储等服务内容。为此，网络信息服务是电子商务平台运行法律制度的主要内容。我国关于网络信息服务的法律文件主要是国务院2000年颁布的《中华人民共和国电信条例》和《互联网信息服务管理办法》，该《办法》是目前我国对提供互联网信息服务实行管制制度的主要行政法规。

1. 网络信息服务的含义

互联网信息服务是指通过互联网向上网用户提供信息的服务活动。

互联网信息服务分为经营性和非经营性两类：经营性互联网信息服务，是指通过互联网向上网用户有偿提供信息或网页制作等服务活动；非经营性互联网信息服务，是指通过互联网向上网用户无偿提供具有公开性、共享性信息的服务活动。国家对经营性互联网信息服务实行许可制度；对非经营性互联网信息服务实行备案制度。未取得许可或未履行备案手续的，不得从事互联网信息服务。

2. 网络信息服务的市场准入

为了规范互联网信息服务活动，促进互联网信息服务健康有序发展，我国加强对互联网信息服务的管理，主要通过审批与备案制度来实现。

（1）经营性网络信息服务许可制度

经营性网络内容服务提供商经营的内容主要是网上广告、代制作网页、有偿提供特定信息内容、电子商务及其他网上应用服务。国家对经营性网络内容服务提供商实行许可制度。根据《中华人民共和国电信条例》和《互联网信息服务管理办法》，国家对提供互联网信息服务的网络内容服务提供商实行许可制度（ICP证）。ICP证是网站经营的许可证，根据国家《互联网信息服务管理办法》规定，经营性网站必须办理中华人民共和国增值电信业务经营许可证（经营性ICP证），否则就属于非法经营。

《互联网信息服务管理办法》规定："从事经营性互联网信息服务，除应当符合《中华人民共和国电信条例》规定的要求外，还应当具备下列条件：（一）有业务发展计划及相关技术方案；（二）有健全的网络与信息安全保障措施，包括网站安全保障措施、信息安全保密管理制度、用户信息安全管理制度；（三）服务项目属于本办法第五条规定范围的，已取得有关主管部门同意的文件。""从事经营性互联网信息服务，应当向省、自治区、直辖市电信管理机构或者国务院信息产业主管部门申请办理互联网信息服务增值电信业务经营许可证。省、自治区、直辖市电信管理机构或者国务院信息产业主管部门应当自收到申请之日起60日内审查完毕，作出批准或者不予批准的决定。予以批准的，颁发经营许可证；不予批准的，应当书面通知申请人并说明理由。申请人取得经营许可证后，应当持经营许可证向企业登记机关办理登记手续。"

电子商务平台的经营者在建立经营性网站后并开展经营活动的，都需要取得 ICP 证。

（2）非经营性网络信息服务备案制度

ISP 是经国家主管部门批准的正式运营企业，享受国家法律保护。它主要提供互联网接入服务，即通过电话线把计算机或其他终端设备连入互联网。非经营性互联网信息服务提供者（ICP）在提供互联网信息服务（开通网站）之前，应当向为其接入互联网络服务的互联网服务提供商（ISP）提交相关备案信息。ISP 对相关备案信息进行整理，以确认相关备案信息真实、完整、准确，ISP 以授权用户身份登录"工业和信息化部 ICP/IP 地址信息备案管理系统"（简称"备案管理系统"，域名为 beian.miit.gov.cn），导入相关备案信息。省级互联网行业主管部门对报备信息进行审核，发放备案编号、备案证书（电子文件），并通知相关 ISP，ISP 通知并指导 ICP 按要求标明备案编号、放置备案证书。

（3）特殊行业服务审批制度与专项备案制度

审批制度。对于从事新闻、出版、教育、医疗保健、药品和医疗器械等特殊行业服务互联网信息服务的，依照法律、行政法规及国家有关规定必须经有关主管部门审核同意的，在申请经营许可或履行备案手续前，应当依法经有关主管部门审核同意。不管是经营性信息服务，还是公益性或非经营性信息服务，如果涉及这些行业，都必须办理审批手续。

专项备案制度。从事互联网信息服务，拟开办电子公告服务的，应当在申请经营性互联网信息服务许可或办理非经营性互联网信息服务备案时，按照国家有关规定提出专项申请或专项备案。电子公告板（BBS）是供公众自由发表言论的地方。所有网站如开辟这项服务，要到有关部门办理专项申请或备案。

3. 网络服务提供商

网络服务提供商是指专门为他人设立、经营网站或为其他网络通信提供服务的网络服务提供者。从网络服务提供商在信息传输中的作用或网络服务提供商对信息内容控制的角度来讲，网络服务提供商大致可以分为两类：一类是网络内容服务提供商（Internet Content Provider，ICP）；一类是网络中介服务提供商（Internet Service Provider，ISP）。ICP 充当网络信息交流的一方当事人（发布者），而 ISP 充当网络信息交流的媒介或中介。

（1）网络内容服务提供商（ICP）

网络内容服务提供商是指向社会公众或特定用户提供信息内容服务的网络服务公司。网络服务器的经营者直接向消费者（接受者）发布信息，充当主动传输内容的角色。大多数网络服务公司既提供中介服务，同时也提供内容服务。凡是直接发布了某种信息的网站经营者，在信息传播中就充当发布者的角色。

根据《互联网信息服务管理办法》规定，网络内容服务提供商必须保证提供服务的合法性。网络内容服务提供商应当按照经营许可或备案的项目提供服务，不得超出经营许可或备案的项目提供服务。非经营性互联网信息服务提供者不得从事有偿服务；互联网信息服务提供者应当在其网站主页的显著位置标明其经营许可证编号或备案编号；从事新闻、出版及电子公告等服务项目的互联网信息服务提供者，应当记录提供的信息内容及其发布时间、互联网地址或域名；互联网接入服务提供者应当记录上网用户的上网时间、用户账号、互联网地址或域名、主叫电话号码等信息。互联网信息服务提供者和互联网接入服务提供者的记录备份应当保存 60 日，并在国家有关机关依法查询时，予以提供。

在保证提供服务的合法性的同时，必须保证信息内容合法。互联网信息服务提供者应当向上网用户提供良好的服务，并保证所提供的信息内容合法，互联网信息服务提供者不得制作、复制、发布、传播含有下列内容的信息：反对宪法所确定的基本原则的；危害国家安全，泄露国家秘密，颠覆国家政权，破坏国家统一的；损害国家荣誉和利益的；煽动民族仇恨、民族歧视，破坏民族团结的；破坏国家宗教政策，宣扬邪教和封建迷信的；散布谣言，扰乱社会秩序，破坏社会稳定的；散布淫秽、色情、赌博、暴力、凶杀、恐怖或教唆犯罪的；侮辱或者诽谤他人，侵害他人合法权益的；含有法律、行政法规禁止的其他内容的。

从事在线数据处理与交易处理业务的经营者，需要取得增值电信业务经营许可证。增值电信业务经营许可证就是在线数据处理与交易处理业务（EDI 许可证）。有第三方入驻的电子商务平台网站，其提供的服务属于在线数据与交易处理业务，需要取得 EDI 许可证。

【相关链接】

公安部通报全国公安机关"净网2019"专项行动工作情况

2019 年 1 月，公安部部署组织全国公安机关开展"净网 2019"专项行动，依法严厉打击侵犯公民个人信息、黑客攻击破坏等网络违法犯罪活动。截至 2019 年 10 月 31 日，共侦破涉网案件 45743 起，抓获犯罪嫌疑人 65 832 名，取得了显著成效。其中，侦破侵犯公民个人信息类案件 2868 起，抓获犯罪嫌疑人 7647 名；侦破黑客类案件 1361 起，抓获犯罪嫌疑人 2133 名；侦破网络诈骗类案件 21933 起，抓获犯罪嫌疑人 22 743 名；侦破网络赌博类案件 5797 起，抓获犯罪嫌疑人 9490 名；侦破网络色情类案件 2406 起，抓获犯罪嫌疑人 4512 名。这其中侦破了一系列人民群众关心关切的案件，成为重点热点典型案件，如打掉多个利用"暗网"倒卖公民信息的犯罪团伙，捣毁一批为"套路贷"提供技术、数据服务的科技公司，斩断多条非法生产、销售针孔摄像头等偷拍器材的黑色产业链条，清剿了多个制售迷奸药物的犯罪网络。同时，针对互联网企业及联网单位开展安全监督检查 17 万余家次，清理违法有害信息 445 万余条，关闭网络账号 60 万余个，约谈整改相关网站及 App 3.7 万余家次，行政查处 9.1 万家次。

（资料来源：http://www.gov.cn/xinwen/2019-11/15/content_5452415.htm）

【思政解读】

党的十八大提出了"科学立法、严格执法、公正司法、全民守法"的十六字方针，党的十八届四中全会将其作为全面依法治国的基本格局，并做出了更加明确具体的部署。

在本案中突出强调严格执法。法律的生命力在于实施，法律的权威也在于实施。严格执法以深入推进依法行政，加快建设法治政府为目标。坚持严格规范公正文明执法，依法惩处各类违法行为，加大关系群众切身利益的重点领域执法力度，建立健全行政裁量权基准制度，全面落实行政执法责任制。

（2）网络中介服务提供商（ISP）

网络中介服务提供商是指为网络提供信息传输中介服务的主体，是指经营者以外的人通过某个服务器发布信息。网络服务经营者充当被动传输信息的角色，它又可以分为接入服务提供商和主机服务提供商。

网络中介服务提供者的义务主要有两个，监控义务和协助调查义务。其中协助调查是辅助性的，监控义务是主要义务。

2.1.4 《电子商务法》中的相关规定

1. 信息的管理与报送

（1）电子商务平台经营者对平台内经营者的身份和信息管理

电子商务平台经营者应当要求申请进入平台销售商品或者提供服务的经营者提交其身份、地址、联系方式、行政许可等真实信息，进行核验、登记，建立登记档案，并定期核验更新。

电子商务平台经营者为进入平台销售商品或者提供服务的非经营用户提供服务，应当遵守法律的相关规定。

（2）电子商务平台内经营者的身份信息和纳税信息报送

电子商务平台经营者应当按照规定向市场监督管理部门报送平台内经营者的身份信息，提示未办理市场主体登记的经营者依法办理登记，并配合市场监督管理部门，针对电子商务的特点，为应当办理市场主体登记的经营者办理登记提供便利。

电子商务平台经营者应当依照税收征收管理法律、行政法规的规定，向税务部门报送平台内经营者的身份信息和与纳税有关的信息。

（3）电子商务平台经营者对商品或者服务信息的审查、处置和报告

电子商务平台经营者发现平台内的商品或者服务信息存在违法情形的，应当依法采取必要的处置措施，并向有关主管部门报告。

（4）商品和服务信息、交易信息记录和保存

电子商务平台经营者应当记录、保存平台上发布的商品和服务信息、交易信息，并确保信息的完整性、保密性、可用性。商品和服务信息、交易信息保存时间自交易完成之日起不少于三年；法律、行政法规另有规定的，依照其规定。

2. 网络安全与交易安全保障

电子商务平台经营者应当采取技术措施和其他必要措施保证其网络安全、稳定运行，防范网络违法犯罪活动，有效应对网络安全事件，保障电子商务交易安全。

电子商务平台经营者应当制定网络安全事件应急预案，当发生网络安全事件时，应当立即启动应急预案，采取相应的补救措施，并向有关主管部门报告。

3. 电子商务平台经营者的服务协议和交易规则

（1）电子商务平台经营者的服务协议和交易规则制定

电子商务平台经营者应当遵循公开、公平、公正的原则，制定平台服务协议和交易规则，明确进入和退出平台、商品和服务质量保障、消费者权益保护、个人信息保护等方面的权利和义务。

（2）电子商务平台经营者的服务协议和交易规则的公示

电子商务平台经营者应当在其首页显著位置持续公示平台服务协议和交易规则信息或者上述信息的链接标识，并保证经营者和消费者能够便利、完整地阅览和下载。

（3）电子商务平台经营者的服务协议和交易规则修改

电子商务平台经营者修改平台服务协议和交易规则，应当在其首页显著位置公开征求意见，

采取合理措施确保有关各方能够及时充分表达意见。修改内容应当至少在实施前7日予以公示。

电子商务平台内经营者不接受修改内容并要求退出平台的,电子商务平台经营者不得阻止,并按照修改前的服务协议和交易规则承担相关责任。

(4) 不得进行不合理限制、附加不合理条件、收取不合理费用

电子商务平台经营者不得利用服务协议、交易规则及技术等手段,对平台内经营者在平台内的交易、交易价格及与其他经营者的交易等进行不合理限制或者附加不合理条件,或者向平台内经营者收取不合理费用。

(5) 违法违规行为处置信息公示义务

电子商务平台经营者依据平台服务协议和交易规则对平台内经营者违反法律、法规的行为实施警示、暂停或者终止服务等措施的,应当及时公示。

(6) 自营业务的区分标记

电子商务平台经营者在其平台上开展自营业务的,应当以显著方式区分标记自营业务和平台内经营者开展的业务,不得误导消费者。

电子商务平台经营者对其标记为自营的业务依法承担商品销售者或者服务提供者的民事责任。

4. 合规经营与不得从事的交易活动

电子商务平台经营者可以按照平台服务协议和交易规则,为经营者之间的电子商务提供仓储、物流、支付结算、交收等服务。电子商务平台经营者为经营者之间的电子商务提供服务,应当遵守法律、行政法规和国家有关规定,不得采取集中竞价、做市商等集中交易方式进行交易,不得进行标准化合约交易。

(1) 信用评价制度与信用评价规则

电子商务平台经营者应当建立健全信用评价制度,公示信用评价规则,为消费者提供对平台内销售的商品或者提供的服务进行评价的途径。

电子商务平台经营者不得删除消费者对其平台内销售的商品或者提供的服务的评价。

(2) 竞价排名业务的广告标注义务

电子商务平台经营者应当根据商品或者服务的价格、销量、信用等以多种方式向消费者显示商品或者服务的搜索结果;对于竞价排名的商品或者服务,应当显著标明"广告"。

5. 知识产权保护

(1) 知识产权保护规则

电子商务平台经营者应当建立知识产权保护规则,与知识产权权利人加强合作,依法保护知识产权。

(2) 知识产权权利人的通知与平台经营者的删除等措施

知识产权权利人认为其知识产权受到侵害的,有权通知电子商务平台经营者采取删除、屏蔽、断开链接、终止交易和服务等必要措施。通知应当包括构成侵权的初步证据。

电子商务平台经营者接到通知后,应当及时采取必要措施,并将该通知转送平台内经营者;未及时采取必要措施的,对损害的扩大部分与平台内经营者承担连带责任。

因通知错误造成平台内经营者的利益受到损害的,依法承担民事责任。恶意发出错误通知,对平台内经营者造成损失的,加倍承担赔偿责任。

（3）知识产权人的通知、平台内经营者采取的措施及平台内经营者声明的公示

电子商务平台内经营者接到转送的通知后，可以向电子商务平台经营者提交不存在侵权行为的声明。声明应当包括不存在侵权行为的初步证据。

电子商务平台经营者接到声明后，应当将该声明转送发出通知的知识产权权利人，并告知其可以向有关主管部门投诉或者向人民法院起诉。电子商务平台经营者在转送声明到达知识产权权利人后15日内，未收到权利人已经投诉或者起诉通知的，应当及时终止所采取的措施。

（4）电子商务平台经营者知识产权侵权责任

电子商务平台经营者知道或者应当知道平台内经营者侵犯知识产权的，应当采取删除、屏蔽、断开链接、终止交易和服务等必要措施；未采取必要措施的，与侵权人承担连带责任。

6. 电子商务平台经营者的连带责任与相应责任

电子商务平台经营者知道或者应当知道平台内经营者销售的商品或者提供的服务不符合保障人身、财产安全的要求，或者有其他侵害消费者合法权益行为，未采取必要措施的，依法与该平台内经营者承担连带责任。

对关系消费者生命健康的商品或者服务，电子商务平台经营者对平台内经营者的资质资格未尽到审核义务，或者对消费者未尽到安全保障义务，造成消费者的利益受到损害的，依法承担相应的责任。

2.2 电子商务中消费者权益的法律保护

电子商务的飞速发展，使消费者可以方便快捷地购买所需商品和服务。但与此同时，网络环境下消费者的权益也正面临着挑战。为此，电子商务经营者从事经营活动，应当履行消费者权益保护的义务，承担产品和服务质量责任，接受政府和社会的监督。

▶▶ 2.2.1 概述

消费者是社会消费的主体，包括生产性消费者和生活性消费者两种。《消费者权益保护法》中所涉及的"消费者"主要是指生活资料的消费者，在特殊情况下也包括生产资料的消费者，如农民的生产性消费活动等。

本教材所称的消费者是指为了满足个人生活消费的需要而购买、使用商品或接受服务的居民。这里的居民是指自然人或称个体社会成员。在我国，消费者是与经营者相对应的，而经营者就是向消费者出售商品或提供服务的市场主体，即向消费者提供其生产、销售的商品或者提供服务的单位或者个人，是以营利为目的的从事生产经营活动并与消费者对立存在的另一方当事人。在买卖或接受服务的法律关系中，经营者与消费者是相对应的消费法律关系主体，因而消费者的权利与经营者的义务是一个问题相对的两个方面，即消费者的权利是经营者的义务，消费者的权利是通过经营者履行义务来实现的。

电子商务的发展为消费者提供了一个灵活、便利交易的平台，网上购物已成为热潮。在电子商务中，电子商务经营者和消费者是相对应的概念，对消费者权益的保护也就是对电子商务

经营者的义务要求。电子商务消费者是指借助互联网为满足个人或家庭生活消费需要而在网络上购买、使用商品或者接受服务的个人。在电子商务环境中，消费者网上消费行为的本质和交易性质并未因消费环境的变化而发生改变，区别仅在于消费形式发生了变化。由于个人对个人（C2C）电子商务对经营者的资格没有过高的要求，而且任何个人都可以免费使用 C2C 网上零售平台进行商品的销售，因此其发展速度十分惊人，已成为当前网上购物的主流模式。电子商务经营者范围扩大的现实对电子商务消费者权益的保护提出了更高的要求。

【相关链接】

近年来，我国电子商务消费者数量急剧增长，《第 46 次中国互联网络发展状况统计报告》数据显示，截至 2020 年 6 月，我国网络购物用户规模达 7.49 亿人次，较 2020 年 3 月增长 3912 万人次，占网民整体的 79.7%；手机网络购物用户规模达 7.47 亿人次，较 2020 年 3 月增长 3947 万人次，占手机网民的 80.1%。我国网络支付用户规模达 8.05 亿人次，较 2020 年 3 月增长 3702 万人次，占网民整体的 85.7%；手机网络支付用户规模达 8.02 亿人次，较 2020 年 3 月增长 3664 万人次，占手机网民的 86.0%。

2.2.2 电子商务时代消费者权益保护的困境

电子商务对原有的消费者权益保护法律制度产生了巨大的冲击。互联网具有开放性和管理非中心性的特点，任何人都可以在网上进行商品的销售和服务的提供，某些不法分子甚至利用电子商务提供虚假信息进行商业欺诈，致使网络欺诈事件频发，电子商务消费者遭受重大财产损失。电子商务中消费者权益保护难题主要包括以下四个方面：

1. 网上交易安全问题

随着电子商务的发展，网上交易的安全问题已成为制约电子商务发展的主要障碍。网上交易安全风险是多重的，常常令电子商务消费者防不胜防，其中最常见的是支付风险。消费者进行网上交易时，往往需要向交易对象提供如身份证号码、账号、密码等重要的信息，如果这些信息被不法分子获取，则会导致消费者的资金被盗。目前，国内的网上支付系统的安全程度已有所提高，但在网上支付安全技术、法规配套和管理等方面尚存在诸多问题，对电子商务消费者的财产安全的保护仍任重道远。

2. 电子商务合同订立中的问题

在电子商务活动中，买卖双方互不相识，电子商务消费者对电子商务经营者及其销售的商品或者服务的了解基本上靠电子商务经营者发布的广告和自己的判断，双方订立的合同也多为电子商务经营者事先拟定的格式合同，电子商务消费者对此只能被动接受。电子商务经营者为了减轻自己的责任，常常在这些格式合同中制定一些免责条款和最后解释权条款，某些电子商务经营者甚至利用其他手段使电子商务消费者无法对合同条款进行仔细阅读或对合同条款产生误解、错觉。在合同订立阶段，由于电子商务合同具有及时性的特点，电子商务消费者点击"同意"按钮发出承诺后理论上是无法撤回的，《中华人民共和国民法典》合同编对此也未予以规定，这一现状从一定程度上剥夺了电子商务消费者的选择权。

3. 电子商务消费者索赔的问题

消费者索赔难是一个普遍性的问题，在电子商务活动中表现得尤为突出。第一，在现实生活中，消费者一般是就近选择经营者进行消费，其索赔权的行使不受地域的影响，而电子商务活动的跨地域性增加了电子商务消费者退换货的难度。第二，电子商务消费者对电子商务经营者和其提供的商品的了解多依靠经营者在电子商务交易平台上提供的信息。由于电子商务交易平台对电子商务经营者信息披露的要求较低，所以电子商务经营者提供的信息往往极为有限，通常只有一个城市名称和一个联系电话，而且相当一部分电子商务经营者并没有实际的营业地或提供的是虚拟的营业地址，这就造成了交易纠纷发生后难以准确核实经营者的身份，电子商务消费者因无法找到电子商务经营者而遭受损失的情况。第三，对于电子商务消费者和经营者订立的合同，除网上记录外一般无其他实质性证据，即使有证据，也往往缺乏法律效力，电子商务消费者因此无法获得赔偿。第四，由于网上交易是在计算机网络技术、网上金融服务系统和物流体系等的共同支持下达成的，因此有可能涉及电子商务经营者、计算机软硬件设备提供者、网络服务提供者、网上银行和物流公司等多方当事人。在发生网上消费纠纷时，很可能出现各方当事人的责任认定不清及责任分担不合理的情况。第五，数字化商品（如电子书和影音产品）是电子商务消费者购买的主要商品之一，但目前我国法律对这些可复制性强的商品的退、换货尚无明确的规定，电子商务消费者的退、换货要求仍无法得到满足。

4. 侵犯消费者隐私的问题

在电子商务环境中，网络用户在浏览网页、申请邮箱、注册为网上会员或者进行网上购物时常常会主动或被动地透露其个人信息，这些个人信息会在消费者不知情的情况下被某些电子商务经营者收集、储存、处理、披露甚至转售，如网络用户收到的含有商业信息的电子邮件就是一些电子商务经营者在获取了网络用户的邮箱地址后有针对性地向其发送的。侵犯电子商务消费者隐私的行为降低了互联网的公信力，严重地威胁着电子商务的发展。

电子商务中消费者权益保护所面临的问题往往是相互交织、互为因果的，是互联网的虚拟和网上交易复杂性的直接反映。因此，我们有必要对电子商务消费者权益进行重新审视与定位，从立法、司法、行政监管、行业自律、电子商务消费者教育等方面入手，积极推进电子商务消费者权益保护制度的建设。

▶▶ 2.2.3 我国电子商务消费者权利保护法律体系的构建

进入 21 世纪，我国电子商务取得了长足的发展，并走在了世界的前列，《电子商务法》的出台，标志着我国电子商务消费者权益保护法律建设已经走上体系化和成熟化的道路。在电子商务消费者权益保护方面，我国已经形成了以《消费者权益保护法》和《电子商务法》为核心，以《宪法》《民法典》《产品质量法》《反不正当竞争法》《电子签名法》等法律、法规和地方政府规章为重要补充的电子商务消费者权益保护的法律体系。

在电子商务交易活动中，消费者的消费活动仅仅是交易手段的变化，消费者的权益及其保护并未发生本质变化，加之作为综合性法律的《电子商务法》并未设专章明确消费者权利，而是通过规定电子商务经营者责任和义务的方式实现对电子商务消费者合法权益的保护，所以本章以《消费者权益保护法》为主体，融合《电子商务法》及其他相关法律中消费者权益保护的相关内容进行论述。

2.2.4 电子商务消费者权利的法律保护

消费者的权利就是经营者的义务，《消费者权益保护法》明确规定了消费者在购买、使用商品和接受服务时享有安全权、知情权、自主选择权、公平交易权、索赔权、解释权、获得有关知识权、人格尊严和民族风俗习惯受尊重权及监督权等权利，通过赋权的方式来保护消费者的合法权益。而在电子商务法律环境下，消费者的性质并未发生改变，电子商务消费者的权利是消费者权利在互联网上的延伸。由于电子商务具有虚拟性、开放性、跨地域性的特点，消费者在交易过程中的弱势地位显得更为突出，经营者以不公平格式条款、虚假促销、销售假冒伪劣商品等方式损害消费者权益，表现形式更多样、更复杂，消费维权更艰难。为此，在电子商务中，对消费者的权益保护采取加强规制电子商务经营者的方式更易实现。

【相关提示】

法律上的权利和义务，是法律关系的一个重要构成要素，没有法律权利和义务，也就不存在法律关系。法律关系就是法律关系主体之间在法律上的一种权利义务关系。消费者的权利就是经营者的义务，《电子商务法》中对电子商务消费者权益保护更多地体现在强化电子商务经营者的义务方面。

1. 电子商务消费者的安全权

消费者的安全权又被称为安全保障权，是指消费者在购买、使用商品和接受服务时享有人身、财产安全不受损害的权利。消费者有权要求经营者提供的商品和服务，符合保障人身、财产安全的要求。消费者的安全权包括消费者的人身安全和财产安全两方面的内容。人身安全权是消费者最重要的权利。人身安全权指生命安全和健康不受损害，即消费者在购买、使用商品和接受服务时，享有保持身体各器官及其功能完整及生命不受危害的权利。"任何的经营者从事任何的经营活动，消费者的人身安全都应当是第一位的。"消费者的财产安全权一方面包括消费者在购买、使用商品和接受服务时自身的安全，另一方面是指除购买、使用的商品或接受的服务之外消费者的其他财产的安全。

为了更好地保护消费者的安全，《消费者权益保护法》以设定经营者义务的方式强化，规定：经营者应当保证其提供的商品或者服务符合保障人身、财产安全的要求。对可能危及人身、财产安全的商品和服务，应当向消费者做出真实的说明和明确的警示，并说明和标明正确使用商品或者接受服务的方法以及防止危害发生的方法。《电子商务法》则通过加强电子商务经营者义务来保护消费者的人身安全和财产安全，"电子商务经营者销售的商品或者提供的服务应当符合保障人身、财产安全的要求和环境保护要求，不得销售或者提供法律、行政法规禁止交易的商品或者服务。"这充分保障了消费者的人身、财产不受侵害。《电子商务法》第三十八条规定："对关系消费者生命健康的商品或者服务，电子商务平台经营者对平台内经营者的资质资格未尽到审核义务，或者对消费者未尽到安全保障义务，造成消费者损害的，依法承担相应的责任。"也就是说，电子商务交易关系到消费者生命健康的商品或者服务时，涉及平台经营者的责任有两种情形：对资质资格审核义务的责任承担；对消费者的安全保障义务的责任承担。考虑到相关问题和情况比较复杂，平台经营者所应承担的责任既非单纯的"连带责任"，也不是单一的"补充责任"，而是根据实际情况具体认定的规则，所以规定为"依法承担相应的责任"。具体承担责任的方式是"对平台内经营者侵害消费者合法权益行为未采取必要措施，或者对平台内经营者未尽到资质资格审核义务，或者对消费者未尽到安全保障义务的，由市场监督管理部门责令限期改正，可以处五万元以上五十万元以下的罚款；情节严重的，责令停业整顿，并处五十万元以上二百万元以下的罚款"。

2. 电子商务消费者的知情权

知情权也被称为知悉真情权，是消费者享有的知悉其购买、使用的商品或者接受的服务的真实、充分、准确、适当的权利。《消费者权益保护法》第八条规定：消费者享有知悉其购买、使用的商品或者接受的服务的真实情况的权利；消费者有权根据商品或者服务的不同情况，要求经营者提供商品的价格、产地、生产者、用途、性能、规格、等级、主要成分、生产日期、有效期限、检验合格证明、使用方法说明书、售后服务，或者服务的内容、规格、费用等有关情况。消费者的知情权包括两层含义：一是消费者在购买、使用商品或接受服务时，有权询问、了解商品或者服务的有关情况；二是经营者依消费者要求所提供的信息必须是真实的。《消费者权益保护法》的规定在传统消费活动中起到了很好的保护消费者知情权的作用，但在电子商务环境中，知情权的内涵得到了细化。

在传统交易中，交易双方往往为面对面的直接交易，消费者可以直观地了解商品或者服务的具体内容和信息。电子商务打破了物理地域的限制，消费者所了解的经营者及商品或服务的信息往往都是由电子商务经营者提供的（包括网络推送、排名、广告等方式）。所以，我国现有的消费者权益保护法从消费者角度出发，明确规定了消费者享有知情权。而在电子商务中，为更好地保护消费者的知情权，应当将全面、真实、准确地披露信息规定为商家的义务，促使商家积极主动地进行披露，这样才能更好地保障消费者权益。

我国电子商务消费者的知情权包括以下四个方面的内容：获得有关经营者真实身份的权利，获得有关商品或者服务的真实情况的权利，获得有关商品或服务技术指标的真实情况的权利，获得有关商品或者服务售后服务的真实情况的权利。

《消费者权益保护法》在保护消费者知情权方面，设定了经营者的告知或明示义务，规定：经营者向消费者提供有关商品或者服务的质量、性能、用途、有效期限等信息，应当真实、全面，不得作虚假或者引人误解的宣传。经营者对消费者就其提供的商品或者服务的质量和使用方法等问题提出的询问，应当作出真实、明确的答复。经营者提供商品或者服务应当明码标价。此外，经营者应当标明其真实名称和标记。租赁他人柜台或者场地的经营者，应当标明其真实名称和标记。

采用网络、电视、电话、邮购等方式提供商品或者服务的经营者，以及提供证券、保险、银行等金融服务的经营者，应当向消费者提供经营地址、联系方式、商品或者服务的数量和质量、价款或者费用、履行期限和方式、安全注意事项和风险警示、售后服务、民事责任等信息。

《电子商务法》第十七条规定：电子商务经营者应当全面、真实、准确、及时地披露商品或者服务信息，保障消费者的知情权和选择权；电子商务经营者不得以虚构交易、编造用户评价等方式进行虚假或者引人误解的商业宣传，欺骗、误导消费者。这就要求电子商务经营主体必须履行全面、真实、准确、及时地披露商品或者服务信息的义务，从而和消费者权益保护法形成对应关系，有力地保障消费者的知情权和选择权。

【相关案例】

全国首例组织刷单炒信刑事案件宣判

被告人李某宇通过创建"零距网商联盟"（前身为"迅爆军团"）网站和利用 YY 语音聊天工具建立刷单炒信平台，吸纳淘宝卖家注册账户成为会员，并收取 300～500 元不等的保证金和 40～50 元的平台管理维护费及体验费，并通过制定刷单炒信规则与流程，组织会员通过该平台发布或接受刷单炒信任务。会员在承接任务后，通过与发布任务的会员在淘宝网上进行虚假交易并给予虚假好评的方式赚取任务点，使自己能够采用悬赏任务点的方式吸引其他会员为自己刷单炒信，进而提升自己淘宝店铺的销量和信誉，欺骗淘宝买家。其间，被告人李某宇还通过向会员销售任务点的方式牟利。从 2013 年 2 月至 2014 年 6 月，被告人李某宇共收取平台管理维护费、体验费及任务点销售收入至少人民币 30 万元，另收取保证金共计人民币 50 余万元。经查询，该网站不具备获得增值电信业务经营许可的条件。

法院另查明，被告人李某宇因涉嫌侵犯公民个人信息罪于 2016 年 9 月 10 日被江西省宜春市公安局刑事拘留，同年 9 月 30 日被逮捕。2017 年 5 月 16 日，宜春市袁州区人民法院做出刑事判决书，以被告人李某宇犯侵犯公民个人信息罪，判处有期徒刑九个月，并处罚金人民币二万元。

分析提示

李某宇违反国家规定，以营利为目的，明知是虚假的信息仍通过网络有偿提供发布信息等服务，扰乱市场秩序，且属情节特别严重，遂依据相关法律规定，以非法经营罪判处被告人李某宇有期徒刑五年六个月，并处罚金人民币九十万元，连同原判有期徒刑九个月，并处罚金人民币二万元，予以并罚，决定执行有期徒刑五年九个月，并处罚金人民币九十二万元。

（资料来源：http://www.zjjcy.gov.cn/art/2017/6/20/art_31_48839.html）

3. 电子商务消费者的自主选择权

消费者的自主选择权是指消费者有权根据自己的需求、意向和兴趣自主选择商品或者服务，以及自主选择商品和服务经营者的权利。根据《消费者权益保护法》第九条规定：消费者享有自主选择商品或者服务的权利；消费者有权自主选择提供商品或者服务的经营者，自主选择商品品种或者服务方式，自主决定购买或者不购买任何一种商品、接受或者不接受任何一项服务；消费者在自主选择商品或者服务时，有权进行比较、鉴别和挑选。

在电子商务中消费者的自主选择权经常受到电子商务经营者的不法侵害，为了有效维护消费者的合法权益，《电子商务法》规定：电子商务经营者根据消费者的兴趣爱好、消费习惯等特征向其提供商品或者服务的搜索结果的，应当同时向该消费者提供不针对其个人特征的选项，尊重和平等保护消费者的合法权益。电子商务经营者向消费者发送广告的，应当遵守《中华人民共和国广告法》的有关规定。而对于电子商务经营者违法提供搜索结果，由市场监督管理部门责令限期改正，没收违法所得，可以并处五万元以上二十万元以下的罚款；情节严重的，并处二十万元以上五十万元以下的罚款。

《电子商务法》对有损消费者利益的搭售行为做了限制性规定：电子商务经营者搭售商品或

者服务,应当以显著方式提醒消费者注意,不得将搭售商品或者服务作为默认同意的选项。对于违法搭售商品、服务的,由市场监督管理部门责令限期改正,没收违法所得,可以并处五万元以上二十万元以下的罚款;情节严重的,并处二十万元以上五十万元以下的罚款。

【相关案例】

电子商务经营者应向消费者明示押金退还的方式

2017年以来,悟空、酷骑、小鸣、小蓝等共享单车企业,因融资困难、资金链断裂等原因,相继停止运营。由于这些共享单车企业向消费者收取押金后,大多存在违规挪用押金行为,造成消费者押金难退。针对押金问题,《电子商务法》规定:"电子商务经营者按照约定向消费者收取押金的,应当明示押金退还的方式、程序,不得对押金退还设置不合理条件。消费者申请退还押金,符合押金退还条件的,电子商务经营者应当及时退还。"对于电子商务经营者未向消费者明示押金退还的方式、程序,对押金退还设置不合理条件,或者不及时退还押金的,由有关主管部门责令限期改正,可以处五万元以上二十万元以下的罚款;情节严重的,处二十万元以上五十万元以下的罚款。

(资料来源:https://www.sohu.com/a/285909247_100191018)

为了加强对消费者的自主选择权的保护,《电子商务法》第三十九条规定:电子商务平台经营者应当建立健全信用评价制度,公示信用评价规则,为消费者提供对平台内销售的商品或者提供的服务进行评价的途径。电子商务平台经营者不得删除消费者对其平台内销售的商品或者提供的服务的评价。

4. 电子商务消费者的公平交易权

公平交易权是消费者的基本权利,是买卖双方自愿、平等、公平、诚信及等价有偿原则的具体体现。消费者的公平交易权是指消费者在与经营者之间进行的消费交易中所享有的获得公平的交易条件的权利及消费者有拒绝经营者强制交易行为的权利。《消费者权益保护法》第十条规定:消费者享有公平交易的权利。消费者在购买商品或者接受服务时,有权获得质量保障、价格合理、计量正确等公平交易条件,有权拒绝经营者的强制交易行为。

公平交易权的内容十分广泛,经营者在提供商品或服务时,必须保证质量、价格合理、计量正确。在电子商务中,电子商务消费者的公平交易权不但体现在与电子商务经营者的交易过程中取得的公平交易条件上,而且体现在电子商务消费者拒绝电子商务经营者强制交易行为上。例如,电子商务经营者不得进行虚假或者引人误解的商业宣传、不得滥用市场支配地位、不得进行不合理限制、附加不合理条件、收取不合理费用,明确了合同成立和格式条款的效力,以保障消费者享有公平交易权。

(1) 格式合同问题

对于格式合同,《消费者权益保护法》规定:经营者在经营活动中使用格式条款的,应当以显著方式提请消费者注意商品或者服务的数量和质量、价款或者费用、履行期限和方式、安全注意事项和风险警示、售后服务、民事责任等与消费者有重大利害关系的内容,并按照消费者的要求予以说明。经营者不得以格式条款、通知、声明、店堂告示等方式,作出排除或者限制消费者权利、减轻或者免除经营者责任、加重消费者责任等对消费者不公平、不合理的规定,不得利用格式条款并借助技术手段强制交易。格式条款、通知、声明、店堂告示等含有前款所列内容的，其内容无效。《电子商务法》也有类似的规定，即"电子商务经营者不得以格式条款等方式约定消费者支付价款后合同不成立；格式条款等含有该内容的，其内容无效。"

（2）避免垄断和强制交易

为了避免垄断导致消费者无法行使公平交易权，而最终使得消费者利益受损，《电子商务法》明确要求："电子商务经营者因其技术优势、用户数量、对相关行业的控制能力以及其他经营者对该电子商务经营者在交易上的依赖程度等因素而具有市场支配地位的，不得滥用市场支配地位，排除、限制竞争。"根据最高人民法院 2020 年发布的《关于审理涉电子商务平台知识产权纠纷案件的指导意见（征求意见稿）》第五条第二款规定，电商平台通过订立限制竞争协议、设定交易规则或利用技术手段，限制、排除平台内经营者参加其他第三方交易平台组织的活动的，法院可受理平台内经营者提起的反不正当竞争、反垄断为由的诉讼。

为了避免电子商务平台滥用优势地位，《电子商务法》规定：电子商务平台经营者不得利用服务协议、交易规则以及技术等手段，对平台内经营者在平台内的交易、交易价格以及与其他经营者的交易等进行不合理限制或者附加不合理条件，或者向平台内经营者收取不合理费用。

【相关链接】

文化和旅游部发布《在线旅游经营服务管理暂行规定》

2020 年 8 月 20 日，文化和旅游部发布了《在线旅游经营服务管理暂行规定》，明确了在线旅游经营者不得滥用大数据分析等技术手段，侵犯旅游者合法权益，要求在线旅游企业加强网络安全等级保护制度，不得擅自屏蔽、删除旅游者对其产品和服务的评价，不得误导、引诱、替代或者强制旅游者做出评价，不得为"不合理低价"旅游提供交易机会，并主动公示全国旅游投诉渠道，鼓励平台经营者先行赔付。该规定自 2020 年 10 月 1 日起开始施行。

5. 电子商务消费者的索赔权

消费者的索赔权又被称为损害赔偿权或求偿权，是指消费者因购买、使用商品或者接受服务受到人身、财产损害时，享有依法获得赔偿的权利。消费者的求偿权是法律提供的一种救济权，以补偿经营者对消费者造成的损害。《中华人民共和国消费者权益保护法》第十一条规定："消费者因购买、使用商品或者接受服务受到人身、财产损害的，享有依法获得赔偿的权利。"消费者的索赔权与消费者的知情权、公平交易权、安全权等密切相关，尤以与消费者的安全权的关系最为紧密。

在电子商务中，电子商务消费者可能因所购买商品与电子商务经营者的广告宣传不符造成财产损失，或因商品的质量问题造成人身损害。电子商务消费者可以因此行使其索赔权，要求电子商务经营者予以相应的财产损害赔偿或精神损害赔偿，还可以要求其他民事责任承担方式，如修理、重做、更换等。

（1）退货的相关规定

《消费者权益保护法》明确要求，经营者提供的商品或者服务不符合质量要求的，消费者可以依照国家规定、当事人约定退货，或者要求经营者履行更换、修理等义务。没有国家规定和当事人约定的，消费者可以自收到商品之日起七日内退货；七日后符合法定解除合同条件的，消费者可以及时退货，不符合法定解除合同条件的，可以要求经营者履行更换、修理等义务。依照前款规定进行退货、更换、修理的，经营者应当承担运输等必要费用。

对于经营者采用网络、电视、电话、邮购等方式销售商品，消费者有权自收到商品之日起七日内退货，且无须说明理由，但下列商品除外：消费者定做的；鲜活易腐的；在线下载或者消费者拆封的音像制品、计算机软件等数字化商品；交付的报纸、期刊。除前款所列商品外，其他根据商品性质并经消费者在购买时确认不宜退货的商品，不适用无理由退货。

消费者退货的商品应当完好。经营者应当自收到退回商品之日起七日内返还消费者支付的商品价款。退回商品的运费由消费者承担；经营者和消费者另有约定的，按照约定。

（2）先行赔付的规定

为了将电子商务消费者权益保护落到实处，《电子商务法》规定：消费者要求电子商务平台经营者承担先行赔偿责任及电子商务平台经营者赔偿后向平台内经营者的追偿，适用《中华人民共和国消费者权益保护法》的有关规定。

在现实生活中，电子商务消费者在行使索赔权时往往困难重重。如前所述，在电子商务活动中，经营者往往以虚拟的身份进行交易，消费者的权利遭受侵害时，很可能因找不到实际的侵权者而无法获得赔偿。此外，由于电子商务经营者很容易篡改网上交易的商品或服务内容，电子商务消费者在遭受损害后取证十分困难。

6. 电子商务消费者的其他权利

便利权。《电子商务法》第二十一条、第二十四条分别规定了电子商务经营者在押金退还、用户信息查询、更正删除等方面提供交易便利的义务，保障了消费者享有便利权。

收货验货权。《电子商务法》第二十条明确了电子商务经营者交付义务及其风险责任的承担，第五十二条规定了电子商务经营者应当提供收货验货义务，以保障消费者享有收货验货权。

评价权。《电子商务法》第三十九条规定了电子商务经营者应当提供消费者信用评价义务，保障了消费者享有对电子商务平台内销售的商品或者提供的服务进行评价的权利。

个人信息受保护权。《电子商务法》第二十三条、第二十四条规定电子商务经营者应当履行个人信息保护义务，保障了电子商务消费者享有个人信息依法得到保护的权利。

通过以上分析可知，在电子商务中，电子商务消费者的各项权利之间存在着密切的联系，在某些情况下权利内容也存在着交叉。具体来讲，电子商务消费者只有知悉电子商务经营者及其所提供的商品或服务的真实情况才能对商品或服务进行自由选择，而只有进行自由选择才能保证其公平交易权的实现。例如，电子商务经营者的强制交易行为既侵犯了消费者的自主选择权，又侵犯了消费者的公平交易权。因此，对电子商务消费者权益的保护是一个系统工程，需要考虑各种可能有损电子商务消费者权益的因素，具体问题具体分析，构建一个符合时代需要的切实可行的电子商务消费者权益保护法律体系。

>>>>> 案例与思考 <<<<<

用户滥用电商平台会员权利，平台有权冻结账户

吴某于 2016 年 6 月 29 日注册为某平台公司运营的电商平台会员，在平台购物期间，针对数百起订单以"七天无理由退货""拍错/多拍""不喜欢/不想要"等理由大量发起退货申请，并存在重复使用同一订单号填写退货申请等情形，2017 年 11 月 17 日至 11 月 29 日 73 次虚填圆通速递单号 60049095××××申请退款，2017 年 10 月 31 日至 12 月 28 日 41 次虚填圆通速

第2章 与电子商务经营者、消费者相关的法律制度

递单号60046613××××申请退款，2017年11月17日至12月11日247次虚填退货快递单号申请退款，导致其因退货信息虚假（错误单号、重复单号）、快递单号无相应物流信息等原因多次被平台卖家投诉。某平台公司以吴某滥用会员权利为由，对吴某账户进行了冻结。吴某因登录受限，诉请某平台公司解除对其账户的冻结。

法院经审理认为，吴某系该平台公司运营的电商平台注册用户，双方已形成网络服务关系，应遵守服务协议的约定。平台规则规定：滥用会员权利，是指会员滥用、恶意利用平台所赋予的各项权利损害他人合法权益、妨害平台运营秩序的行为。吴某在退货申请过程中存在数百件订单号填写错误、重复使用订单号、退货申请与实际退货不符的行为，其在便利己方的同时给卖家带来了极大的不便，给卖家带来负担与经营成本，虚构退单号势必影响卖方的合法经营利益，也影响市场的正常交易秩序，符合规则中滥用会员权利的范围。某平台公司有权按照规则对滥用权利的会员采取限制措施。遂判决驳回吴某的诉讼请求。

法官说法：电商平台用户与平台经营者达成服务协议后，双方已形成网络服务关系，均应全面、诚信地履行服务协议，滥用平台会员权利可能造成电商平台购物资格的丧失。本案买家解释其为赶在申请时限内退还货物需用一个订单号，也有因申请退货后改变想法而未退货的情形，但其在便利己方的同时给卖家带来了极大的不便，增加了卖家的经商成本，损害商家的合法权益，扰乱了平台的运营秩序，属于权利滥用的行为，最后用户因会员账户被限制使用而自身遭受损失。

案例思考：结合案例谈一谈，电子商务活动主体应该如何行使法律权利、履行法律义务，树立正确的法治观念，以便更好地为人民、为社会服务。

自测题

一、单选题

1. 通过电子商务平台销售商品或者提供服务的电子商务经营是（　　）。
   A. 电子商务平台经营者
   B. 电子商务平台内的经营者
   C. 通过自建网站、其他网络服务销售商品的电子商务经营者
   D. 通过自建网站、其他网络服务提供服务的电子商务经营者

2. 电子商务经营者自行终止从事电子商务的，应当提前（　　）在首页显著位置持续公示有关信息。
   A. 三十日　　　B. 十五日　　　C. 十日　　　D. 六十日

3. 电子商务经营者向消费者发送广告的，应当遵守（　　）的有关规定。
   A.《中华人民共和国广告法》　　　B.《中华人民共和国电子商务法》
   C.《中华人民共和国民法典》　　　D.《中华人民共和国消费者权益保护法》

4. 电子商务平台经营者对于竞价排名的商品或者服务，应当显著标明（　　）。

A. "广告"   B. "竞价排名"   C. "请勿上当"   D. "仅供参考"

二、多选题

1. 下列属于电子商务中消费者合法权益的是（　　）。
   A. 安全权   B. 索赔权   C. 自主选择权   D. 公平交易权
2. 电子商务中消费者权益保护难题主要包括（　　）。
   A. 网上交易安全问题   B. 电子商务合同订立中的问题
   C. 电子商务消费者索赔的问题   D. 侵犯消费者隐私的问题
3. 电子商务经营者包括（　　）。
   A. 电子商务平台经营者
   B. 电子商务平台内的经营者
   C. 通过自建网站、其他网络服务销售商品的电子商务经营者
   D. 通过自建网站、其他网络服务提供服务的电子商务经营者
4. 下列哪些电子商务经营者可以不办理市场主体登记？（　　）
   A. 个人销售自产农副产品、家庭手工业产品
   B. 个人利用自己的技能从事依法无须取得许可的便民劳务活动和零星小额交易活动
   C. 依照法律、行政法规不需要进行登记的电子商务经营者
   D. 企业开展电子商务活动
5. 下列属于电子商务经营者对消费者权益保护的法定义务的是（　　）。
   A. 不得从事法律禁止的商品或者服务交易
   B. 电子发票与纸质发票具有同等法律效力
   C. 电子商务经营者亮照经营义务
   D. 电子商务经营者自行终止业务的信息公示义务

三、简答题

1. 简述电子商务经营者的特征。
2. 简述电子商务时代消费者权益保护的困境。
3. 简述电子商务消费者权利的法律保护。

四、案例题

全国首例电商平台诉差评师案

2017年4月起，杜某等3人共谋利用恶意差评在淘宝上敲诈商家。3人分工明确，杜某挑选店铺和商品，然后将链接发给邱某。邱某购买商品并收货后，直接给差评，待商家联系她时，她就将杜某的联系方式推给商家。此后，杜某与商家讨价还价，要求商家要么"花钱消灾"，要么"我让更多的人来给你差评"。邱某见有利可图，便拉着弟媳张某一起做。落网前，3人敲诈

勒索了多个商家，每笔获利600~8800元不等，共计2万余元。

阿里巴巴安全部接到商家举报后，协助警方侦破此案。2017年11月，海门法院以敲诈勒索罪判处杜某等3人缓刑，并处罚金。

杜某等3人受到刑罚后，淘宝公司以恶意评价涉嫌侵权为由，将3人诉至海门法院。2018年11月8日，全国首例电商平台诉差评师案在江苏省海门市人民法院开庭审理，庭审全程进行网络直播——阿里巴巴以侵权为由，将上述3名利用恶意差评敲诈商家、已被刑事判决的差评师诉至法院，请求法院判令赔偿1元，并在淘宝网主页赔礼道歉。

思考：

1. 在本案中，为什么以恶意差评手段获得利益可能构成敲诈勒索罪？
2. 结合《电子商务法》谈一谈"1元赔偿"的意义。

 实训题

办理网店营业执照的一般流程

如何申请个人网店营业执照（以上海市为例）

1. 申请流程

持本市身份证的居民向身份证住所所在地市场监督管理所申请登记，持上海市居住证的外省（市）居民向居住证载明的居住地的市场监督管理所申请登记。

2. 材料准备

（1）提供个人身份证或居住证。
（2）提供由电商平台提供的平台网络经营场所证明。
（3）填写《个体工商户开业登记申请书》。

3. 多个平台开店

有多个网店的，还可以将多个平台网址登记在一张个体工商户营业执照上，实现"一照多址"。

4. 登记后不可以线下销售

个人网店店主拿到个体工商户营业执照后，仅能进行线上销售，而不能进行线下销售。如果已经有线下实体店，并且线下实体店拿到营业执照的，可以在网上开店，不需要重新申请营业执照。但网店必须依法亮照，网店经营项目应与营业执照经营范围一致。

注：个人网店营业执照和传统营业执照最大的区别，就是在"经营场所"一栏，传统营业执照上是实体的经营地址，而个人网店营业执照则是"平台+网址"的形式。

小组任务

1. 小组组成及任务

案例：模拟为某创业者申请网上商店营业执照的办理。

任务：网上商店的营业执照的办理。

团队：全班学生分成两个小组，第一组为市场监督管理部门，第二组为申请者。

2. 要求

各小组准备相应的材料，在网上商店的营业执照的办理过程中扮演相应角色，同时熟悉并掌握相应法律知识。详细内容见本章实训题 办理网店营业执照的一般流程。

第3章

电子签名与电子合同法律制度

【引导性案例】

网络刷单有去无回，黑灰产交易不获保护

2019年4月，漫漫公司为增加其网络店铺的交易量，委托案外人陈某组织刷手在其网络店铺刷单，漫漫公司需按照交易订单金额退还货款，并支付刷单报酬，标准为每刷单10 000元支付报酬50元。通过陈某的牵线，刷手组织者李某向漫漫公司介绍了刷手何某。何某遂在某平台创建了案涉交易订单，双方均确认案涉商品未实际发货。何某称，漫漫公司未向其退还因刷单垫付的20 000元及支付刷单费，在某平台提出"仅退款"申请。漫漫公司称其已将案涉款项支付给案外人陈某，拒绝向何某退款。何某诉讼到法院，要求漫漫公司退还货款20 000元。

法院审理认为，何某与漫漫公司订立网络购物合同，意在以虚假网络购物意思掩盖"刷销量、赚报酬"的真实意思，属于民法总则（现为《中华人民共和国民法典》的内容）规定的通谋虚伪行为。对于双方以虚假的意思表示实施的民事法律行为，即网络购物合同的效力，因双方缺乏真实的意思表示而无效。本案中，双方通谋共同实施了刷销量行为，致使案涉合同因违反法律规定而被认定无效，客观上已产生了虚假订单，破坏了网络营商环境，且何某系自行决定投入款项的数额，故对于何某基于赚取刷单报酬目的投入的款项，依法不予保护。漫漫公司所述向案外人陈某支付款项的行为，与本案何某付款的行为并无二致，两者支出的款项均属于进行非法"刷销量"活动的财物，依照民法通则（现为《中华人民共和国民法典》的内容）的规定，法院将另行制作决定书予以处理。

【本章学习目标】

1. 掌握数据电文、电子签名和电子合同的概念与特征。
2. 掌握数据电文的归属。
3. 理解电子签名的使用及其法律效力。
4. 了解电子认证服务的内容。
5. 掌握电子商务合同的订立、履行与违约责任。

【课程思政目标】

通过对电子签名和电子合同法律内容的学习和掌握，培养学生在市场经济条件下的契约精神，使学生恪守诚实信用原则，积极践行社会主义核心价值观，以诚实守信为荣，深刻认识尊

重社会主义法律权威的重要意义，以实际行动维护社会主义法律权威，养成心中有法、自觉守法、遇事找法、解决问题用法、化解矛盾靠法的良好习惯。

【能力指标解析表】

电子签名与电子合同法律制度

一级指标	权重	二级指标	权重	三级指标	权重
电子签名与电子合同概述	0.2	数据电文、电子签名、电子认证与电子合同的含义	0.6	数据电文的概念与特征	0.25
				电子签名的概念与特征	0.25
				电子认证的概念与特征	0.25
				电子合同的概念与特征	0.25
		我国的《电子签名法》	0.4		
数据电文的法律效力	0.2	数据电文符合法定书面形式要求	0.2		
		数据电文符合法定原件形式要求	0.2	原件形式要求——能够有效地表现所载内容并可供随时调取查用	0.5
				原件内容要求——内容保持完整、未被更改	0.5
		数据电文可以满足法律、法规规定的文件保存要求	0.2	能够有效地表现所载内容并可供随时调取查用	0.4
				能够准确表现原来生成、发送或接收的内容	0.4
				能够识别数据电文的发件人、收件人，以及发送、接收的时间	0.2
		数据电文作为证据使用时的可采性	0.2		
		数据电文作为证据使用时的真实性判断	0.2		
电子签名的法律效力	0.2	可靠的电子签名应当具备的条件	0.2		
		电子签名人的法律义务	0.4		
		电子签名人的法律责任	0.4	电子签名人未履行法定义务的法律责任	0.5
				伪造、冒用、盗用他人的电子签名的法律责任	0.5
电子认证的法律规定	0.2	电子认证服务机构的基本含义	0.3	电子认证服务及其机构	0.5
				电子认证服务机构的职能	0.5
		电子认证服务机构的设立	0.1	电子认证服务机构申请设立的条件	0.5
				电子认证服务许可的申请与颁发	0.5
		电子认证服务的内容	0.2	电子认证服务机构的业务范围	0.5
				电子认证业务规则的制定及备案制度	0.5
		电子认证过程中有关各方的义务性规定	0.1	电子签名人和电子认证服务提供者的有关义务	0.3
				电子签名认证证书内容要求	0.3
				电子认证服务提供者有关保证义务的规定	0.2
				妥善保存认证信息及保存期限	0.2
		电子认证服务提供者业务的暂停与终止	0.1	报告	0.3
				协商承接	0.3
				指定承接	0.4

续表

一级指标	权重	二级指标	权重	三级指标	权重
电子认证的法律规定	0.2	电子认证服务机构及工作人员的法律责任	0.2	电子认证服务机构的法律责任	0.5
				工作人员的法律责任	0.5
电子合同法律制度	0.2	电子商务合同的订立	0.3	电子商务合同的主体	0.25
				电子商务合同中的要约	0.25
				电子商务合同中的承诺	0.25
				电子商务合同的成立	0.25
		电子商务合同的形式和条款	0.2	合同的书面形式	0.5
				电子商务合同的条款	0.5
		电子商务合同的效力	0.2	电子商务合同的生效要件	0.5
				电子商务合同效力认定	0.5
		电子商务合同的履行与违约责任	0.3	电子商务合同的履行	0.3
				合同标的的交付	0.3
				电子商务合同的违约责任	0.4

【职业指导】

《中华人民共和国电子签名法》(以下简称《电子签名法》)是我国信息化领域的一部重要法律,确认了电子签名的法律效力,为电子签名的推广应用奠定了基础,是信息化和网络信任体系建设的重要法律依据。自《电子签名法》实施以来,我国电子认证获得快速发展。随着网上炒股、手机银行、微博、微信等新生事物的不断出现,网络身份认证的市场越来越大。2017年我国电子认证服务市场规模为 237 亿元,2013—2017 年的年均复合增长率为 26%。目前,我国具备电子认证服务许可资质的企业共 51 家,覆盖了全国 31 个省、直辖市、自治区,其中华北、华南、华东、华中地区分布的数字证书数量较多,均在 4000 万张以上。2017 年 12 月 31 日,我国有效电子认证证书持有量合计 3.41 亿张;2018 年,有效电子认证证书持有量合计 5.2 亿张;2019 年约 6.55 亿张,其中机构证书 1.1 亿张,个人证书 5.36 亿张,设备证书 900 万张。2011 年整个数字证书市场规模达到 33.7 亿元,2019 年该领域规模增长至 295.8 亿元。同时,电子认证服务机构将加快资本运作,多数 CA 机构将开始启动在新三板、创业板等板块上市的进程。行业内部企业间的合作、行业整合加快,行业实力大幅提升。为此,既懂电子签名技术,又懂电子认证法律的人才成为电子认证部门及电子商务企业的急需人才。

3.1 电子签名与电子合同概述

电子签名是指数据电文中以电子形式所含、所附用于识别签名人身份并表明签名人认可其中内容的数据。但是因为传统介质中已经比较完善的法律和规章制度无法在数字化的环境中复制,而且由于一度缺乏电子签名、数据电文是否具有法律效力的明文规定,从而造成电子签名难以确保其应有效用。这使得一直备受非议的网络信用问题更为突出。

【相关链接】

第十届全国人民代表大会常务委员会第十一次会议于 2004 年 8 月 28 日表决通过了《电子

签名法》，自2005年4月1日起开始实施（该法于2015年和2019年进行了修订）。《电子签名法》是我国首部电子商务法律，为维护电子交易各方的合法权益，保障电子交易安全提供了必要的法律保障，为电子商务和电子政务发展创造了有利的法律环境。依照《电子签名法》，授权信息产业部（现为工业和信息化部）作为实施机关，对电子认证服务机构的设立实行许可制度，并依法对其实施监督管理。

3.1.1 数据电文、电子签名、电子认证与电子合同的含义

在电子商务交易中，各种文件信息是通过网络以数据电文的形式进行发送、交换、传输和储存的。为了识别当事人的身份，保证数据电文内容的真实性、安全性和完整性，应当借助于一种技术手段加以确定，这种确认方式即电子签名。

1. 数据电文的概念与特征

《电子签名法》第二条明确给出数据电文的定义：数据电文，是指以电子、光学、磁或者类似手段生成、发送、接收或储存的信息。数据电文具有高科技性、无形性、表现形式多样化和易破坏性等特性。

通过定义可以看出，数据电文的特征包括：

第一，数据电文使用的是电子、光学、磁手段或其他具有类似功能的手段。"类似功能的手段"即"功能上等同"，这是我国电子签名立法上的前瞻性。考虑到信息技术突飞猛进的发展，数据电文不仅可以适用于现有的通信技术，还可以适用于未来可预料的技术发展。

第二，数据电文的实质是各种形式的信息。数据电文本身既是信息内容，又是信息载体。电子信息以数据电文的方式生成、发送、接收或储存。

2. 电子签名的概念与特征

在传统的交易过程中，为了保证交易安全，交易中的文件一般都要由当事人签字或盖章，以便能够确认签名人的身份，并保证签字或盖章的人认可文件的内容。当交易通过电子的形式进行时，传统的手写签字和盖章无法进行，必须依靠技术手段替代。这种在电子文件中识别交易人身份，保证交易安全的电子技术手段，就是电子签名。

电子签名是指在数据电文中以电子形式所含、所附，用于识别签名人身份并表明签名人认可其中内容的数据。通俗地讲，电子签名包括用于识别签名人身份并表明签名人认可其中内容的程序或符号、声音等数据，签名人加密后把签名文件发送给交易对方，交易对方收到的签名文件是一堆"乱码"，需解密后验证。电子签名具有以下特征：电子签名是以电子形式出现的数据；电子签名是附着于数据电文的；电子签名必须能够识别签名人身份，并表明签名人认可与电子签名相联系的数据电文的内容。

在电子商务活动中，电子签名主要有以下三方面作用：

第一，证明文件的来源，即识别签名人。

第二，表明签名人对文件内容的确认。

第三，电子签名是构成签名人对文件内容正确性和完整性负责的依据。电子签名与传统商务活动中的签名、盖章作用相同，具有同等法律效力。

有些电子签名是可以直观验证的，有些电子签名则不能直观验证。当不能直观验证电子签名时，需要一种能把电子签名与电子签名人联系起来的技术，而数字签名便是这样的一种技术。数字签名技术通过一种数学运算，建立起唯一匹配的一对密钥，即公钥和私钥。把公钥与签名人的信息作为验证签名人身份的中介，私钥则是签名制作数据，通过公钥与私钥的特性，建立电子签名人与电子签名制作数据之间的联系。记载了公钥和签名人（公钥持有人）信息的数据电文，就是电子签名认证证书。

3. 电子认证的概念与特征

为了证明电子商务交易有关各方身份的真实性与合法性，解决网络虚拟交易带来的信任问题，有关交易双方的身份必须由权威第三方加以确认，该权威第三方就是电子认证服务机构。

（1）电子认证的概念

认证是指由权威性的中立机构或第三人，在没有直接利害关系的情况下，对当事人提出的包括文件、身份、物品及其产地、品质等具有法律意义的事实与资格，经审查属实后做出的证明。电子认证是认证的一种，是认证的现代方式。

电子认证是以电子认证证书（又称为数字证书）为核心的加密技术，它以PKI（Public Key Infrastructure，公钥基础设施，即利用公钥理论和技术建立的提供网络信息安全服务的基础设施）技术为基础，对网络上传输的信息进行加密和解密、数字签名和签名验证。电子认证是电子政务和电子商务中的核心环节，可以确保网上传递信息的保密性、完整性和不可否认性，保证网络应用的安全性。

电子认证以其所具有的四大特征显示其在信息化应用中基础性、关键性的作用，四大特征如下所述：

真实性：确保交流双方、交易双方身份的真实，信息内容的真实，以及交流信息交易时间发生的真实。

完整性：确保交流双方、交易双方的信息是完整的，没有被篡改和伪造过。

机密性：确保交换数据、电文、信息的隐蔽性。

不可否认性：一旦需要从第三方的角度，按照法律的要求取证，在整个交流交易的过程中，需要具有不可否认性。

电子认证的四大特征是支撑信息化应用的坚实基础。在信息网络化应用的过程中，进行网上聊天时可以不关心对方的身份、是否值得信赖，但如果是在网上开展商业活动，就要求对对方的身份及对方发出的信息的真实性加以确认，在这种情况下，电子认证就变得非常重要了。

（2）电子签名和电子认证的关系

电子签名和电子认证都着力解决电子商务的安全问题，但两者却存在明显的区别。电子签名解决的是文件归属与身份辨别的问题，即交易者是谁的问题；电子认证解决的是签名者的可信度问题，即交易对方是否确实就是签署名字所代表的人，而且是由公正的第三方来保证签名者的身份。电子签名属于网络安全的技术保证，即从技术角度进行的身份认证；电子认证则属于网络安全的制度保证，即从制度角度进行的身份认证。因此，电子签名是电子认证产生的前提条件，电子认证是电子签名的有效保障，两者是既相互一致又相互区别的关系。

（3）电子签名认证证书

为了保证电子商务交易安全，加强身份认证，由电子认证服务机构颁发电子签名认证证书无疑是最有效的办法。电子签名认证证书与电子认证服务机构是电子认证的两大核心要素。电子签名认证证书是身份（或站点）的数字证明，内含公钥，可以广为散发。该证书由一个权威的机构发放，并由该机构担保其有效性，该机构就是身份认证机构（Certificate Authority，CA），在我国被称为电子认证服务机构。

电子签名认证证书就是数字证书，是指可证实电子签名人与电子签名制作数据有联系的数据电文或其他电子记录，是电子认证的核心。通俗地讲，电子签名认证证书用来表明网络通信各方的真实身份，是由权威的、中立的第三方电子认证服务机构发行和管理的个人或单位在网络上的身份证。电子签名认证证书可分为个人电子签名认证证书和企业电子签名认证证书。

【相关知识】

电子签名认证证书必须具有唯一性和可靠性。为了达到这一目的，需要采用很多技术来实现。通常，电子签名认证证书采用公钥体制，即利用一对互相匹配的密钥进行加密、解密。每个用户自己设定一把特定的仅为本人所有的私有密钥（私钥），用它进行解密和签名；同时设定一把公共密钥（公钥）并由本人公开，为一组用户所共享，用于加密和验证签名。当发送一份保密文件时，发送方使用接收方的公钥对数据加密，而接收方则使用自己的私钥解密，这样信息就可以安全无误地到达目的地了。通过数字的手段保证加密过程是一个不可逆过程，即只有用私有密钥才能解密。公开密钥技术解决了密钥发布的管理问题，用户可以公开其公共密钥，而保留其私有密钥。

> **法律提示**
>
> 根据《电子签名法》第二十一条规定："电子认证服务提供者签发的电子签名认证证书应当准确无误，并应当载明下列内容：电子认证服务提供者名称、证书持有人名称、证书序列号、证书有效期、证书持有人的电子签名验证数据、电子认证服务提供者的电子签名、国务院信息产业主管部门规定的其他内容。"

电子签名认证证书的作用包括：
第一，对信息加以保密。
第二，确定交易者的身份。
第三，交易不可否认。
第四，交易内容不可修改。

4. 电子合同的概念与特征

《中华人民共和国民法典》规定："合同是民事主体之间设立、变更、终止民事法律关系的协议。"可见，在我国，合同通常被认为是反映双方或多方当事人意思表示一致的法律行为。

【相关链接】

合同是人们在社会生产和生活中接触最多的法律关系，因此也是在作为社会基本法的民法中比重最大且内容最为丰富的领域。与合同相关的法律法规在对应市场要求时，其主要特点在于规则的趋同性、时代的同步性、内容的实践性。

《中华人民共和国民法典》合同编明确规定依法成立的合同，受法律保护。按照市场交易关系的不同发展阶段和运行状况，系统规定了合同的订立、效力、履行、保全、变更和转让、合同关系终止及违约责任，构成了市场交易的基础规则，普遍适用于我国各种类型的民商事交易。

（1）电子合同的概念

随着电子商务的迅速发展，电子合同也随之出现。电子合同，又称为电子商务合同，根据联合国国际贸易法委员会制定的《电子商务示范法》及世界各国颁布的电子交易法，同时结合《中华人民共和国民法典》的有关规定，电子合同可以界定为：电子合同是双方或多方当事人之间通过电子信息网络以电子的形式达成的设立、变更、终止财产性民事法律关系的协议。通过上述定义可以看出，电子合同是以电子的方式订立的合同，其主要是指在网络条件下当事人为了实现一定的目的，通过数据电文、电子邮件等形式签订的明确双方权利义务关系的一种电子协议。

电子合同的标的可以为交付商品，也可以为提供服务。电子合同当事人对交付商品或者提供服务的方式、时间另有约定的，按照其约定。

（2）电子合同的特征

电子合同虽然与传统合同相比没有本质的区别，仍然是民事合同的一种，但其载体和订立过程却发生了重大变化。电子合同的主要特征主要表现在以下五个方面：

第一，电子合同的主体具有电子化和虚拟化的特点。合同主体的电子化是指合同订立的当事人以"数字人"的面目出现；合同主体的虚拟化是指合同主体的当事人在洽谈、签订合同的过程中，可以通过网络空间进行，而无须见面。

第二，电子合同的订立以网络为基础。在传统的合同订立过程中，要约和承诺通常是合同当事人面对面进行的，虽然有时也通过信件、电报、电话、电传和传真等方式发出要约或做出承诺，但是这些要约和承诺不是通过网络进行的。而电子合同的要约和承诺均是合同双方当事人通过电子数据的传递来完成的，当事人在多数情况下是不见面的，一方电子数据的发出即为要约，另一方电子数据的回送即为承诺。这是电子合同区别于普通合同的最主要特征。

第三，电子合同完成的自动性。有些电子合同的签订常常可以自动完成，不必经过合同当事人协商一致的协商过程。如在电子商务中，当事人常采用自动化交易系统来自动发送、接收和处理交易订单。这些电子交易系统，具有按照预定程序审单判断的功能，不仅可以执行数据电文发送、接收、确认等任务，完成合同订立的全过程，而且在许多情况下可自动履行合同。

第四，电子合同具有易保存和复制性。由于数据电文可以十分方便地保存在计算机的硬盘等介质中，因此电子合同的保存和复制十分方便，并且复制件可以与原件完全一致，具有同等法律效力。

第五，电子合同生效的特殊性。由于电子合同的载体是电信号或磁介质，其表现形式是数据电文，合同内容记录在计算机的硬盘等磁性介质上。因此，合同的生效只能采用电子签名方式。《中华人民共和国电子签名法》确立了电子签名在电子合同中的法律效力。

【相关链接】

大数据报告：我国旅游业进入"电子合同时代"

2016年，国家旅游局启动建设全国旅游监督管理服务平台，综合了旅行社资质、团队管理、电子合同、投诉举报、案件管理、信用管理等功能模块。其中要求旅游监管服务平台提供电子合同、CA认证及验真功能，通过合同价格监测预防"不合理低价游"现象。

自从国家旅游部门全面启动旅游电子合同以来，全国各地纷纷落实。上海通过电子合同以"互联网+"提升旅游服务水平；云南整治旅游市场推行新的电子合同；海南旅行社组织旅游团必须签电子合同……旅行社越是规范守信，旅游者越愿意使用电子合同。

以携程网为例，从2012年起，携程网首先响应国家旅游部门合同在线化试点的要求，率先进行电子合同服务，截至目前，经认证备案的携程旅游电子合同累计近600万份，使用人数超过2000万人次。其中，2019年电子合同数量增长50%以上，携程网的旅游电子合同占全国旅行社近60%。这也显示了在线旅行社在我国跟团游市场的规模和服务创新优势。

随着国家旅游监督管理部门、线上线下旅行社落实电子合同，2019年我国旅游业开始全面进入"电子合同时代"，参与的旅行社、游客数量和规模呈爆发式增长，这标志着旅游市场的规范化、数字化、信用体系进入新阶段。

▶▶ 3.1.2 我国的《电子签名法》

电子签名、数据电文和电子合同的合法性问题已经成为我国发展电子商务的"瓶颈"问题之一。为了规范电子签名活动，消除电子商务和电子政务发展过程中的法律障碍，第十届全国人大常委会第十一次会议于2004年8月28日表决通过《电子签名法》，并于2005年4月1日开始实施（该法于2015年和2019年进行了修订），首次以立法的形式赋予可靠的电子签名与手写签名或盖章具有同等法律效力，并明确了电子认证服务的市场准入制度。

【学而思】

阅读下列材料内容，并回答如何理解电子签名与合同自由中权利和义务的关系。

《电子签名法》第三条规定："民事活动中的合同或者其他文件、单证等文书，当事人可以约定使用或者不使用电子签名、数据电文。当事人约定使用电子签名、数据电文的文书，不得仅因为其采用电子签名、数据电文的形式而否定其法律效力。"

提示：上述材料说明，订立合同时不仅可以选择电子签名或者不选择电子签名，而且可以选择双方共同认可的电子签名技术，或者双方采取的电子签名技术虽不一致，但只要双方都承认即可，同时也意味着可以选择不同的认证服务机构的证书。但是合同内容不能违背法律的强行性规定和社会公共利益，否则关于电子签名方面的自由协商内容仍然是无效的，甚至整个合同无效。因此，尽管该法赋予了当事人自由选择的权利，但并不意味着当事人可以滥用该权利。

《电子签名法》是我国第一部真正意义上的电子商务领域的法律，是我国电子商务发展的里程碑，其颁布和实施对于改善我国电子商务的法制环境、促进安全可信的电子商务环境的建立、推动我国电子商务的发展具有积极的作用。

法律提示

根据《电子签名法》第三条规定，电子签名不适用于如下领域：①涉及婚姻、收养、继承等人身关系的；②涉及停止供水、供热、供气等公用事业服务的；③法律、行政法规规定的不适用电子文书的其他情形。

3.2 数据电文的法律效力

由于与传统载体不同,为了保证数据电文与传统文件具有同等法律效力,《电子签名法》分别从书面形式、原件形式、文件保存、真实性判断、数据电文归属、收讫、发送,以及接收时间、地点等方面对数据电文的属性加以规定。

3.2.1 数据电文符合法定书面形式要求

如果一项数据电文具有如下两项功能,即可认为具有与书面形式相同的功能:一是能够有形地表现所载内容;二是可以随时调取查用。这样的数据电文可以视其为符合法律、法规要求的书面形式。

3.2.2 数据电文符合法定原件形式要求

1. 原件形式要求——能够有效地表现所载内容并可供随时调取查用

> **法律提示**
>
> 为了赋予数据电文具有与传统书面文件同等法律效力,《电子签名法》依据功能等同原则,认为:如果数据电文能保证与书面文件具有同等程度的完整性,并能够有效地表现所载内容并可供随时调取查用,那可以认为该数据电文满足法律、法规规定的原件形式要求。

2. 原件内容要求——内容保持完整、未被更改

数据电文能够可靠地保证自最终形成时起,内容保持完整、未被更改。但是,应当将数据电文上增加背书及数据交换、储存和显示过程中发生的形式变化,与其他改动区别开。只要一份数据电文的内容保持完整,未被改动,对该数据电文做必要的添加并不影响其"原件"性质。假设一份数据电文是利用 Word 文字处理软件编辑的".doc"文档,当它在 WPS 系统中显示时,其形式(如字体、字号、页面设置等)显然会发生变化,但这些变化并不影响该文档内容的完整性。

3.2.3 数据电文可以满足法律、法规规定的文件保存要求

1. 能够有效地表现所载内容并可供随时调取查用

文件保存要求通常是为审计或税收目的提出的。因为文件保存必然要求"文件是书面形式的",符合本条规定第一项条件的数据电文,所以在这样的情况下,就可以视为满足了"书面形式"的要求。

2. 能够准确表现原来生成、发送或接收的内容

强调了数据电文的完整性。这里规定的完整性可以通过两种方式予以保证：一是保持数据电文形式的高度一致，即数据电文的格式与其生成、发送或接收时的格式相同，形式相同的数据电文，其内容也必定相同；二是虽不能保证形式的同一，如果能保证内容的同一，仍然可以确认其完整性。实际上，在很多情形下，要求保证数据电文格式的同一性是难以实现的。因为如前所述，数据电文在储存、传递过程中，要经过一系列的自动解码、压缩或转换。一味地要求格式不变，与技术要求相悖。

3. 能够识别数据电文的发件人、收件人，以及发送、接收的时间

除了保存数据电文本身，还能识别数据电文的来源，包括发件人、收件人及发送、接收的时间等信息，这样规定是为了涵盖可能需要保存的所有信息。

满足了以上三项条件，即可视为满足了文件保存的要求。

▶▶ 3.2.4 数据电文作为证据使用时的可采性

《中华人民共和国民事诉讼法》第六十三条规定，民事诉讼证据包括：①当事人的陈述；②书证；③物证；④视听资料；⑤电子数据；⑥证人证言；⑦鉴定意见；⑧勘验笔录。《中华人民共和国行政诉讼法》《中华人民共和国刑事诉讼法》也都做了类似的规定。这些法律明确了数据电文的法律地位，并在案件中可以作为证据而被采用。

【相关案例】

微信借款起纠纷　诉至法院获支持

原告陈某系在校大学生，2019年暑假期间在安徽省芜湖市某KTV打工时与被告王某相识，双方很快成为朋友。2019年10月，王某称自己要购买房屋，缺少资金，陈某通过微信转账的方式累计借款4.8万元。而后陈某多次向王某催讨借款，王某一拖再拖并分文未付，甚至玩起了"失踪"。无奈之下，陈某一纸诉状将王某告上法院，要求王某立即偿还借款4.8万元并承担案件受理费。

由于当初陈某没有要求王某出具借条，法庭上，他提供的证据只有微信转账记录及微信聊天记录。法院认为，原、被告之间的借贷关系，虽然没有借条、收条、欠条等债权凭证，但原告提供了微信转账记录及微信上的图片、文字等聊天信息记录，内容真实合法，且证据间能印证陈某与王某之间存在借贷合意和借贷关系实际已发生的事实，借贷关系成立，依法采信当事人之间的微信转账记录及聊天记录支持了原告的诉讼请求。

法官提醒：随着互联网金融的快速发展，越来越多人通过微信、支付宝等平台转账。网上转账方便的同时，也存在一定的风险，稍有不慎，可能就会给自己带来不必要的麻烦。所以网上借款时要注意：转账前确认对方身份，可通过电话录音、视频通话等形式核实；网上转账后应及时补借条，建议尽量采用传统借条及银行转账的方式进行借贷。总之，网上借钱时多留心，千万别"转账一时快，追债两行泪"。

（资料来源：微信借款起纠纷　诉至法院获支持，http://m.thepaper.cn/baijiahao_8148143）

3.2.5 数据电文作为证据使用时的真实性判断

《中华人民共和国民事诉讼法》第六十三条第二款规定:"证据必须查证属实,才能作为认定事实的根据。"所谓证明力,是指证据在证明待证事实上体现其价值大小与强弱的状态或程度。考察电子证据的证明力,就是要认定电子证据本身或电子证据与案件中其他证据一起能否证明待证事实,以及在多大程度上能够证明待证事实。审查数据电文作为证据的真实性,一般可以从操作人员、操作程序、信息系统三者的可靠性方面入手。本条规定就是遵循了这样的一种分析思路。例如,在审查生成、储存或者传递数据电文方法的可靠性时,可以审查数据电文是否由合法操作人员生成、储存、传递,是否经未授权者侵入、篡改;数据电文是否严格按照操作程序来生成、储存、传递,有无违规改动、删除;用以生成、储存、传递数据电文的信息系统是否稳定、可靠,是否容易招致非法侵入等。在判断保持内容完整性方法的可靠性,以及用以鉴别发件人方法的可靠性时,还需要对所用技术方法进行审查。例如,数字签名比单纯在文件上输入自己的姓名要可靠些,经过加密的数据电文比未经加密的数据电文更难于被他人篡改等。

3.3 电子签名的法律效力

在电子商务中,交易文件以数据电文的形式进行时,无法采用传统的手写签字和盖章方式,必须依靠技术手段替代。这种在电子文件中识别交易人身份,保证交易安全的电子技术手段,就是电子签名。也就是说,电子签名就是证明数据电文的真实性和完整性的技术手段。

3.3.1 可靠的电子签名应当具备的条件

电子签名同时符合下列条件的,视为可靠的电子签名:电子签名制作数据用于电子签名时,属于电子签名人专有;签署时电子签名制作数据仅由电子签名人控制;签署后对电子签名的任何改动能够被发现;签署后对数据电文内容和形式的任何改动能够被发现。当事人也可以选择使用符合其约定的可靠条件的电子签名。

可靠的电子签名与手写签名或者盖章具有同等法律效力。

【相关案例】

电子病历没有锁定而失败的诉讼

原告王某某等四人诉被告顺义区某医院、北京某医院的医疗损害责任纠纷,在该案中,患者于2011年10月因"间断头晕3天"先后在顺义区某医院、北京某医院(简称"二被告")住院治疗,同年11月,患者在北京某医院死亡。

顺义某医院以电子病历形态记录了患者诊疗全过程。在诉讼中,四原告对医院提交的电子病历证据提出质疑,向顺义某医院提出封存病历要求,但医院并未对相关电子病历进行锁定。四原告因质疑电子病历被医院篡改,要求对电子病历进行司法鉴定。

该案件就电子病历数据的鉴定耗时一年之久,客观上延长了审理周期,同时由于在医院提供的数据里得不到相关的、可靠的、能够证明确实没有改动的信息，司法鉴定结论最终无法支持医院没有篡改病历的主张，还产生了高达 49 866 元的鉴定费。基于医疗纠纷的举证倒置原则，医院最终无法证明自己没有过错，导致医院败诉，鉴定费用由医院承担。

（资料来源：没有电子签名锁定，医院败诉还亏了近 5 万元鉴定费，https://new.qq.com/omn/20200704/20200704A039BG00.html?pc）

在本案中，法院尊重了程序的正当性。程序的正当性表现在程序的合法性、中立性、参与性、公开性、时限性等方面。合法性是指程序运行合乎法律的规定，有关机关或个人不得违反或变相违反；中立性是指程序设计和运行应平等地对待双方当事人，不得偏向任何一方；参与性是指案件或纠纷的利害关系人都有机会进入办案程序，充分表达自己的利益诉求和意见主张，为解决纠纷发挥作用；公开性是指程序运行的过程和结果应当向当事人和社会公开，以接受各方监督，防止办案不公和暗箱操作，让正义以人们看得见的方式实现；时限性是指程序的运行必须有合理的期限，符合时间成本和效率原则的要求，不得无故拖延或没有终结。如诉讼案件应当在法定的期限内做出裁判，如无法定事由，诉讼期限不得延长。正义不应缺席，也不应迟到，迟到的正义是有瑕疵的正义。

▶▶ 3.3.2　电子签名人的法律义务

电子签名制作数据是将电子签名与电子签名人可靠联系起来的重要手段。电子签名人应当妥善保管电子签名制作数据，一旦电子签名制作数据失密，他人有可能利用电子签名人的电子签名制作数据从事违法行为或者牟取非法利益，给电子签名人和电子签名依赖方造成损失。在实践中，电子签名制作数据的载体包括磁盘、光盘等，尽管这些载体在使用过程中需要加入电子签名人的安全指令才能启动，但是这些载体一旦丢失或者为他人窃取，则他人通过破解这些相对简单的安全指令就可以在互联网上以电子签名人的名义从事交易活动。与传统交易不同，网上交易过程中当事人之间往往并不见面，当事人之间主要凭借的是对方当事人的电子签名来验证和核实相互间的身份，电子签名制作数据的丢失会给不法分子提供可乘之机。因此，电子签名人应当妥善保管电子签名制作数据，防止丢失或者为他人所窃取，以免给自己和对方当事人造成不必要的损失。

即便电子签名人尽到妥善保管的义务，电子签名制作数据仍然存在泄密的可能。"知悉电子签名制作数据已经失密或者可能已经失密"包含两层意思。一是电子签名人已经明确知道电子签名制作数据已失密。例如，电子签名人发现未经自己允许，有人在互联网上以电子签名人的名义从事商业活动。二是电子签名人知悉电子签名制作数据有可能已经失密。例如，电子签名人发现自己存放电子签名制作数据的磁盘丢失，在这种情况下，丢失的磁盘中的安全指令有可能被破译，电子签名制作数据有可能被他人用于非法活动。

> **法律提示**
>
> 在以上两种情况下，依据《电子签名法》的规定，电子签名人应当做到以下两点：
> 一是立即停止使用电子签名制作数据。因为在电子签名制作数据已经失密或者可能已经失密的情况下，电子签名人继续使用其电子签名制作数据有可能使电子签名依赖方更加难以确认电子签名的真伪，给交易安全带来更多的不确定性。

二是及时告知有关各方当事人，避免有关各方当事人因继续信赖电子签名人的签名而造成损失或者损失的进一步扩大。

3.3.3 电子签名人的法律责任

1. 电子签名人未履行法定义务的法律责任

电子签名人作为电子签名活动中的一方当事人，除了享有法律赋予的权利，还应当履行法律规定的义务。按照《电子签名法》的规定，电子签名人应当妥善保管电子签名制作数据。电子签名人知悉电子签名制作数据已经失密或者可能已经失密时，应当及时告知有关各方，并终止使用该电子签名制作数据。如果电子签名人未妥善保管电子签名制作数据，知悉电子签名制作数据已经失密或者可能已经失密时，未及时告知有关各方，并终止使用电子签名制作数据，则可能使电子签名活动中的其他各方当事人因信赖所使用的电子签名制作数据而遭受损失，对于所造成的损失，电子签名人应承担赔偿责任。电子签名人向电子认证服务提供者申请电子签名认证证书，应当提供真实、完整和准确的信息。电子签名人由于提供的信息不真实、不完整、不准确，给电子签名活动的其他各方当事人造成损失的，应承担赔偿责任。电子签名人由于自己的过错给电子签名依赖方、电子认证服务提供者造成损失的，应承担赔偿责任。

2. 伪造、冒用、盗用他人的电子签名的法律责任

网络的特点是公开、便捷、资源共享，极大地方便了各种人员在网上这个虚拟的空间自由沟通，也有利于社会使用多种公共的或私人的服务，这无疑大大提高了人们的生活质量和经济效益。网络的发展带动了电子商务的发展。由于电子商务活动中，交易各方彼此不见面，这也为形形色色的违法犯罪行为提供了条件。伪造、冒用、盗用他人的电子签名，是一种扰乱市场秩序，侵犯他人权益的行为；同时，这种行为也严重影响了电子交易的安全，法律对这些行为应当严厉制裁。伪造他人的电子签名是指未经电子签名合法持有人的授权而创制电子签名，或者创制一个认证证书列明但实际并不存在用户的签名等；冒用他人的电子签名是指非电子签名持有人未经电子签名人的授权以电子签名人的名义实施电子签名的行为；盗用他人的电子签名是指秘密窃取并使用他人电子签名的行为。

> **法律提示**
>
> 伪造、冒用、盗用他人电子签名，构成犯罪的，依法追究刑事责任。构成犯罪，主要是指构成《中华人民共和国刑法》（以下简称《刑法》）第二百八十条关于妨害国家机关公文、证件、印章的犯罪，伪造公司、企业、事业单位、人民团体印章的犯罪。构成该条的犯罪，必须具备以下条件：一是主观上是故意的；二是客观上实施了伪造他人的电子签名的行为。对于构成犯罪的，依照《刑法》第二百八十条的规定，伪造、变造国家机关的公文、证件、印章的，处三年以下有期徒刑、拘役、管制或者剥夺政治权利；情节严重的，处三年以上十年以下有期徒刑。伪造公司、企业、事业单位、人民团体的印章的，处三年以下有期徒刑、拘役、管制或者剥夺政治权利。这里的"情节严重"，主要是指多次实施伪造他人电子签名的行为；造成政治影响很坏、经济损失很大等严重后

果的。行为人在实施伪造电子签名等违法行为过程中，也可能利用计算机实施金融诈骗等的犯罪，即利用计算机实施金融诈骗、盗窃、贪污、挪用公款、窃取国家秘密或者其他犯罪的。诈骗主要是指以非法占有为目的，用虚构事实或者隐瞒真相的方法，骗取公私财物的行为。构成诈骗罪必须具备以下条件：一是行为人主观上应当是故意，而且具有非法占有公私财物的目的；二是诈骗公私财物数额较大。"数额较大"的具体数额，由司法机关根据各地的具体情况做出具体规定。对于构成诈骗罪的，依照《刑法》第二百六十六条的规定进行处罚。

给他人造成损失的，依法承担民事责任。民事责任是指进行了民事违法行为的人在民法上承担的对其不利的法律后果。合法的民事权益受法律保护，权利人如果受到他人的非法侵害，则需要给其以充分的法律救济，这就是民事责任制度。根据民事违法行为所侵害的权利不同，民事责任分为违约的民事责任与侵权的民事责任。本条所讲的民事责任，指的是侵权的民事责任。构成侵权并给他人造成损失的，应当承担民事责任。按照《中华人民共和国民法典》的规定，承担民事责任的方式主要包括停止侵害、排除妨碍、消除危险、返还财产、恢复原状、赔偿损失、赔礼道歉等。对于所规定的承担民事责任的几种方式，可以单独适用，也可以合并适用。

3.4 电子认证的法律规定

3.4.1 电子认证服务机构的基本含义

电子认证是指《电子签名法》所说的认证，其含义是特指为配合电子签名的使用，以电子认证服务机构为中心，由其依照法律规定审验电子签名使用人的身份、资格等属性，确保电子签名人与签名使用人之间唯一对应关系的法律制度。

我国为了规范电子认证服务行为，对电子认证服务提供者实施监督管理，根据《电子签名法》和其他法律、行政法规的规定，2005年2月8日中华人民共和国原信息产业部发布了《电子认证服务管理办法》，该办法于2009年2月被废止。工业和信息化部已于2009年对其重新制定并颁行（2015年4月修订）。

1. 电子认证服务及其机构

根据《电子认证服务管理办法》的规定，电子认证服务是指为电子签名相关各方提供真实性、可靠性验证的活动。

电子认证服务提供者是指为需要第三方认证的电子签名提供认证服务的机构。电子认证服务机构的特性包括权威性、可信性、公正性等。

《电子签名法》第十六条规定，电子签名需要第三方认证的，由依法设立的电子认证服务提供者提供认证服务。这里的电子认证服务提供者即电子认证服务机构，是指为电子签名人和电子签名依赖方提供电子认证服务的第三方机构。

电子认证服务机构主要是为了保证用户之间在网上传递信息的安全性、真实性、可靠性、完整性和不可抵赖性，而对用户身份的真实性进行验证，负责向电子商务的各个主体颁发并管理符合国内、国际安全电子交易协议标准的电子商务安全证书权威的第三方。

【学而思】

电子认证服务机构的特性包括权威性，而这种权威性是法律赋予的，请谈一谈法律权威及其基本要素。

提示：法律权威是指法律在社会生活中的作用力、影响力和公信力，是法律应有的尊严和生命。法律是否具有权威，取决于四个基本要素：一是法律在国家和社会治理体系中的地位和作用，只有法律占主导地位和起决定作用，法律才具有权威；二是法律本身的科学程度，只有法律反映客观规律和人类理性，法律才具有权威；三是法律在实践中的实施程度，只有法律在实践中得到严格实施和遵循，法律才具有权威；四是法律被社会成员尊崇或信仰的程度，只有法律反映人民共同意愿且为人民真诚信仰，法律才具有权威。

2. 电子认证服务机构的职能

电子认证服务机构的职能包括以下内容：颁发证书、更新证书、查询证书、作废证书、归档证书等。

▶▶ 3.4.2 电子认证服务机构的设立

为了保证电子认证的严肃性和公正性，《电子签名法》第十六条规定：电子签名需要第三方认证的，由依法设立的电子认证服务提供者提供认证服务。

1. 电子认证服务机构申请设立的条件

根据《电子签名法》和《电子认证服务管理办法》的相关要求，设立电子认证服务机构，提供电子认证服务，应当具备下列条件：

第一，电子认证服务机构必须具有法人资格。

第二，具有与提供电子认证服务相适应的专业技术人员和管理人员。

> **法律提示**
>
> 《电子认证服务管理办法》要求电子认证服务机构由下列人员构成：专业技术人员、运营管理人员、安全管理人员、客户服务，并且上述人员合计不少于30人。

第三，具有与提供电子认证服务相适应的资金和经营场所。

> **法律提示**
>
> 《电子认证服务管理办法》中规定电子认证服务机构注册资金不得低于3000万元。

第四，具有符合国家安全标准的技术和设备。

第五，具有国家密码管理机构同意使用密码的证明文件。

2. 电子认证服务许可的申请与颁发

取得电子认证服务许可证书，即取得电子认证服务机构资格。根据《电子签名法》第十八条的规定：从事电子认证服务，应当向国务院信息产业主管部门提出申请。这里的国务院信息产业主管部门指工业和信息化部。

（1）电子认证服务机构资格申请

申请电子认证服务许可的，应当向工业和信息化部提交下列材料：

第一，书面申请。

第二，人员证明。

第三，企业法人营业执照副本及复印件。

第四，经营场所证明。

第五，国家有关认证检测机构出具的技术、设备、物理环境符合国家有关安全标准的凭证。

第六，国家密码管理机构同意使用密码的证明文件。

【相关链接】

取得《电子认证服务许可证》之前应当依法取得国家密码管理局颁发的《电子认证服务使用密码许可证》。根据《电子认证服务密码管理办法》的规定，取得《电子认证服务使用密码许可证》应满足以下四个条件：具有符合《证书认证系统密码及其相关安全技术规范》的电子认证服务系统；电子认证服务系统由具有商用密码产品生产资质的单位承建；电子认证服务系统采用的商用密码产品是国家密码管理局认定的产品；电子认证服务系统通过国家密码管理局安全性审查。

（2）审核与批准

① 审核。工业和信息化部对提交的申请材料进行形式审查。申请材料齐全、符合法定形式的，应当向申请人出具受理通知书。申请材料不齐全或者不符合法定形式的，应当当时或者在五日内一次告知申请人需要补正的全部内容。

工业和信息化部对决定受理的申请材料进行实质审查。需要对有关内容进行核实的，指派两名以上工作人员实地进行核查。工业和信息化部对与申请人有关事项书面征求中华人民共和国商务部等有关部门的意见。

② 审批期限。工业和信息化部自接到申请之日起四十五日内做出许可或者不予许可的书面决定。不予许可的，说明理由并书面通知申请人。准予许可的，颁发《电子认证服务许可证》，并公布下列信息：《电子认证服务许可证》编号；电子认证服务机构名称；发证机关和发证日期。电子认证服务许可相关信息发生变更的，工业和信息化部应当及时公布。

③ 《电子认证服务许可证》的有效期为五年。

法律提示

电子认证服务机构不得倒卖、出租、出借或者以其他形式非法转让《电子认证服务许可证》。

④ 工商登记与信息公布。取得电子认证服务许可的电子认证服务机构，应当持《电子认证服务许可证》到工商行政管理机关办理相关手续，进行企业登记，依法办理确定主体资格的事项，才能开始电子认证服务活动。

> **法律提示**
>
> 取得认证资格的电子认证服务机构，在提供电子认证服务之前，应当通过互联网公布下列信息：机构名称和法定代表人；机构住所和联系办法；《电子认证服务许可证》编号；发证机关和发证日期；《电子认证服务许可证》有效期的起止时间。

▶▶ 3.4.3 电子认证服务的内容

1. 电子认证服务机构的业务范围

根据《电子认证服务管理办法》规定，电子认证服务机构的业务范围包括以下四方面：

第一，制作、签发、管理电子签名认证证书。

第二，确认签发的电子签名认证证书的真实性。

第三，提供电子签名认证证书目录信息查询服务。

第四，提供电子签名认证证书状态信息查询服务。

2. 电子认证业务规则的制定及备案制度

电子认证服务是专业性很强的活动，由电子认证服务提供者制定有关业务规则是合理的，也是符合实际的。当然，电子认证服务者不得制定损害电子签名人和电子签名依赖方利益的、不公平的"霸王条款"。为了防止这种情况的出现，《电子认证服务管理办法》规定了两项要求：一是电子认证服务者制定的电子认证业务规则要符合国家有关规定，并在提供电子认证服务前予以公布；二是电子认证业务规则要向国务院信息产业主管部门备案，以接受监督。

（1）电子认证业务规则的主要内容

① 责任范围。电子认证服务提供者在提供认证服务过程中，由于未履行其应尽义务，尤其保证其签发证书的真实、可靠性的义务，既可能产生对电子签名人的责任，也可能产生对电子签名依赖方的责任。电子认证服务提供者与电子签名人（电子签名认证证书持有者）是民事合同关系，电子认证服务提供者依照合同约定承担责任。电子认证服务提供者在从事电子认证服务活动时当然应尽合理的注意义务，但在无过错的情况下，不应承担责任，而无过错的举证责任要由认证服务机构承担。

② 作业操作规范。电子认证作业操作规范包括的内容非常广泛。例如，对电子签名认证证书申请身份审查的内容，提供相应的有效身份证件和审查流程；电子签名认证证书类别及证书申请、签发、撤销、更新等新的操作流程；信息公开的要求，主要是发布相关认证信息，如证书生效、失效等公开信息。

③ 信息安全保障措施。电子认证服务提供者是为互联网用户提供身份认证服务的。由于其负责接受证书申请、审核申请人身份、签发证书及管理证书等服务，与其他互联网服务提供商一样，电子认证服务提供者所提供的服务也面临着安全威胁，存在被攻击的可能，如非法入侵、植入病毒、窃取密钥等外部攻击。另外，认证系统内部也存在威胁，如内部工作人员的管理、机房的安全管理、软件的管理等。这些都需要制定具体的信息安全保障措施，防范风险。

（2）备案制度

根据《电子签名法》第十九条的规定，电子认证服务提供者应当制定、公布符合国家有关规定的电子认证业务规则，并向国务院信息产业主管部门备案。

《电子认证服务管理办法》规定：电子认证服务机构应当按照工业和信息化部公布的《电子认证业务规则规范》的要求，制定本机构的电子认证业务规则和相应的证书策略，在提供电子认证服务前予以公布，并向工业和信息化部备案。电子认证业务规则和证书策略发生变更的，电子认证服务机构应当予以公布，并自公布之日起三十日内向工业和信息化部备案。

3.4.4 电子认证过程中有关各方的义务性规定

1. 电子签名人和电子认证服务提供者的有关义务

（1）电子认证服务机构在受理电子签名认证证书申请前的告知义务

根据《电子认证服务管理办法》的规定，电子认证服务机构在受理电子签名认证证书申请前，应当向申请人告知下列事项：

第一，电子签名认证证书和电子签名的使用条件。

第二，服务收费的项目和标准。

第三，保存和使用证书持有人信息的权限和责任。

第四，电子认证服务机构的责任范围。

第五，证书持有人的责任范围。

第六，其他需要事先告知的事项。

（2）电子签名认证证书申请过程中申请人的法定义务

根据《电子签名法》第二十条第一款的规定，电子签名人向电子认证服务提供者申请电子签名认证证书，应当提供真实、完整和准确的信息。

在电子认证关系中，电子签名人是电子认证服务提供者的客户，是接受电子认证服务的一方。电子签名人除了应履行一般的支付费用义务，还应当履行一些与电子认证服务关系的特性相应的义务。电子签名人申请电子签名认证证书，要负担起保证所提供的信息的真实性、准确性和完整性的义务。诚实信用义务最直接的表现是真实陈述的义务，即真实陈述电子认证服务提供者颁发证书时要求其提供的事项。这是电子签名人在申请证书时所应当履行的基本义务，其身份、地址、营业范围、证书信赖等级的真实陈述，是证书可信赖性产生的前提，否则将构成对证书体系信赖性的损害，电子签名人将承担相应的法律责任。

（3）电子签名认证证书申请过程中电子认证服务提供者的有关义务

根据《电子签名法》第二十条第二款的规定，电子认证服务提供者收到电子签名认证证书申请后，应当对申请人的身份进行查验，并对有关材料进行审查。

该条款主要规定了电子认证服务提供者的谨慎审核义务，要求电子认证服务提供者在收到电子签名认证证书申请后，对申请者所提交的有关材料的真实性，应当谨慎地加以审核，因为证书的发布、信赖方的信赖都依赖于对这些材料真实性的审查。另外，还要严格查验申请人的身份。这些都是为了保证其所发放的证书具有可靠的权威性和信任度。对个人电子签名认证证书申请者,电子认证服务提供者一般要求其提供个人的姓名、个人身份证的原件及复印件、身份证号、联系电话、住址、通信地址、邮政编码、电子邮箱等个人资料;对单位电子签名认证证书申请者,除对具体的经办人要求提供上述个人资料,还要求提供申请单位资料,如单位名称、单位所属行业类别、单位地址、单位注册号码、单位组织机构代码、单位电子邮箱、电话、传真、单位有效证件的原件与复印件等资料。

2. 电子签名认证证书内容要求

(1) 对电子认证服务提供者签发的电子签名认证证书的质量要求

电子签名认证证书是电子认证服务提供者签发的用以证明证书持有人的电子签名、身份、资格及其他有关信息的电子文件,它是电子交易当事人在互联网上从事电子商务活动的身份证和通行证。在电子商务交易中互不认识的双方当事人用其证书证明各自签名的真实性,可以在双方之间建立相互信任的基础。因此,电子签名认证证书不仅具有证明电子签名的真实性与完整性的作用,还可以为交易当事人提供身份及从事交易的资格、权限等方面的证明。基于电子签名认证证书的重要作用,电子认证服务提供者签发的电子签名认证证书应当准确无误,否则就可能产生损害电子认证、电子交易的后果,影响电子签名认证证书的权威性和信任度。

(2) 电子签名认证证书的内容

根据《电子认证服务管理办法》的相关要求,电子认证服务机构所提供的电子签名认证证书的内容应包括:

第一,电子认证服务提供者名称。

第二,证书持有人名称。

第三,证书序列号。

第四,证书有效期。

第五,证书持有人的电子签名验证数据。

第六,电子认证服务提供者的电子签名。

第七,国务院信息产业主管部门规定的其他内容。

此外,电子认证服务提供者还可以根据实际需要载明其他内容,如载明证书的种类与等级等信息。

3. 电子认证服务提供者有关保证义务的规定

电子认证服务提供者最重要的任务就是制作、发放和管理电子签名认证证书,所以其首要义务就是保证认证证书的真实性、完整性和准确性,即所发放认证证书的公共密钥同某个确定身份的人是一一对应的,以保证发放的证书具有可靠的权威性和信任度。电子认证服务提供者要保证发布的认证信息及时可靠,这其中还包括要让有关当事人能够随时证实证书申请人所拥有的身份证、许可证或者营业执照等关系该人行为能力的文书或者证件的效力。为此,《电子签名法》第二十二条规定:电子认证服务提供者应当保证电子签名认证证书内容在有效期内完整、准确,并保证电子签名依赖方能够证实或者了解电子签名认证证书所载内容及其他有关事项。

在国际上,有关电子认证服务提供者保证义务的规定更严格。联合国国际贸易法委员会制定的《电子签字示范法》对此做出了更具体的规定,要求验证服务提供商应当采取合理谨慎措施,确保其做出的有关证书整个周期或需要列入证书内的所有重大表述均精确无误和完整无缺。

> **法律提示**
>
> 要提供合理可及的手段,使依赖方得以从证书中证实下列内容:
> 第一,验证服务提供商的身份。
> 第二,证书中所指明的签字人在签发证书时拥有对签字生成数据的控制。
> 第三,在证书签发时或之前签字生成数据有效。

要提供合理可及的手段,使依赖方得以在适当情况下从证书或其他方面证实下列内容:
第一,用以鉴别签字人的方法。
第二,对签字生成数据或证书的可能用途或使用金额上的任何限制。
第三,签字生成数据有效和未发生失密。
第四,对验证服务提供商规定的责任范围或程度的任何限制。
第五,是否存在签字人发出通知的途径。
第六,是否提供了及时的撤销服务,要使用可信赖的系统、程序和人力资源提供其服务。
验证服务提供商如未能满足上述要求应承担相应责任。

4. 妥善保存认证信息及保存期限

电子签名人向电子认证服务提供者申请电子签名认证证书,应当提供真实、完整和准确的信息。这些信息涉及的面比较广,既可能包含申请人的个人隐私,也可能涉及申请人的商业秘密,如果这些信息被泄露,可能损害电子签名人的利益。因此,《电子签名法》要求电子认证服务提供者履行妥善保存与认证相关的信息的义务,并规定信息保存期限至少为电子签名认证证书失效后五年。

如果电子认证服务提供者违反上述规定,由国务院信息产业主管部门责令限期改正;逾期未改正的,吊销其电子认证许可证书,其直接负责的主管人员和其他直接责任人员十年内不得从事电子认证服务。

▶▶ 3.4.5 电子认证服务提供者业务的暂停与终止

电子认证服务提供者拟暂停或者终止电子认证服务的,将会影响到相关方的利益,因此《电子签名法》第二十三条要求应当在暂停或者终止服务九十日前,就业务承接及其他有关事项通知有关各方。此外,电子认证服务提供者拟暂停或者终止电子认证服务的,还应当履行以下义务。

1. 报告

电子认证服务提供者应当在暂停或者终止服务六十日前向国务院信息产业主管部门报告,使其了解情况。

2. 协商承接

电子认证服务提供者除在法定期限内向国务院信息产业主管部门报告外,还要与其他电子认证服务提供者就业务承接进行协商，协商达成一致意见的，对业务承接事项做出妥善安排。

3. 指定承接

电子认证服务提供者未能就业务承接事项与其他电子认证服务提供者达成协议的，应当申请国务院信息产业主管部门安排其他电子认证服务提供者承接其业务。

对于电子认证服务提供者被依法吊销电子认证许可证书的，其业务承接事项的处理按照国务院信息产业主管部门的规定执行。

3.4.6 电子认证服务机构及工作人员的法律责任

1. 电子认证服务机构的法律责任

（1）电子认证服务提供者因过错给电子签名人或者电子签名依赖方造成损失承担的赔偿责任

电子签名人或者电子签名依赖方因依据电子认证服务提供者提供的电子签名认证服务从事民事活动遭受损失，电子认证服务提供者不能证明自己无过错的，应承担赔偿责任。

（2）未经许可提供电子认证服务应承担的法律责任

> **法律提示**
>
> 对于未经许可提供电子认证服务的，应当承担以下行政责任：
>
> 第一，责令停止违法行为。即由国务院信息产业主管部门责令违法行为人停止提供电子认证服务的行为。由于电子认证服务涉及民事合同有关各方的交易安全，为了使电子签名人及电子签名依赖方免受损失，国务院信息产业主管部门一旦发现未经许可从事提供电子认证服务的行为，应当立即责令违法行为人停止违法行为。
>
> 第二，对于有违法所得的，没收违法所得。这里讲的违法所得，是指由于非法提供电子认证服务行为而获得的全部经营收入。
>
> 第三，违法所得三十万元以上的，对其处以罚款。罚款，是指有行政处罚权的行政机关强制行为人承担金钱给付义务，即在一定期限内交纳一定钱款的处罚形式。按照本条规定，行使行政处罚权的机关是国务院信息产业主管部门，即由国务院信息产业主管部门对违法行为人处以罚款。罚款的幅度为违法所得一倍以上三倍以下。
>
> 第四，没有违法所得或者违法所得不足三十万元的，处十万元以上三十万元以下的罚款。

（3）电子认证服务提供者暂停或者终止电子认证服务未按规定报告的法律责任

电子认证服务提供者暂停或者终止电子认证服务，未在暂停或者终止服务六十日前向国务院信息产业主管部门报告的，由国务院信息产业主管部门对其直接负责的主管人员处一万元以上五万元以下的罚款。

（4）电子认证服务提供者违法行为应承担的法律责任

电子认证服务提供者不遵守认证业务规则、未妥善保存与认证相关的信息，或者有其他违法行为的，由国务院信息产业主管部门责令限期改正；逾期未改正的，吊销其电子认证许可证书，其直接负责的主管人员和其他直接责任人员十年内不得从事电子认证服务。吊销电子认证许可证书的，应当予以公告并通知工商行政管理部门。

2. 工作人员的法律责任

依照《电子签名法》的规定，负责电子认证服务业监督管理工作的部门的工作人员，不依法履行行政许可、监督管理职责的，依法给予行政处分；构成犯罪的，依法追究刑事责任。总之，负责电子认证服务业管理工作的部门的工作人员，不依法履行行政许可、监督管理职责的，应当承担相应的法律责任。

3.5 电子合同的法律制度

合同的成立一般要经过一系列磋商的过程，这一磋商过程主要包括要约和承诺两个阶段。

【学而思】

《中华人民共和国民法典》合同编在社会经济生活中的重要作用是什么？

提示：它是民事主体实现意思自治的重要工具，是优化营商环境的重要方式，是促进社会主义市场经济健康有序发展的重要保障，更是推进国家治理体系和治理能力现代化的重要手段。

3.5.1 电子商务合同的订立

《中华人民共和国民法典》规定："当事人订立合同，可以采取要约、承诺方式或者其他方式。"电子商务合同虽然采取了数据电文的表达方式，而且其订立过程也是以电子方式进行的，即通过互联网通信缔结合同，但电子商务合同的订立过程仍然遵循合同订立的基本过程，即要约、承诺过程。

1. 电子商务合同的主体

电子商务合同的主体即电子商务合同的当事人。《中华人民共和国民法典》及相关法律对自然人、法人和非法人组织的权利能力和行为能力问题及代理人的权利义务做了明确的规定，这些规定为传统合同在订立过程中确认当事人的身份及行为能力提供了明确的依据。

【相关链接】

《中华人民共和国民法典》第十三条："自然人从出生时起到死亡时止，具有民事权利能力，依法享有民事权利，承担民事义务。"

第五十七条："法人是具有民事权利能力和民事行为能力，依法独立享有民事权利和承担民事义务的组织。"

第一百零二条："非法人组织是不具有法人资格，但是能够依法以自己的名义从事民事活动的组织。"

一般来说，电子商务合同的主体和传统合同的主体没有本质的区别。不过由于在电子商务交易模式下，合同当事人都是体现为一种身份识别代码，即用户名。该身份识别代码是将主体的信息以一组数据来体现,十分抽象和虚拟,不能具体反映出当事人的真实情况。因此,交易对象无法从该数据中相互判断对方是否具有行为能力,也无法确定发送和接收信息的一方是否为当事人自己或有无代理权。一般来说,法律要求参加民商事活动的主体应当具备相应的行为能力,否则当事人的行为不能产生法律上的效力。因为,电子商务合同的当事人通常不见面,"基于网络上根本无法看到或辨识交易相对人,双方当事人是利用按键或鼠标来为意思表示,即便网络商店要求交易相对人输入身份证号码、出生日期或信用卡卡号以证实其为成年人,但仍有伪造或提供不实资料的可能性,故网络商家基本上无从得知另一方当事人究竟是否为成年人,且由于现在网络使用者年龄呈日趋下降趋势,可以预见未来未成年人进行网络交易而发生争议之机会将会大幅度增加。"由此可知,网络交易中当事人的行为能力问题是现实存在的。

在电子交易中确定当事人是否具备传统合同当事人应当具备的行为能力,在某些情况下是没有实际意义的。因为即使电子商务合同交易的一方当事人是不具备行为能力的,但只要交易成功且并未发生纠纷,合同得以顺利履行,就无须过多地去限制当事人的行为能力,否则会给网络交易造成很大的障碍,不利于电子商务的发展。对于通过电子商务合同形式订立的合同在履行过程中发生纠纷或造成损失,涉及当事人行为能力的确定时,仍应当依照传统合同法和民法的规定去认定,因为电子商务合同所适用的法律并不是一种全新的法律制度,它只是传统法律制度在新环境下的一种融合。只要是交易对象尽到了合理的注意义务,即便是当事人真的不具备合同的缔约能力,也应当认定合同有效。对于无行为能力人和限制行为能力人订立的电子商务合同应该区别对待,依据"意思能力"和年龄相结合,判断当事人是否尽到了合理的注意义务,从而确定当事人的行为能力。当然,要最大限度地减少电子交易中由于合同当事人的缔约能力问题导致的合同效力纠纷,最终还是要依靠技术的进步和法律制度的不断完善,如通过电子认证的方式,由认证服务机构提供的服务来帮助确认当事人的身份及其缔约能力等。

所以,《电子商务法》第四十八条规定:在电子商务中推定当事人具有相应的民事行为能力。但是,有相反证据足以推翻的除外。

2. 电子商务合同中的要约

(1) 要约的概念及特征

《中华人民共和国民法典》规定:要约是希望与他人订立合同的意思表示,该意思表示应当符合下列条件——内容具体确定,表明经受要约人承诺,要约人即受该意思表示约束。其中,发出要约的一方当事人为"要约人",要约所指向的一方当事人为"受要约人"。

第一,要约的内容具体确定。"具体"是指要约的内容必须具有使电子商务合同成立的主要条款和内容。所谓"确定",是指要约的内容必须明确。这是因为要约的法律效力在于一经受要约人承诺,合同即告成立,要约人即受该意思表示约束。

第二,表明经受要约人承诺,要约人即受该意思表示的约束,要约必须送达受要约人。

这就要求电子商务合同中的要约是特定合同当事人的意思表示;要约必须向要约人希望与之缔结合同的相对人发出;要约必须具有缔约目的并表明经承诺即受此意思表示的拘束;要约的内容必须具备足以使合同成立的主要条件,这要求要约的内容必须是确定的和完整的。

(2) 要约的生效时间及法律效力

《中华人民共和国民法典》第一百三十七条规定:"以对话方式作出的意思表示,相对人知道其内容时生效。以非对话方式作出的意思表示,到达相对人时生效。以非对话方式做出的采用数据电文形式的意思表示,相对人指定特定系统接收数据电文的,该数据电文进入该特定系统时生效;未指定特定系统的,相对人知道或者应当知道该数据电文进入其系统时生效。当事人对采用数据电文形式的意思表示的生效时间另有约定的,按照其约定。"这里的"到达"是指要约送达到受要约人能够实际控制的地方。即不管是口头的、书面的还是其他形式的要约,都必须到达受要约人能够控制的地方才能产生法律效力。在电子商务合同中,要约是以非对话方式做出的采用数据电文形式发出的,其生效的时间法律做了特别的规定,相对人指定特定系统接收数据电文的,该数据电文进入该特定系统时生效;未指定特定系统的,相对人知道或者应当知道该数据电文进入其系统时生效。

在要约的生效时间问题上,世界上主要有"发信主义"和"到达主义"两大派别的观点。《中华人民共和国民法典》也同样采取了"到达主义"原则。

在电子商务环境下,当事人一般以数据电文发出要约。要约一经生效,要约人即受到要约的拘束。要约人在要约有效期间内不得随意撤销要约或对要约内容加以限制、变更和扩张,避免影响交易安全。

(3) 要约的撤回和撤销

第一,要约的撤回。《中华人民共和国民法典》规定,要约可以撤回。

要约的撤回是指要约人的要约发出后,到达受要约人之前,取消其要约从而阻止要约生效的意思表示。《中华人民共和国民法典》第一百四十一条规定:行为人可以撤回意思表示。撤回意思表示的通知应当在意思表示到达相对人前或者与意思表示同时到达相对人。

但是,采用数据电文订立合同,由于信息传输的高速性,要约人一旦发出要约,受要约人即刻就可收到,要约发出后又要撤回,实际上是不可能的。这无疑对传统的要约理论造成了很大的冲击。因此,在电子商务环境下要约能否撤回的问题上,存在两种截然不同的观点。一种观点认为,电子要约的撤回尽管十分困难,但并非完全不可能。在服务器发生故障或线路过分拥挤的情况下都可能耽搁要约的收到时间,使一份要约撤回通知先于或同时到达受要约人。另一种观点认为,撤回要约在电子商务环境中是不可能的,在电子商务合同中谈论要约的撤回是没有实际意义的,《中华人民共和国民法典》对要约撤回的规定不适用于电子商务合同;因此,应允许当事人撤回要约,《中华人民共和国民法典》对要约撤回的规定是适用于电子商务合同的。

第二,要约的撤销。要约的撤销是指要约人在要约到达受要约人并生效以后,将该要约取消,从而使要约的效力归于消灭的意思表示。《中华人民共和国民法典》规定,要约可以撤销,但是有下列情形之一的除外:要约人以确定承诺期限或者其他形式明示要约不可撤销;受要约人有理由认为要约是不可撤销的,并已经为履行合同做了合理准备工作。

在电子商务交易中,要约能否撤销取决于交易的具体方式。受要约人收到要约后在做出承诺之前,一般有一个承诺期限,在承诺期满前,要约人可以撤销要约。因此,如果是通过电子邮件方式订立合同,在一般情形下,要约是可以撤销的。因为要约人通过以电子邮件方式发出要约后,受要约人并不一定立即承诺,因而在发出要约与最终做出承诺之间可能有一段间隔,在此期间内,要约人可以撤销要约。但如果当事人采用电子自动交易系统从事电子交易,承诺的做出是即刻的,要约人则没有机会撤销要约。

(3) 要约的失效

要约失效,即要约丧失法律效力。要约失效后,要约人不再受其约束和限制,受要约人也终止了承诺的权利。要约失效后，合同即失去了成立的基础，受要约人即使承诺，也不能成立合同。根据《中华人民共和国民法典》规定，有下列四种情形之一的，要约失效：

第一，要约被拒绝。拒绝要约包括明确表示拒绝，或对要约进行了修改、限制或扩张。要约人一旦收到受要约人不接受或不完全接受要约的通知，要约即因被拒绝而终止效力。受要约人拒绝要约后即使在承诺期限内又表示同意的，其意思表示也为新的要约。

第二，要约人依法撤销要约。根据《中华人民共和国民法典》的规定，撤销要约的意思表示以对话方式做出的，该意思表示的内容应当在受要约人做出承诺之前为受要约人所知道；撤销要约的意思表示以非对话方式做出的，应当在受要约人做出承诺之前到达受要约人。因此，只要撤销行为符合法律规定，并且不属于不允许撤销的法定情形，已生效的要约即失去法律效力。

第三，承诺期限届满，受要约人未做出承诺。要约的有效期限也就是受要约人可以承诺的有效期限。在该期限届满时，受要约人未做出承诺的，要约就失去效力。在该期限届满后，受要约人又表示接受要约的，该意思表示不为承诺，只能看作是一种新要约。

第四，受要约人对要约的内容做出实质性变更。《中华人民共和国民法典》规定："承诺的内容应当与要约的内容一致。受要约人对要约的内容作出实质性变更的，为新要约。有关合同标的、数量、质量、价款或者报酬、履行期限、履行地点和方式、违约责任和解决争议方法等的变更，是对要约内容的实质性变更。"

3. 电子商务合同中的承诺

（1）承诺的概念

承诺是受要约人同意要约的意思表示。承诺应当在要约确定的期限内到达要约人。要约以非对话方式做出的，承诺应当在合理期限内到达。承诺生效时合同成立，但是法律另有规定或者当事人另有约定的除外。也就是说承诺生效，电子商务合同即告成立。

要约指定了承诺期限的，所指定的期限即为有效期限；要约未指定期限的，通常认为合理的期限即为有效期限。合理期限是指依通常情形可期待承诺到达的期间，一般包括受要约人做出承诺的期间、要约到达受要约人的期间、承诺通知到达要约人的期间。也就是说，如果要约确定了承诺期限，则承诺应当在要约确定的期限内到达要约人。如果要约没有确定承诺期限，以对话方式做出的，应当即时做出承诺，但当事人另有约定除外；以非对话方式做出的，承诺应当在合理期限内到达。承诺要取得成立合同的法律效果，必须在内容上与要约一致。

此外，在电子商务环境下，承诺由受要约人的电子代理人做出的应视为受要约人的行为。同样，承诺也可向要约人的电子代理人做出。

（2）承诺迟延

承诺迟延是指受要约人未在承诺期限内做出承诺。承诺迟延一般不发生承诺生效的法律后果。承诺的期限通常是由要约规定的，如果要约中未规定承诺时间，则受要约人应在合理期限做出承诺。超过承诺期限做出承诺，该承诺不产生效力。根据《中华人民共和国民法典》规定："受要约人在承诺期限内发出承诺，按照通常情形能够及时到达要约人，但是因其他原因致使承诺到达要约人时超过承诺期限的，除要约人及时通知受要约人因承诺超过期限不接受该承诺外，该承诺有效。"

（3）承诺撤回与撤销

承诺撤回是指受要约人在发出承诺通知以后，在承诺正式生效之前撤回其承诺。根据《中华人民共和国民法典》规定，承诺可以撤回。电子承诺撤回存在着与电子要约撤回同样的问题。虽然法律并不禁止电子承诺的撤回，但通过网络通信订立合同，电子承诺的做出是在瞬间完成的，实际上承诺的撤回几乎是不可能的。但也有观点认为，不管电子信息传输速度有多快，总是有时间间隔的，而且也存在着网络故障、信箱拥挤、停电断电、计算机感染病毒等突发事件，使得承诺不能及时到达。因此，存在电子承诺撤回的可能性和必要性。撤回承诺作为承诺人的一项权利是保障其与要约人同等受法律保护的一项权利，不应随意加以剥夺。

由于当事人一旦做出承诺，合同即告成立，所以当事人不可撤销承诺，撤销承诺的行为通常造成违约。但是，进行在线交易时存在这样一种情况：可能因点击时间短暂而未对合同条款进行仔细的思考，也可能因为网络交易者在点击时，各种原因而发生错误。因此，点击成交时，承诺人的意思表示可能并不完全真实。据此，有学者建议在成交后，应给客户一段考虑是否最终决定成交的期限。如果在该期限内，客户不愿意成交，可以撤销承诺。如果客户愿意成交，则不必再做出任何表示。这一观点有其合理性，因为在成交以后，合同即告成立，客户即使可以以重大误解为由申请撤销合同，也只能向法院提起诉讼，不仅手续烦琐，而且费用较高。如果允许客户撤销承诺，的确有利于尊重其真实意思，保护客户的利益，但会给网络经营者带来极大的风险。因为网络经营者在成交以后，将要从事一些履约的准备，如准备货物等。如果允许客户可以在一段相当长的时间内撤销其承诺，网络经营者则承担的风险过大，网上的交易便很难进行。所以，可考虑在成交后，允许客户在短暂的期限（如一天）内有权决定是否撤销承诺，在该期限内，客户可以不必付款，而经营者也不必负有准备履约的义务，这样客户享有的撤销承诺的权利也不会损害网络经营者的利益。对此，目前国内尚无法律规定。

（4）确认收讫与承诺

因为互联网具有开放性和复杂性的特点，发送方的要约或承诺发出之后，和传统方法相比，被其他人截获的可能性要大，没有人能够保证所发出的要约或承诺绝对能够全部完整地按时到达收件方。因此，为了给电子交易增加一层保险，就产生了要约和承诺的送达确认即确认收讫。确认收讫是指在接收人收到发送的信息时，由其本人或指定的代理人或通过自动交易系统向发送人发出表明其已收到的通知。确认收讫是通过发回的信息来证实信息是否到达及传递中有无错误和缺漏发生，当事人可以利用确认收讫制度解决发信后的不确定问题。因此，就发送人而言，确认收讫有利于减少发送人的风险，增加交易机会，这在商业上和法律上都具有非常重大的价值。

联合国《电子商务示范法》中规定了确认收讫规则。《中华人民共和国民法典》也有类似的规定："当事人采用信件、数据电文等形式订立合同要求签订确认书的，签订确认书时合同成立。当事人一方通过互联网等信息网络发布的商品或者服务信息符合要约条件的，对方选择该商品或者服务并提交订单成功时合同成立，但是当事人另有约定的除外。"《电子签名法》对数据电文的确认收讫问题也做出了相应的规定，其中第十条规定："法律、行政法规规定或者当事人约定数据电文需要确认收讫的，应当确认收讫。发件人收到收件人的收讫确认时，数据电文视为已经收到。"

确认收讫不是合同订立的必经程序。在合同订立过程中是否需要设立确认收讫这一环节应由当事人自己决定，确认收讫一方面能减少风险，但另一方面也增加了商业成本，法律应赋予当事人自由选择的权利。

4. 电子商务合同的成立

（1）电子商务合同成立的基本要求

电子商务经营者发布的商品或者服务信息符合要约条件的，用户选择该商品或者服务并提交订单成功，合同成立。当事人另有约定的，从其约定。

电子商务经营者不得以格式条款等方式约定消费者支付价款后合同不成立；格式条款等含有该内容的，其内容无效。

（2）电子商务合同成立的时间

合同成立的时间是由承诺实际生效的时间所决定的。承诺的生效时间就是合同的生效时间。《中华人民共和国民法典》规定："承诺生效时合同成立，但是法律另有规定或者当事人另有约定的除外。""以通知方式做出的承诺，生效的时间适用本法第一百三十七条的规定。承诺不需要通知的，根据交易习惯或者要约的要求作出承诺的行为时生效。"《电子商务法》第四十九条则进一步明确了电子商务合同的生效时间，即电子商务经营者发布的商品或者服务信息符合要约条件的，用户选择该商品或者服务并提交订单成功，合同成立。当事人另有约定的，从其约定。

（3）电子商务合同成立的地点

根据《中华人民共和国民法典》规定："承诺生效的地点为合同成立的地点。采用数据电文形式订立合同的，收件人的主营业地为合同成立的地点；没有主营业地的，其住所地为合同成立的地点。当事人另有约定的，按照其约定。"主营业地一般为其在工商行政管理机关的登记注册地。由于合同的成立地点有可能成为确定法院管辖权及选择法律的适用等问题的重要因素，因此明确电子商务合同成立的地点十分重要。

▶▶ 3.5.2 电子商务合同的形式和条款

合同的形式，又称为合同的方式，是指表现当事人之间订立的合同的方式，也即当事人采用何种形式来表现所订立合同的内容。

1. 合同的书面形式

《中华人民共和国民法典》规定："当事人订立合同，可以采用书面形式、口头形式或者其他形式。"我国对合同的形式一般不做强制性规定，只是对某些重要的、关系复杂的合同强调采取书面形式。

（1）传统合同的形式

书面形式是指以文字表现当事人所订合同的形式。《中华人民共和国民法典》规定："书面形式是合同书、信件、电报、电传、传真等可以有形地表现所载内容的形式。以电子数据交换、电子邮件等方式能够有形地表现所载内容，并可以随时调取查用的数据电文，视为书面形式。"书面合同由文字凭据组成，但并非一切文字凭据都是书面合同的组成部分，其中必须包含当事人或其代理人的签字或盖章。书面形式的最大优点是合同有据可查,发生纠纷时容易举证,便于分清责任承担。因此,对于关系复杂的合同、重要的合同,最好采取书面形式。

其他形式是指采用除书面形式、口头形式以外的方式订立合同的形式。其他形式一般包括推定形式和默示形式。所谓推定形式,是指当事人并不直接用书面或口头方式进行意思表示,而是通过实施某种行为来进行意思表示。例如,饭店客房租赁合同期满时,承租人和出租人都没有提出合同终止的问题,而承租人继续使用租赁物并支付租金,出租方也继续接受租金,此种行为即可以推定出租人已经同意延长该客房租赁合同的租赁期。所谓默示形式,是指当事人采用沉默的方式进行意思表示。

(2) 电子商务合同的书面形式问题

《中华人民共和国民法典》规定:"以电子数据交换、电子邮件等方式能够有形地表现所载内容,并可以随时调取查用的数据电文,视为书面形式。"也就是说,《中华人民共和国民法典》也将电子商务合同纳入其中,即任何人不得以某项合同是以数据电文方式订立而否定其法律效力。也就是说,不管合同采用什么载体,只要可以有形地表现所载内容即视为符合法律对"书面"的要求,这些规定符合联合国贸易法委员会《电子商务示范法》建议采用的"功能等同法"的要求。

2. 电子商务合同的条款

《中华人民共和国民法典》规定,合同的内容由当事人约定,一般包括以下条款:

(1) 当事人的名称或者姓名和住所

合同是双方或多方当事人之间的协议,当事人是谁、住在何处,或营业场所在何处应予以明确。当事人包括自然人、法人和其他组织。合同当事人是自然人时,应写明当事人的姓名、住所;是法人和其他组织时,应写明其名称和住所。如果是涉外合同,还应标明当事人的国籍。

(2) 标的

标的是合同权利义务指向的对象。没有标的或标的不明确,权利义务就没有依托,所以标的是合同的必备内容。合同的标的可以是货物,也可以是劳务或工程项目等。

(3) 数量和质量

数量和质量是标的的具体化,它直接确定了当事人权利义务的范围和程度。数量是以数字和计量单位来衡量标的的尺度,在大宗交易的合同中,除规定具体的数量条款以外,还应规定损耗的幅度和正负尾差。质量条款包括标的名称、品种、规格、等级、标准、技术要求等。在合同实务中,质量条款能够按国家质量标准进行约定的,则按国家质量标准进行约定,没有质量标准的,也可按"凭样品"来规定质量条款。

(4) 价款或者报酬

价款、报酬又称为价金,是一方取得标的所支付的代价。在以物为标的的合同中,这一代价叫价金;在以劳务和工作成果为标的的合同中,这种代价被称为报酬。

(5) 履行期限、地点和方式

合同的履行期限、地点和方式,是享有权利的一方要求对方履行义务的法律依据,也是确定双方当事人在没有完全履行合同的情况下承担法律责任的依据。其中,履行期限是指享有权利的一方要求对方履行义务的时间范围;履行地点是指合同当事人履行或接受履行合同义务的地点;履行方式是指当事人采取什么办法来履行合同义务。

(6) 违约责任

违约责任是当事人不履行或者不适当履行合同规定的义务所应承担的法律责任。

(7) 解决争议的方法

合同当事人在合同订立或履行过程中发生的争议如何解决，是否提请仲裁机构仲裁，最好在合同中订明，以利于合同争议的管辖和尽快解决。

电子商务合同与传统合同在本质上没有区别，因此电子商务合同的条款适用《中华人民共和国民法典》的有关规定。以上合同的主要条款一般是由当事人通过协商一致来确定的。但在电子商务环境下，特别是在网上消费交易中，购买者通过上网的方式购物就希望节省时间和精力，如果要求每笔交易都要就合同条款进行协商最终达成一致是不现实的。因此，商家通常会依据本行业的规范和国家法律制定商场规约，列明商家的责任限制条款，顾客在进入商场以后就会看到商场的规约，在这种前提下，如果顾客购买商品，就表示他已经接受了这部分合同条款。

3.5.3 电子商务合同的效力

1. 电子商务合同的生效要件

合同生效是指已经成立的合同在当事人之间产生了一定的法律拘束力。合同的生效需要行为人具有相应的民事行为能力、意思表示真实、不违反法律和社会公共利益等要件。

(1) 行为人具有相应的民事行为能力

在电子交易中，由于电子商务活动是在虚拟的空间进行的，当事人基于对自身隐私的考虑，或者防止他人冒用自己的身份等原因，可能以代码或化名进入某商业网站，所登录的身份与真实情况往往不符。在这种情况下，当事人一方若想得知对方是否具有相应的民事行为能力存在很大困难。因此，我国电子商务法明确规定，在电子商务中推定当事人具有相应的民事行为能力。但是，有相反证据足以推翻的除外。

(2) 意思表示真实

意思表示是指行为人将其设立、变更、终止民事权利义务的内在意思表现于外部的行为。电子商务合同成立的前提是当事人就电子商务合同的主要条款达成合意。《中华人民共和国民法典》规定，合同的内容由当事人约定，一般包括以下条款：当事人的名称或者姓名和住所，标的，数量，质量，价款或者报酬，履行期限、地点和方式，违约责任，解决争议的方法。只有当事人对以上主要条款意思表示一致，电子商务合同的成立才具备意思要件。但是，当事人之间通过电子媒介所为意思表示，在涉及电子错误及因诈欺、胁迫而撤销的问题时，是否适用民商法有关错误的规定，是一个值得探讨的问题。

(3) 不违反法律和社会公共利益

电子商务合同以当事人意思自治为基本原则，但电子商务合同的内容不得违反法律的强制性规定和社会的公共利益。否则，电子商务合同因欠缺合法性要件而无效。

2. 电子商务合同效力认定

合同的法律效力是指已经成立的合同在当事人之间产生了特定的法律约束力。电子商务合同的法律效力是指电子商务合同在当事人之间产生的法律拘束力问题，《中华人民共和国民法典》规定:"依法成立的合同,自成立时生效,但是法律另有规定或者当事人另有约定的除外。"但依法成立的合同并非都有法律效力,对电子商务合同而言,影响其效力的主要原因有:

(1) 无权代理、超越权限、超越经营范围订立的合同

《中华人民共和国民法典》规定:"无权代理人以被代理人的名义订立合同,被代理人已经开始履行合同义务或者接受相对人履行的,视为对合同的追认。""法人的法定代表人或者非法人组织的负责人超越权限订立的合同,除相对人知道或者应当知道其超越权限外,该代表行为有效,订立的合同对法人或者非法人组织发生效力。""当事人超越经营范围订立的合同的效力,应当依照本法第一编第六章第三节和本编的有关规定确定,不得仅以超越经营范围确认合同无效。"

在电子商务的 B2B 交易方式下较容易产生代理权限纠纷。由于交易双方不能像在传统贸易中那样审查代理人的授权,可能导致所签合同得不到被代理人的承认。因此,合同的效力很难得到保障;在这种方式下,虽然数据电文的真实性和原始性得到了保障,但如果交易一方认为已经成立的合同于己不利而想毁约时,他可能声称所做的意思表示是其工作人员或系统操作员未经授权的擅自作为。对此,除非主张合同无效的一方有确凿的证据,否则相对一方可依据《中华人民共和国民法典》关于表见代理的规定主张该代理行为有效。

(2) 可撤销的合同

根据《中华人民共和国民法典》规定:"基于重大误解实施的民事法律行为,行为人有权请求人民法院或者仲裁机构予以撤销。""一方利用对方处于危困状态、缺乏判断能力等情形,致使民事法律行为成立时显失公平的,受损害方有权请求人民法院或者仲裁机构予以撤销。"这说明重大误解和显失公平的合同是可以变更或者撤销的。在进行网络购物时很容易产生重大误解的情形,因为网上购物不同于现实生活中可以通过目视、触摸、试用等方法详细了解产品的性能、规格等。如果消费者对产品没有足够的认识与了解,就会对产品的基本情况产生重大误解,按照《中华人民共和国民法典》的理论这属于可撤销合同,但消费者要证明这一点却并不容易。对此法律应当加以限制,即规定经销商必须在 Web 页面上以醒目的字体和颜色对性能上的差异做出特别说明,否则由此造成误解的当属可撤销的合同。

(3) 格式条款

格式条款是当事人为了重复使用而预先拟定,并在订立合同时未与对方协商的条款。在 B2C 的方式中几乎无一例外地采用格式合同。一些商家为了获取更多的经济利益,在冗长的格式合同中掺杂了大量不利于消费者的条款,尤其是免责条款,消费者上网购物时因为时间和费用的限制通常都不能细加研究,即使有消费者发现这些条款存在问题也只能被动地选择"接受"或"不同意",而不能提出自己的意见或进行修改。

对基于格式合同或免责条款引起的纠纷,应当按照《中华人民共和国民法典》的规定进行处理:"采用格式条款订立合同的,提供格式条款的一方应当遵循公平原则确定当事人之间的权利和义务,并采取合理的方式提示对方注意免除或者减轻其责任等与对方有重大利害关系的条款,按照对方的要求,对该条款予以说明。提供格式条款的一方未履行提示或者说明义务,致使对方没有注意或者理解与其有重大利害关系的条款的,对方可以主张该条款不成为合同的内容。"

《电子商务法》进一步明确了格式条款的效力问题,规定:"电子商务经营者不得以格式条款等方式约定消费者支付价款后合同不成立;格式条款等含有该内容的,其内容无效。"

这就说明,如果电子商务经营者有意免除自己责任、加重消费者责任、排除消费者主要权

利的，除合同无效外还应责成其赔偿消费者的损失。

【相关案例】

电子格式合同条款之效力认定

王某于2019年8月1日同家人前往欧洲旅游，出发前王某与A保险公司北京分公司签订生命人寿境外救援医疗垫付综合保险计划投保单并支付275元保险费，保险期限自2019年7月30日到2019年8月20日。2019年8月14日，王某在瑞士境内发生事故致右手手臂骨折。事故发生后，A保险公司北京分公司并未采取救援措施，王某于2019年8月19日返回上海继续治疗，2019年8月28日出院，累计花费医疗费11万元。王某现起诉要求A保险公司北京分公司理赔支付境外发生的救援费用5万元及境内发生的医疗康复费用11万元。

法院审理认为：王某与A保险公司北京分公司签订的保险合同反映了双方真实意思表示，未违反国家法律法规强制性规定，应确认有效。王某在保险期间内发生意外伤害事故，A保险公司北京分公司以王某存在违法行为，属于合同约定的免责情形为由拒绝对其理赔，但双方保险合同采用保险人A保险公司北京分公司提供的格式条款，在该公司交付王某的保单中虽注明自助查询网址，但并未附合同格式条款，特别是对免除保险人责任的条款，A保险公司北京分公司在投保单上并未印制提示，不能足以引起投保人王某的注意，因此A保险公司北京分公司援引的免责条款依法不产生效力，对此次保险事故造成的王某的人身损害，A保险公司北京分公司应当按照合同约定承担王某在境外发生的医疗费用。王某主张的救援费用其尚未实际支付，本院对此部分不予支持。在王某发生保险事故后，A保险公司北京分公司未安排救援机构对其进行救援，也未垫付医疗费用，导致王某不能在瑞士当地完成治疗。鉴于王某回国后的继续治疗费用系属因A保险公司北京分公司违反双方保险合同的违约行为所致损失，故对其在国内发生的医疗费用，亦应由A保险公司北京分公司予以赔偿。王某关于康复费用等其他损失未向本院提供证据，本院对此不予支持。

法院做出判决如下：A保险公司公司北京分公司于本判决生效之日起十日内给付王某境外发生的医疗费11万元；驳回王某的其他诉讼请求。

（资料来源：电子格式合同条款之效力认定——以一起保险合同纠纷案为例，https://zhuanlan.zhihu.com/p/79161037）

（4）系统设置与系统障碍

在B2B方式下，交易一方或双方设置了系统自动确认或自动回复功能的，若以系统自动回复未经所有人确认为由主张合同无效的，不予支持，因为计算机执行的是人编制的程序，反映的是人的意志。由于系统障碍造成错误回应的，在B2B方式下可解除合同的效力。如果出故障的是电子商务系统，则合同有效，因为电子商务经营者面对的是不特定多数的消费者，企业商业信誉是非常必要的保证，所以他必须承担经营中的风险；如果出故障的是消费者一方的计算机，则可解除合同，因为在电子交易中，消费者处于弱势地位，应尽力保证消费者做出真实的意思表示。

▶▶ 3.5.4 电子商务合同的履行与违约责任

合同的履行，是指合同当事人按照合同的约定或者法律的规定，全面适当地完成各自承担的合同义务，使债权人的权利得以实现的过程。合同的订立是前提，合同的履行是关键。《中华人民共和国民法典》规定："当事人应当按照约定全面履行自己的义务。"这是法律对于合同履行的基本要求。

1. 电子商务合同的履行

尽管电子商务合同的表现形式和订立过程与传统合同有些不同，但在其履行、终止、违约救济等方面基本上可以适用普通合同法的一般规则。

电子商务合同的履行原则是指合同当事人在履行合同过程中所应当遵循的基本准则。《中华人民共和国民法典》虽然没有明确规定合同履行的原则，但是，通常认为合同的履行原则主要有：适当履行原则和协作履行原则，这两个基本原则同样适用于电子商务合同的履行。

（1）全面履行原则

《中华人民共和国民法典》规定："当事人应当按照约定全面履行自己的义务。"这是全面履行的原则。全面履行的原则是判定合同当事人是否全面履行了合同义务及当事人是否存在违约事实、是否承担违约责任的重要法律准则。

对于电子商务合同而言，如果是在线交付，交货一方应给予对方合理的检验期，应保证交付标的质量，而付款一方则应依约定按时付款。如果是离线交付，债务人必须由债权人自提或者按照约定发货。

（2）协作履行原则

协作履行原则是指当事人不仅适当履行自己的合同债务，而且应基于诚实信用原则，要求对方协助其完成履行。协作履行原则是诚实信用原则在合同履行方面的具体体现。《中华人民共和国民法典》规定："当事人应当遵循诚实信用原则，根据合同的性质、目的和交易习惯履行通知、协助、保密等义务。"具体包括：债务人履行合同债务，债权人应给予适当的便利条件；因故不能履行或不能完全履行时，应积极采取措施避免或减少损失；债务人履行合同债务，债权人应适当受领给付等。电子商务合同履行过程中，当事人仍应遵循协作履行原则，如当事人一方在线收集的另一方当事人的有关资料不得非法利用；为便于债务人发货，债权人应及时告知其身份信息和地址等。

2. 合同标的的交付

从我国目前电子商务的运行情况看，基本上有三种履行方式：第一种是在线付款，在线交货。此类合同的标的是信息产品，如计算机软件、音乐、音像产品的下载；第二种是在线付款，离线交货；第三种是离线付款，离线交货。后两种合同的标的可以是信息产品也可以是非信息产品。对于信息产品而言，既可以选择离线交货的方式，也可以选择在线下载的方式。

（1）合同标的的交付时间

《电子商务法》规定，合同标的为交付商品并采用快递物流方式交付的，收货人签收时间为交付时间。合同标的为提供服务的，生成的电子凭证或者实物凭证中载明的时间为交付时间；前述凭证没有载明时间或者载明时间与实际提供服务时间不一致的，实际提供服务的时间为交付时间。 合同标的为采用在线传输方式交付的，合同标的进入对方当事人指定的特定系统并且能够检索识别的时间为交付时间。合同当事人对交付方式、交付时间另有约定的，从其约定。

(2) 快递物流方式交付商品

《电子商务法》规定，电子商务当事人可以约定采用快递物流方式交付商品。快递物流服务提供者为电子商务提供快递物流服务，应当遵守法律、行政法规，并应当符合承诺的服务规范和时限。快递物流服务提供者在交付商品时，应当提示收货人当面查验；交由他人代收的，应当经收货人同意。快递物流服务提供者应当按照规定使用环保包装材料，实现包装材料的减量化和再利用。快递物流服务提供者在提供快递物流服务的同时，可以接受电子商务经营者的委托提供代收货款服务。

【相关案例】

快递未获同意就"入柜"，遭遇纠纷谁来赔

A生鲜公司在某电商平台经营一家销售生鲜水果的网店。2019年7月17日，李先生在该店购入一箱奇异果，订单实价29.8元，红包抵扣2.6元，实付27.2元。同日，A生鲜公司通过某快递公司发货。7月18日，包裹被存放至李先生所在小区的智能快件箱。李先生称快递公司未经其允许擅自将包裹放置智能快件箱两天，放置后也未电话或短信告知他。7月20日，包裹被快递员取出，退回至A生鲜公司。7月27日，物流信息显示退回的包裹已被A生鲜公司签收。看到物流信息后，李先生认为自己全程被"蒙在鼓里"，感到十分生气，于是联系A生鲜公司，要求退还货款，但却被A生鲜公司拒绝。因此，李先生将A生鲜公司诉至广州互联网法院，请求法院判令A生鲜公司退还款项29.8元。

法院审理后认为，《中华人民共和国电子商务法》第二十条规定：电子商务经营者应当按照承诺或者与消费者约定的方式、时限向消费者交付商品或者服务，并承担商品运输中的风险和责任。但是，消费者另行选择快递物流服务提供者的除外。本案中，由于快递公司擅自将生鲜产品投递于智能快件箱，且未履行告知义务，导致李先生未收到案涉商品，此风险应由A生鲜公司承担。李先生诉请A生鲜公司退还货款，事实清楚，理由充分，法院予以支持。

广州互联网法院遂判决，被告A生鲜公司于判决生效之日起十日内向原告李先生退还货款27.2元。案件受理费由被告A生鲜公司承担。目前该判决已发生法律效力。

（资料来源：快递未获同意就"入柜"，遭遇纠纷谁来赔，
https://www.chinacourt.org/article/detail/2020/06/id/5256645.shtml）

(3) 价款的支付

《电子商务法》规定，电子商务当事人可以约定采用电子支付方式支付价款。电子支付服务提供者为电子商务提供电子支付服务，应当遵守国家规定，告知用户电子支付服务的功能、使用方法、注意事项、相关风险和收费标准等事项，不得附加不合理交易条件。电子支付服务提供者应当确保电子支付指令的完整性、一致性、可跟踪稽核和不可篡改性。电子支付服务提供者应当向用户免费提供对账服务及最近三年的交易记录。

通过互联网等信息网络订立的电子合同的标的为交付商品并采用快递物流方式交付的，收货人的签收时间为交付时间。电子合同的标的为提供服务的，生成的电子凭证或者实物凭证中载明的时间为提供服务时间；前述凭证没有载明时间或者载明时间与实际提供服务时间不一致的，以实际提供服务的时间为准。

电子合同的标的物为采用在线传输方式交付的，合同标的物进入对方当事人指定的特定系统且能够检索识别的时间为交付时间。

电子合同当事人对交付商品或者提供服务的方式、时间另有约定的，按照其约定。

3. 电子商务合同的违约责任

（1）违约的归责原则

违约的归责原则是关于违约方的民事责任的法律原则。合同违约的归责原则有两类：一种是过错责任原则，另一种是严格责任原则。

过错责任原则是指一方违反合同的义务，不履行和不适当履行合同时，应以过错作为确定责任的要件和确定责任范围的依据。

严格责任原则是指不论违约方主观上有无过错，只要其不履行合同债务给对方当事人造成了实际损害，就应该承担合同责任。《中华人民共和国民法典》确定了严格责任原则，其中第五百七十七条规定："当事人一方不履行合同义务或者履行合同义务不符合约定的，应当承担继续履行、采取补救措施或者赔偿损失等违约责任。"这就是严格责任原则。即违约责任不以过错为归责原则或构成要件，除非有法定的或约定的免责事由，只要当事人一方有违约行为，不管是否具有过错，都应当承担责任。电子商务合同作为民事合同的一种，其违约责任仍然适用严格责任原则。当然，如果电子商务合同中没有约定违约金，对方也没有实际损失的，违约人也无须承担赔偿责任。

（2）违约责任的构成要件

① 主体要件。在电子商务合同中，违约责任的主体是有效合同的当事人，是有权独立主张自己权利和独立参加仲裁或诉讼活动的主体。电子商务合同的主体可以是自然人，也可以是法人或非法人组织。其中，自然人如果作为电子商务合同的当事人必须具有相应的民事行为能力，如果不符合民事行为能力要件的，应当由其法定代理人或监护人代为主张订立合同的权利，并承担相应的法律责任。法人作为电子商务合同的当事人必须具备相应的民事权利能力，即该法人的章程规定的其可以为某些合同行为的权利，其他组织同样也需要具备相应的缔约能力。

② 违约行为。违约行为是指电子商务合同当事人没有按照合同约定的内容和期限履行合同，违约包括作为的违约和不作为的违约。作为的违约是指义务人应当以自己的主动行为完成合同规定的义务。不作为的违约是指少数电子商务合同规定，合同的当事人应当以自己某些不作为的承诺作为合同成立的条件，如电子商务合同中对当事人的个人隐私进行保密的合同条款，其基本内容就是规定根据合同的信息必须保密，如果违反合同规定的条件泄露了需要保密的信息，就可构成违约责任。

③ 主观条件。合同履行是一种现实存在的客观事实，电子商务合同如果没有完全履行或者不适当履行客观上也会使对方的权利不能实现，为了维护对方的合同权利，就需让违约方来承担违约责任。《中华人民共和国民法典》对当事人的违约责任适用严格责任原则，不问当事人主观上是否有过错，只要违约行为造成实际损害就应承担责任。

④ 免责事由。免责事由分为法定免责事由和约定的免责事由。法定免责事由主要是不可抗力。约定的免责事由即免责条款，指当事人双方在合同中约定的，旨在限制或免除其将来可能发生的违约责任的条款。但免责条款的约定不得违反法律的强制性规定和社会公共利益。免除

电子商务合同当事人的基本义务或排除故意或重大过失责任的免责条款为无效条款。根据《中华人民共和国民法典》规定，不可抗力是指当事人在订立合同时不能预见、不能避免并不能克服的事件。

根据《中华人民共和国民法典》规定，当事人一方因不可抗力不能履行合同的，根据不可抗力的影响，部分或者全部免除责任，但是法律另有规定的除外。因不可抗力不能履行合同的，应当及时通知对方，以减轻可能给对方造成的损失，并应当在合理期限内提供证明。

当事人迟延履行后发生不可抗力的，不免除其违约责任。

为避免争议，在电子商务合同签订过程中，应设置免责条款，并对特殊情况下的违约行为提供抗辩理由。

《电子商务法》明确规定：用户应当妥善保管交易密码、电子签名数据等安全工具。所以，只有在特定情况下才可以构成免责事由：其一，非因自己原因的网络中断；其二，文件感染病毒；其三，非因自己原因引起的电子错误。

（3）违约责任的主要方式

违约责任是合同当事人因违反合同所应承担的继续履行、赔偿损失等民事责任。《中华人民共和国民法典》规定，当事人一方不履行合同义务或者履行合同义务不符合约定的，应当承担继续履行、采取补救措施或者赔偿损失等违约责任。电子商务合同仍然遵循这些基本责任形式，只是在信息产品交易中，在违约导致合同终止时，还应采取停止使用、中止访问等措施。

① 继续履行。继续履行又称为实际履行，是指当事人一方不履行合同或者履行合同义务不符合约定时，另一方当事人可以请求其在合同履行期限届满后继续按照合同所约定的主要条款继续完成合同义务的行为。

② 采取补救措施。采取补救措施是指违约方采取的除继续履行、支付赔偿金、支付违约金、支付定金方式以外的其他补救措施，其目的在于消除、减轻因违约给对方当事人造成的损失。《中华人民共和国民法典》规定，履行不符合约定的，应当按照当事人的约定承担违约责任。对违约责任没有约定或者约定不明确，依法仍不能确定的，受损害方根据标的的性质及损失的大小，可以合理选择请求对方承担修理、重作、更换、退货、减少价款或者报酬等违约责任。这就是《中华人民共和国民法典》所要求违约方采取的补救措施。

③ 停止使用或中止访问。停止使用是指因被许可方的违约或违法行为，许可方在撤销许可或解除合同时请求对方停止使用并交回有关信息或服务的权利。停止使用的内容包括被许可方将其所占有和使用的被许可的信息及所有的复制件、相关资料退还给许可方，同时被许可方不得继续使用。许可方也可以采用电子自助措施停止信息的继续被使用。中止访问是对信息许可访问合同的救济，当被许可方有严重违约或违法行为时，许可方可以中止其获取信息。

④ 赔偿损失。赔偿损失是指违约一方用金钱赔偿因违约而给对方造成的损失，它是以金钱为特征的赔偿，即以支付损害赔偿金为主的救济方法。

《中华人民共和国民法典》规定："当事人一方不履行合同义务或者履行合同义务不符合约定，造成对方损失的，损失赔偿额应当相当于因违约所造成的损失，包括合同履行后可以获得的利益；但是，不得超过违约一方订立合同时预见到或者应当预见到的因违约可能造成的损失。"这里损失赔偿额"不得超过违约一方订立合同时预见或者应当预见到的因违约可能造成的损失"，是指应当赔偿的损失是合理预见到的损失，合理预见要具备的条件有：预见的时间应当在订立合同时；预见的主体是违约方；预见的内容是有可能发生的损失的种类及各种损失的大小。

一般认为在线交易中合理预见的界定应考虑：第一，合同主体，B2B 交易的主体的预见程度较消费者交易高；第二，合同方式，电子自动交易订立合同相对于在线洽谈方式订立合同预见程度要低；第三，合同内容，信息许可使用合同比信息访问合同应有较高的预见要求。

案例与思考

为何电子合同没有签，仍然被认定合同成立

2018 年 12 月，被告公司执行董事兼经理蔡某找到原告公司法人胡某，商谈由原告公司拍摄栏目纪录片的事宜。此后，双方三次见面交谈拍摄制作纪录片的具体事宜，蔡某对原告公司提供的样片认可，并确定合作意向。

随后，在蔡某的要求下，原告公司于 2019 年 1 月 14 日拍摄了第一期人物纪录片。2019 年 1 月 14 日，蔡某以微信转账的方式向原告公司的法人胡某支付 5000 元。原告公司又于 2019 年 1 月 23 日拍摄了第二期人物纪录片。2019 年 1 月 24 日，蔡某以微信转账的方式向原告法人胡某支付 5000 元。

胡某通过微信发送电子文本的方式在 2019 年 1 月 25 日向蔡某发送了电子合同版本，但蔡某未回复。原告公司对两期纪录片进行后期制作后，在 2019 年 1 月 27 日至 2019 年 2 月 22 日期间陆续通过微信发送视频的方式向蔡某交付纪录片的样片视频。

2019 年 4 月 1 日，原告公司法人胡某发送微信信息，提供获取视频的百度云的链接给蔡某，将纪录片成片的视频提交给蔡某。胡某将链接发送给蔡某后，一直与蔡某通过微信及电话方式进行沟通，并要求被告对所拍摄的两期纪录片进行审片，但蔡某未予回复确认，也没有向原告提出修改意见。胡某在 2019 年 4 月上旬与蔡某见面沟通时，询问所拍摄的纪录片是否通过，蔡某只是口头回复说没有什么问题，蔡某同时口头答复会向原告结清拍摄纪录片的制作的尾款 42 000 元。

原告公司法人胡某于 2019 年 3 月 14 日向被告公司另一董事发送催款信息，但对方未回复。胡某与蔡某在 2019 年 6 月 25 日手机通话时，蔡某口头答应会对前期所发生的费用结清。胡某在 2019 年 7 月 3 日向蔡某发送微信信息"这样吧蔡总，请先处理一下尾款 42 000 元（26 000×2-10 000），其他等我们见面了具体再谈"，但蔡某未予回复。

一审法院认为，被告无正当理由拒不到庭参加诉讼，也没有提交答辩意见和证据材料，原告提供的证据也不存在影响其证明效力的因素，故一审法院对原告提交的证据及陈述的案件事实依法予以确认。原告、被告之间的纪录片拍摄制作合同关系依法成立有效。被告公司没有按约定完全履行向原告公司支付纪录片制作费的行为，已经构成违约，现原告主张被告支付纪录片制作费 42 000 元的诉讼请求，具有事实和法律依据，一审法院依法予以支持。

被告不服，提起上诉。二审期间，双方均未提交新的证据。二审法院认为，被告公司向原告公司预付款项，原告公司通过微信方式向被告公司交付纪录片视频，双方之间的纪录片拍摄合同关系依法成立有效。综合双方合作的过程及微信沟通的情况，双方就纪录片的拍摄有明确的合作意向且已实际履行，在合同的签订过程中，被告公司一方面对合同内容没有给予明确表态，另一方面又正常接收原告公司交付的样片、成品。被告公司辩称其已婉拒签署合同，与实际情况不符。被告在原告已实际履行完合同并多次催促的情况下一直回避问题，由此导致纠纷产生，有违诚实信用原则，法院对其意见不予采信。

案例问题： 本案的纠纷主要是由于原告缺乏足够的法律意识，尽管胜诉了，但还是费尽

电子商务合同当事人的基本义务或排除故意或重大过失责任的免责条款为无效条款。根据《中华人民共和国民法典》规定，不可抗力是指当事人在订立合同时不能预见、不能避免并不能克服的事件。

根据《中华人民共和国民法典》规定，当事人一方因不可抗力不能履行合同的，根据不可抗力的影响，部分或者全部免除责任，但是法律另有规定的除外。因不可抗力不能履行合同的，应当及时通知对方，以减轻可能给对方造成的损失，并应当在合理期限内提供证明。

当事人迟延履行后发生不可抗力的，不免除其违约责任。

为避免争议，在电子商务合同签订过程中，应设置免责条款，并对特殊情况下的违约行为提供抗辩理由。

《电子商务法》明确规定：用户应当妥善保管交易密码、电子签名数据等安全工具。所以，只有在特定情况下才可以构成免责事由：其一，非因自己原因的网络中断；其二，文件感染病毒；其三，非因自己原因引起的电子错误。

（3）违约责任的主要方式

违约责任是合同当事人因违反合同所应承担的继续履行、赔偿损失等民事责任。《中华人民共和国民法典》规定，当事人一方不履行合同义务或者履行合同义务不符合约定的，应当承担继续履行、采取补救措施或者赔偿损失等违约责任。电子商务合同仍然遵循这些基本责任形式，只是在信息产品交易中，在违约导致合同终止时，还应采取停止使用、中止访问等措施。

① 继续履行。继续履行又称为实际履行，是指当事人一方不履行合同或者履行合同义务不符合约定时，另一方当事人可以请求其在合同履行期限届满后继续按照合同所约定的主要条款继续完成合同义务的行为。

② 采取补救措施。采取补救措施是指违约方采取的除继续履行、支付赔偿金、支付违约金、支付定金方式以外的其他补救措施，其目的在于消除、减轻因违约给对方当事人造成的损失。《中华人民共和国民法典》规定，履行不符合约定的，应当按照当事人的约定承担违约责任。对违约责任没有约定或者约定不明确，依法仍不能确定的，受损害方根据标的的性质及损失的大小，可以合理选择请求对方承担修理、重作、更换、退货、减少价款或者报酬等违约责任。这就是《中华人民共和国民法典》所要求违约方采取的补救措施。

③ 停止使用或中止访问。停止使用是指因被许可方的违约或违法行为，许可方在撤销许可或解除合同时请求对方停止使用并交回有关信息或服务的权利。停止使用的内容包括被许可方将其所占有和使用的被许可的信息及所有的复制件、相关资料退还给许可方，同时被许可方不得继续使用。许可方也可以采用电子自助措施停止信息的继续被使用。中止访问是对信息许可访问合同的救济，当被许可方有严重违约或违法行为时，许可方可以中止其获取信息。

④ 赔偿损失。赔偿损失是指违约一方用金钱赔偿因违约而给对方造成的损失，它是以金钱为特征的赔偿，即以支付损害赔偿金为主的救济方法。

《中华人民共和国民法典》规定："当事人一方不履行合同义务或者履行合同义务不符合约定，造成对方损失的，损失赔偿额应当相当于因违约所造成的损失，包括合同履行后可以获得的利益；但是，不得超过违约一方订立合同时预见到或者应当预见到的因违约可能造成的损失。"这里损失赔偿额"不得超过违约一方订立合同时预见或者应当预见到的因违约可能造成的损失"，是指应当赔偿的损失是合理预见到的损失，合理预见要具备的条件有：预见的时间应当在订立合同时；预见的主体是违约方；预见的内容是有可能发生的损失的种类及各种损失的大小。

一般认为在线交易中合理预见的界定应考虑：第一，合同主体，B2B交易的主体的预见程度较消费者交易高；第二，合同方式，电子自动交易订立合同相对于在线洽谈方式订立合同预见程度要低；第三，合同内容，信息许可使用合同比信息访问合同应有较高的预见要求。

案例与思考

为何电子合同没有签，仍然被认定合同成立

2018年12月，被告公司执行董事兼经理蔡某找到原告公司法人胡某，商谈由原告公司拍摄栏目纪录片的事宜。此后，双方三次见面交谈拍摄制作纪录片的具体事宜，蔡某对原告公司提供的样片认可，并确定合作意向。

随后，在蔡某的要求下，原告公司于2019年1月14日拍摄了第一期人物纪录片。2019年1月14日，蔡某以微信转账的方式向原告公司的法人胡某支付5000元。原告公司又于2019年1月23日拍摄了第二期人物纪录片。2019年1月24日，蔡某以微信转账的方式向原告法人胡某支付5000元。

胡某通过微信发送电子文本的方式在2019年1月25日向蔡某发送了电子合同版本，但蔡某未回复。原告公司对两期纪录片进行后期制作后，在2019年1月27日至2019年2月22日期间陆续通过微信发送视频的方式向蔡某交付纪录片的样片视频。

2019年4月1日，原告公司法人胡某发送微信信息，提供获取视频的百度云的链接给蔡某，将纪录片成片的视频提交给蔡某。胡某将链接发送给蔡某后，一直与蔡某通过微信及电话方式进行沟通，并要求被告对所拍摄的两期纪录片进行审片，但蔡某未予回复确认，也没有向原告提出修改意见。胡某在2019年4月上旬与蔡某见面沟通时，询问所拍摄的纪录片是否通过，蔡某只是口头回复说没有什么问题，蔡某同时口头答复会向原告结清拍摄纪录片的制作的尾款42 000元。

原告公司法人胡某于2019年3月14日向被告公司另一董事发送催款信息，但对方未回复。胡某与蔡某在2019年6月25日手机通话时，蔡某口头答应会对前期所发生的费用结清。胡某在2019年7月3日向蔡某发送微信信息"这样吧蔡总，请先处理一下尾款42 000元（26 000×2-10 000），其他等我们见面了具体再谈"，但蔡某未予回复。

一审法院认为，被告无正当理由拒不到庭参加诉讼，也没有提交答辩意见和证据材料，原告提供的证据也不存在影响其证明效力的因素，故一审法院对原告提交的证据及陈述的案件事实依法予以确认。原告、被告之间的纪录片拍摄制作合同关系依法成立有效。被告公司没有按约定完全履行向原告公司支付纪录片制作费的行为，已经构成违约，现原告主张被告支付纪录片制作费42 000元的诉讼请求，具有事实和法律依据，一审法院依法予以支持。

被告不服，提起上诉。二审期间，双方均未提交新的证据。二审法院认为，被告公司向原告公司预付款项，原告公司通过微信方式向被告公司交付纪录片视频，双方之间的纪录片拍摄合同关系依法成立有效。综合双方合作的过程及微信沟通的情况，双方就纪录片的拍摄有明确的合作意向且已实际履行，在合同的签订过程中，被告公司一方面对合同内容没有给予明确表态，另一方面又正常接收原告公司交付的样片、成品。被告公司辩称其已婉拒签署合同，与实际情况不符。被告在原告已实际履行完合同并多次催促的情况下一直回避问题，由此导致纠纷产生，有违诚实信用原则，法院对其意见不予采信。

案例问题：本案的纠纷主要是由于原告缺乏足够的法律意识，尽管胜诉了，但还是费尽

了周折。如果签署了合同，原告就不必这么麻烦了，合同可以作为证据。请结合案例谈一谈，大学生在市场经济大潮下，如何养成心中有法、自觉守法、遇事找法、解决问题用法、化解矛盾靠法的良好习惯。

自测题

一、单选题

1. 《电子签名法》所指的电子签名人是指（　　）。
   A. 持有电子签名制作数据并以本人身份实施电子签名的人
   B. 电子认证服务提供者
   C. 电子签名依赖方
   D. 使用可靠电子签名的人

2. 我国电子签名立法采用了（　　）。
   A. 技术特定性的立法模式　　　　B. 技术中立性的立法模式
   C. 折中型的立法模式　　　　　　D. 先综合立法再分别立法的模式

3. 证书持有人的义务，不包括（　　）。
   A. 真实陈述的义务　　　　　　　B. 私人密钥控制义务
   C. 私钥失密及时通知义务　　　　D. 证书暂停、撤销、终止义务

4. 电子合同签订过程中，希望和他人订立合同的意思表示是（　　）。
   A. 电子要约　　B. 电子承诺　　C. 要约邀请　　D. 广告

5. 在接收人收到发送的信息时，由其本人或指定的代理人或通过自动交易系统向发送人发出表明其已收到的通知的是（　　）。
   A. 要约　　　　B. 承诺　　　　C. 要约邀请　　D. 确认收讫

6. 十八周岁以上的自然人为（　　），可以独立实施民事法律行为。
   A. 完全民事行为能力人　　　　　B. 限制民事行为能力人
   C. 无民事行为能力人　　　　　　D. 以上都不对

二、多选题

1. 《电子签名法》规定，电子签名不适用的文书有（　　）。
   A. 涉及婚姻、收养、继承等人身关系的
   B. 涉及土地、房屋等不动产权益转让的
   C. 涉及停止供水、供热、供气、供电等公用事业服务的
   D. 涉及金融、保险合同的

2. 电子认证服务机构所提供的服务内容主要包括（　　）。
   A. 制作、签发、管理电子签名认证证书
   B. 确认签发的电子签名认证证书的真实性
   C. 提供电子签名认证证书目录信息查询服务

D. 提供电子签名认证证书状态信息查询服务
3. 电子合同的免责事由主要有（　　）。
　　A. 所使用的网络欠费断网　　　　B. 文件感染病毒
　　C. 非因自己原因的网络中断　　　D. 非因自己原因引起的电子错误
4. 下列属于违约责任的主要方式的是（　　）。
　　A. 继续履行　　　　　　　　　　B. 采取补救措施
　　C. 停止使用或中止访问　　　　　D. 赔偿损失

三、简答题

1. 电子签名的特征是什么？
2. 《电子签名法》的适用范围是什么？
3. 电子商务合同的条款有哪些？
4. 免责事由包括哪些？

四、案例题

因电子签名被冒用提起诉讼案增多

近年来，广东省深圳市盐田区人民法院受理的因身份信息被冒用而起诉撤销工商登记案件，呈逐年上升趋势，2016 年 27 宗，2017 年 52 宗，2018 年截至 6 月 30 日已受理 48 宗。上述案件中，因电子签名被冒用而起诉的案件占比较大。

盐田法院有关负责人认为，导致身份信息被冒用事件频发的主要原因在于：

一是个人忽视电子签名的法律效力。根据相关规定，可靠的电子签名与手写签名或者盖章具有同等的法律效力。一些不法分子通过发布招聘兼职信息的形式，以数十元到数百元不等的报酬，吸引涉世未深的大学生或文化程度不高的社会人士办理数字证书，部分风险意识薄弱的人盲目听从其指引及不实言论，任由个人名下的数字证书脱离控制，从而被不法分子获取并使用。

二是电子认证服务提供者未能严格遵守电子认证业务规则签发电子签名认证证书。根据相关规定，电子认证服务机构在受理电子签名认证证书申请前有告知义务，某些电子认证服务机构的数字证书电子认证业务规则也载明收到申请后，应对申请者身份进行识别与鉴别，通过有效手段确保证书信息与申请信息相符，并将证书签发给正确的申请者。但在现实操作中，数字证书大多数是在电子认证服务机构授权的印章店办理，业务人员及印章店管理者未履行清晰、全面告知义务，未当场交付给电子签名申请人。

（资料来源：http://legal.people.com.cn/n1/2018/0816/c42510-30232669.html）

思考：什么是电子认证？电子认证的法律意义是什么？

实训题

通过 Internet 注册网易（126）电子邮箱，并发送一篇 Word 文档，查看收到的 Word 文档是否有变化，以了解数据电文在传输过程中的完整性与保密性。

操作步骤

（1）打开 IE 浏览器，输入网址： http://www.126.com。

（2）单击"注册网易邮箱"。

（3）输入想要注册的邮箱地址和密码，并用手机扫描二维码，快速发送短信进行验证。

（4）注册成功后，进入新邮箱。

（5）输入收件人地址和主题、内容，单击"添加附件"，找到所要发送的 Word 文档并单击"打开"，然后单击"发送"。

小组任务

1. 小组组成及任务

案例："电子格式合同条款之效力认定"。（见本章相关案例的内容）

任务：法庭模拟审理"电子格式合同条款之效力认定案"。

团队：全班学生分成三个小组，第一组为原告，第二组为被告，第三组为法官、书记员和陪审员。

2. 要求

各小组准备相应的诉讼材料，在法庭模拟审理本案时完成并体会相应角色，同时熟悉并掌握相应法律知识。

各小组主要准备《中华人民共和国民事诉讼法》《中华人民共和国电子商务法》《中华人民共和国电子签名法》。

第一组（原告）准备材料。

第二组（被告）准备材料。

第三组（法官、书记员和陪审员）审查证据，并借助网络，写出判决书。

第4章 电子支付法律制度

【引导性案例】

研究制定《电子支付法》 防范支付风险

经过近十年的发展,我国已经成为全球电子支付最发达的国家。全国政协委员、中国银联董事长葛华勇和央行上海总部副主任兼上海分行行长、国家外汇管理局上海分局局长金鹏辉于2018年联合建议,我国应借鉴欧美等国支付领域强监管的立法经验,抓紧研究并制定《电子支付法》,以从法律层面明确产业参与各方权利义务关系及监督管理职责分工,从而防范支付风险,保护消费者权益。

伴随电子支付的超常规发展,葛华勇、金鹏辉在提案中指出,各方权利义务关系及责任界定与承担日益复杂,信息泄露、资金被盗、违法诈骗等风险逐步显现,已影响到支付产业的规范发展和安全运行,这就迫切需要国家从立法层面予以关注和解决;随着数字货币探索的不断深入,进一步规范电子支付,为数字货币落地营造良好环境、奠定坚实基础,也迫在眉睫。

因此,葛华勇、金鹏辉建议国家有关部门抓紧研究并制定《电子支付法》,将支付市场的创新业态纳入法律框架,具体而言:

1. 建议该法案明确电子支付各要素,包括付款人、收款人、支付参与机构之间的权利、义务,以及风险承担、合同规范、消费者保护、跨境支付等方面的内容。

2. 考虑到支付业务的复杂性可能引发系统性金融风险,建议法案严格规定支付机构的市场准入、备付金风险管理、反洗钱与反恐怖主义融资等方面的义务和监管要求。

3. 建议法案明确监督管理部门的职责和分工,明确支付产业创新与规范发展的关系,明确行业监督管理、行为监督管理、机构监督管理的不同职责。

4. 建议法案明确保护消费者权益的内容。从法律层面加强对消费者个人信息的保护,敦促支付企业履行社会责任,明确机构破产清算时用户资金的偿还顺序,以有效地保障消费者的权益。

(资料来源:http://finance.sina.com.cn/roll/2018-03-07/doc-ifyrztfz9798791.shtml?cre=financepagepc&mod=f&loc=2&r=9&doct=0&rfunc=31)

【本章学习目标】

1. 掌握电子支付的概念和特征,电子支付法律关系的概念和特征,以及第三方支付的概念。
2. 熟悉网上银行的概念与特征,第三方支付的申请与许可。
3. 理解电子支付法律关系的主体、内容。

第4章 电子支付法律制度

4. 了解电子货币的法律问题，电子银行的设立与运行，以及电子银行的风险管理。

【课程思政目标】

通过对电子支付法律内容的学习，使学生感受到电子支付契合了以改革创新为核心的时代精神、满足了人们对美好生活的追求，并在相关法律知识的学习过程中，使学生深刻理解对电子支付进行有效法律规范，有助于防范系统性金融风险，维护我国国家金融安全。

【能力指标解析表】

电子支付法律制度

一级指标	权重	二级指标	权重	三级指标	权重
电子支付概述	0.2	传统交易中支付的法律规定	0.1	支付结算法律制度	0.5
				现金管理法律制度	0.5
		电子支付	0.2	电子支付的概念及特征	0.3
				电子支付的形式	0.3
				电子支付的类型	0.4
		电子银行（网上银行）	0.3	电子银行的概念	0.3
				网上银行的概念	0.3
				网上银行的特征	0.2
				网上银行的业务种类	0.2
		电子货币的法律问题	0.3	电子货币的法律性质问题	0.3
				电子货币的发行问题	0.3
				电子货币的监督管理问题	0.4
		我国电子支付立法现状	0.1		
电子支付法律关系主体及其法律责任	0.2	电子支付法律关系的概念和特征	0.2		
		电子支付法律关系的主体概述	0.2	电子支付用户	0.3
				电子支付服务提供者	0.3
				电子认证服务机构	0.4
		电子支付法律关系主体的权利和义务	0.3	电子支付用户的权利与义务	0.3
				电子支付服务提供者的义务	0.3
				电子认证服务机构的权利和义务	0.4
		电子支付各方承担民事责任的方式	0.3	电子认证服务机构承担责任的方式	0.3
				用户方应承担责任的方式	0.3
				电子支付服务提供者承担相应民事责任的方式	0.4
电子银行法律制度	0.3	电子银行的设立与运行	0.3	电子银行设立与运行的法律依据	0.5
				电子银行的申请与变更	0.5
		电子银行的风险管理	0.3	风险的制度控制	0.4
				风险的设施控制	0.4
				其他风险控制	0.2

续表

一级指标	权重	二级指标	权重	三级指标	权重
电子银行法律制度	0.3	电子银行的法律责任	0.4	安全隐患及违规操作的法律责任	0.4
				擅自开办与变更业务的法律责任	0.2
				协助处理义务	0.2
				轻微安全隐患的处理	0.2
第三方支付法律制度	0.3	第三方支付概述	0.2	第三方支付的概念	0.4
				第三方支付的业务内容	0.2
				第三方支付平台的功能	0.2
				第三方支付平台的特点	0.2
		第三方支付的申请与许可	0.3	申请	0.5
				审批流程	0.5
		对客户备付金的保护措施	0.3	明确备付金的性质	0.3
				限定备付金的持有形式	0.3
				强调商业银行的协作监督责任	0.2
				突出中国人民银行的法定监管职责	0.2
		法律责任	0.2	中国人民银行及其分支机构的工作人员的法律责任	0.4
				商业银行的法律责任	0.3
				支付机构的法律责任	0.3

【职业指导】

随着社会和经济技术的进一步发展，人们对电子商务的理解逐渐成熟。与此同时，作为电子商务的核心内容之一的电子支付也得到了更多人的关注。人们在实际应用中所采用的电子支付方式主要有以下几种：银行卡直接转账模式、第三方平台结算支付模式、电子现金支付模式、信用卡 SSL 支付模式、信用卡 SET 支付模式。以上电子支付模式都有它们各自的特点及其适用范围。其中第三方支付平台结算支付模式以其安全、快捷等优势正逐渐发展成为目前电子商务活动中广为采用的一种支付模式。目前，电子支付平台已经越来越趋向于一个金融系统，专业化分工越来越细，对技术的需求面也越来越广。电子支付行业的人才需求在某种程度上是对多个行业人才需求的组合，以技术岗位为例，金融、电信、保险、中间件厂商等行业的核心系统研发和维护人才都是电子支付行业不可或缺的。2008 年以来，我国的网络银行、第三方支付及 P2P 网络借贷等互联网金融模式的交易规模得到了快速扩大。截至 2020 年 6 月，我国网络支付用户规模达 8.05 亿人次，较 2020 年 3 月增长 3702 万人次，占整体网民的 85.7%；手机网络支付用户规模达 8.02 亿人次，较 2020 年 3 月增长 3664 万人次，占手机网民的 86.0%。网络支付交易额达 249.88 万亿元，移动支付普及率位于世界领先水平。支付宝招聘的职位涉及程序设计、网站运营、金融结算等多方面，其中技术类岗位数量就占了一半，需求量最大的还是 Java 开发工程师、测试工程师、数据仓库等。

4.1 电子支付概述

近年来，电子支付发展非常迅速，新兴电子支付工具不断出现，电子支付交易量不断提高，并逐步成为零售支付体系的重要组成部分。但电子支付过程中所出现的问题也越来越多，交易安全便成为交易各方十分关注的问题。因此，电子商务的蓬勃发展迫切要求就电子支付活动的业务规则、操作规范、交易认证方式、风险控制、参与各方的权利义务等予以法律规范，从而防范支付风险，维护电子支付交易参与者的合法权益，确保银行和客户资金的安全，保障电子交易活动的顺利进行。

【相关链接】

移动支付正改变中国

作为一种新业态，创新型移动支付正在引领时代潮流。在2018年《政府工作报告》中明确提出我国的"高铁网络、电子商务、移动支付、共享经济等引领世界潮流。"移动支付大大方便了中国百姓的日常生活，移动支付正改变中国。事实上，移动支付已不再局限于"支付"本身。在智慧医疗、智慧交通、移动电商、打车软件、市政服务、无人经济等多个领域，都出现了亮眼甚至现象级的应用场景。例如，在全国 50 个城市可以用支付宝扫码乘坐公交车，300 多个城市可以通过支付宝缴水电费、挂号费及查询社保和公积金等。如果没有移动支付，那么共享单车、滴滴打车、团购等产业，都很难发展起来。

▶▶ 4.1.1 传统交易中支付的法律规定

传统交易的支付方式包括现金、票据和信用卡等。目前我国已为规范金融秩序制定了相应的法律法规。下面主要介绍关于支付结算和现金管理的法律规定。

1. 支付结算法律制度

支付结算的概念源于"银行结算"一词，是指单位、个人在社会经济活动中使用票据、银行卡和汇兑、托收承付、委托收款、信用证等结算方式进行货币给付及其资金清算的行为，是国民经济活动中资金清算的中介。支付结算是一种要式行为。根据《支付结算办法》规定，票据和结算凭证是办理支付结算的工具。单位、个人和银行办理支付结算，必须使用按中国人民银行规定纸质的票据凭证和统一规定的结算凭证。未使用中国人民银行统一规定的格式的结算凭证，银行不予受理。支付结算的任务表现为根据经济往来，准确、及时、安全地办理支付结算，并按照有关法律、法规和规章的规定管理支付结算，保障支付结算活动的正常运行。

为了规范支付结算工作，我国制定了一系列支付结算方面的法律、法规和制度，这主要包括《中华人民共和国票据法》《票据管理实施办法》《支付结算办法》《银行账户管理办法》《国内信用证结算办法》《银行卡业务管理办法》《最高人民法院关于审理票据纠纷案件若干问题的规定》等。

2. 现金管理法律制度

（1）现金及现金管理

现金是指具备现实购买力或者法定清偿力的通货。在金属货币流通条件下，现金是指金属铸币及其他辅币使用的铸币；在纸币或者信用货币流通的条件下，现金包括铸币、纸币和信用货币。我国的现金是指人民币，包括纸币和金属辅币。

现金管理是指现金管理单位按照规定管理各单位的现金收入、支出和库存的一项重要财经管理活动。1988年9月8日国务院颁布了《现金管理暂行条例》（2011年1月8日修订），同年10月1日起施行；1988年9月23日中国人民银行颁布了《现金管理暂行条例实施细则》（2011年1月8日修订），同年10月1日起施行。

（2）现金管理基本原则

使用现金的单位，应当严格遵守以下现金管理基本原则：

第一，凡在银行和其他金融机构开立账户的机关、团体、部队、企业、事业单位和其他单位必须依照规定收支和使用现金，接受开户银行的监督。

第二，国家鼓励开户单位和个人在经济活动中采取转账方式进行结算，减少现金使用。开户单位之间的经济往来，除按规定的范围可以使用现金外，应当通过开户银行进行转账结算。

第三，中国人民银行及其分支机构严格履行金融主管机关职责，负责对开户银行执行现金管理情况进行监督和稽核。

第四，开户银行负责具体实施现金管理，对开户单位收支、使用现金进行监督管理。

4.1.2 电子支付

就目前而言，电子支付仍然存在一些缺陷。例如，安全问题一直是困扰电子支付发展的关键性问题。大规模地推广电子支付，必须解决防止黑客入侵，防止内部作案，防止密码泄露等涉及资金安全的问题。另外，还有一个支付的条件问题，消费者所选用的电子支付工具必须满足多个条件：要由消费者账户所在的银行发行，有相应的支付系统和商家所在银行的支持，被商家所认可等。如果消费者的支付工具得不到商家的认可，或者说缺乏相应的系统支持，电子支付仍然难以实现。

1. 电子支付的概念及特征

根据《电子支付指引（第一号）》第二条的规定，电子支付是指单位、个人（以下简称客户）直接或授权他人通过电子终端发出支付指令，实现货币支付与资金转移的行为。

与传统的支付方式相比，电子支付具有以下特点：

第一，电子支付是采用先进技术通过数字流转来完成信息传输的，其各种支付方式都是采用数字化的方式进行款项支付的；而传统的支付方式则是通过现金的流转、票据的转让及银行的汇兑等物理实体的流转来完成款项支付的。

第二，电子支付的工作环境是基于一个开放的系统平台（互联网）之中；而传统支付则是在较为封闭的系统中运作。

第三，电子支付使用的是先进的通信手段，如互联网和移动互联网；而传统支付使用的是传统的通信媒介。电子支付对软件、硬件设备的要求很高，一般要求有联网的计算机、相关的软件、互联网及其他一些配套设备；而传统支付则没有这么高的要求。

第四，电子支付具有方便、快捷、高效、经济的优势。用户只要拥有一台联网的 PC 机，便可足不出户，在很短的时间内完成整个支付过程。支付费用仅相当于传统支付的几十分之一，甚至几百分之一。

【相关链接】

我国网络支付业务稳步增长

据 2020 年发布的第 46 次《中国互联网络发展状况统计报告》显示：截至 2020 年 6 月，我国网络支付用户规模已达 8.05 亿人次，较 2020 年 3 月增长 3702 万人次，占整体网民的 85.7%；手机网络支付用户规模达 8.02 亿人次，较 2020 年 3 月增长 3664 万人次，占手机网民的 86.0%。

网络支付业务的稳步增长，能有力地拉动消费升级。一是网络支付业务继续保持较快增长速度。数据显示，2019 年非银行支付机构处理网络支付业务 7199.98 亿笔，处理业务金额 249.88 万亿元，同比分别增长 35.7% 和 20.1%，已实现较快增长。二是移动支付有力拉动消费增长。非现金支付工具与大众日常生活的联系日益紧密，不仅重塑了居民个人的消费行为，变革了企业的商业模式，而且在很大程度上带动了各地区居民的消费增长。三是移动支付优化了大众家庭消费结构。研究表明，移动支付可促进我国家庭消费增长 16.0%，使恩格尔系数（食品消费占比）降低 1.7%，同时带动教育、文化、娱乐等发展型消费实现大幅增长，幅度明显高于食品、衣着、居住等生存性消费。

（资料来源：http://www.gov.cn/xinwen/2020-09/29/content_5548176.htm）

2. 电子支付的形式

在我国的传统商务活动中，支付的方式有三种：一是现金，常用于企业对个体消费者的商品零售过程；二是票据，多用于企业的商贸过程；三是信用卡，即银行或金融公司发行的，授权持卡人在指定的商店或场所进行记账消费的信用凭证。

在电子商务环境下，这些传统的支付方式已不适应商务活动电子化的要求，必然要由全新的电子支付方式来代替。随着计算机技术的发展，电子支付的方式越来越多。这些支付方式可以分为三类：第一类是电子信用卡类；第二类是电子货币类（如电子现金、电子钱包等）；第三类是电子支票类（如电子支票、电子汇款、电子划款等）。这些方式各有自己的特点和运作模式，适用于不同的交易过程。

3. 电子支付的类型

电子支付的类型按电子支付指令发起方式分为网上支付、电话支付、移动支付、销售点终端交易、自动柜员机交易和其他电子支付。

移动支付是互联网时代的一种新型的支付方式，其以移动终端为中心，通过移动终端对所购买的产品进行结算支付，移动支付的主要表现形式是手机支付，而不是用现金、银行卡或者支票支付。买家可以使用移动手机购买一系列的服务、数字产品或者商品等。移动支付是第三方支付的衍生品。

手机银行也称为移动银行，指利用手机和其他移动设备等实现客户与银行的对接，为客户办理相关银行业务或提供金融服务。手机银行既是产品，又是渠道，属于电子银行的范畴。从理论上讲，除了现金业务，银行的柜台业务都可以搬到手机银行上来。手机银行的功能可分为标配功能和拓展功能。查询、转账、汇款、缴费、临时挂失等属于标配功能；拓展功能就是在标配功能的基础上发展而来的基金理财、商业支付、网购等功能。拓展功能的提供，离不开银行后台的支持。

【相关链接】

我国移动支付交易规模全球领先

据 2020 年发布的第 46 次《中国互联网络发展状况统计报告》显示：截至 2020 年 6 月，我国手机网络支付用户规模达 8.02 亿人次，较 2020 年 3 月增长 3664 万人次，占手机网民的 86.0%。2020 年上半年，我国移动支付交易规模全球领先，网络支付模式多元化发展，支付业务合规化进程加速，整个行业运行态势发展良好。

我国移动支付应用场景持续拓展，交易规模连续三年居全球首位。一是移动支付应用场景不断丰富。支付机构通过线上线下一体化支付、全国性福利补贴、商户在线培训指南等手段助力"小店经济"蓬勃发展。同时，支付机构利用大数据、人工智能等新技术，推动"信用县域"和"县域普惠金融"建设，拓展更多的"+支付"应用场景。二是移动支付交易规模持续扩大。新冠肺炎疫情期间，线下商户加速向线上转化，移动支付工具发挥惠民信息载体、电子钱包、信用媒介、收银记账等作用，促进了移动支付的普及。2020 年上半年，我国移动支付金额达 196.98 万亿元，同比增长 18.61%，稳居全球第一。

▶▶ 4.1.3 电子银行（网上银行）

1. 电子银行的概念

电子银行是指商业银行等银行业金融机构利用面向社会公众开放的通信通道或开放型公众网络，以及银行为特定自助服务设施或客户建立的专用网络，向客户提供银行服务的方式。

2. 网上银行的概念

网上银行是电子银行的一种形式。网上银行（Online Banking Service），包含两个层次的含义：一个是机构概念，指通过信息网络开办业务的银行；另一个是业务概念，指银行通过信息网络提供的金融服务，包括传统银行业务和因信息技术应用带来的新兴业务。在日常生活和工作中，人们所提及的网上银行，更多是指第二层次的概念，即网上银行服务的概念。

为此，网上银行严格的定义为：网上银行又称为网络银行、在线银行，是指银行利用互联网技术，通过互联网向客户提供开户、销户、查询、对账、行内转账、跨行转账、信贷、网上证券、投资理财等传统服务项目。可以说，网上银行是在互联网上的虚拟银行柜台。

3. 网上银行的特征

（1）使用简便

客户只要有一台接入互联网的计算机就可以了。客户上网后，根据网络银行网页的提示，单击所需要的柜台或服务项目按钮，就可以按照提示进入自己所需的业务项目。网上银行的运行完全是数字化、电子化，不需要任何人工参与，而且可以提供每周 7 天、每天 24 小时的全天候、不间断的服务。

（2）服务多样化

目前客户的需求越来越多样化，而网上银行便是面对个人的经营方式，可以处理用户提出的各种要求。

（3）使用成本低廉

一方面，客户使用网上银行，实现"人在家中坐，钱从网上来"的梦想。客户只要坐在家中上网，就可以与相关银行打交道，这样大大节省了客户的交通、等待与信息获取等时间，减少了银行服务的中间环节，大大降低了成本。另一方面，银行可以节省建立传统经营网点的投资，同时通过网上交易，又可以大大节省交易费用。据资料分析，网上银行经营网上业务的经营成本仅相当于经营收入的15%~20%，而普通银行的经营成本却占经营收入的60%。

4. 网上银行的业务种类

网上银行业务包括：①利用计算机和互联网开展的网上银行业务；②利用电话等通信设备和电信网络开展的电话银行业务；③利用移动电话和无线网络开展的手机银行业务；④其他利用电子服务设备和网络，由客户通过自助服务方式完成金融交易的银行业务。

【知识拓展】

网上银行系统

网上银行系统既是一个机构概念，又是一个业务概念。作为机构，指通过信息网络开办业务的银行；作为业务，指银行通过信息网络提供的金融服务。

网上银行系统包括个人网上银行、企业网上银行、网上支付等功能模块。

（1）个人网上银行

个人网上银行的服务功能包括：①查询，通过网上个人银行可以进行相应账户的余额查询、明细查询、交易查询、交易积分查询、日志查询等多种信息查询；②转账汇款，网上个人银行可实现多种账户之间的转账汇款；③缴费支付，网上个人银行提供在线缴纳手机费、固话费、水电煤气费、学费等多种费用的缴付服务；④网上支付，只要拥有储蓄卡、准贷记卡或贷记卡就可以在各大电子商务网站上购买商品或服务。另外，网上个人银行还提供信用卡、公积金、支票通、外汇买卖、银证业务、债券业务、基金业务、黄金业务、理财产品、账户设置和个性化客户服务功能。

（2）企业网上银行

企业网上银行主要功能包括以下几个方面。①查询。查询企业存款账户的余额信息，查询企业存款账户的明细交易记录信息，下载企业存款账户明细进行财务分析。②资金划转。资金划转包括主动付款，主动收款，实现银行账户之间资金调拨实时到账，实现网上批量代发工资，实现企业电子商务组建网上商城。③资金管理。资金管理包括对下级单位账户进行实时监控；对下级单位账户的资金进行定时、定金额、定余额、零余额等各种方式的自动归集，对自有账户资金对外支付时间进行预先定制，集团理财功能为集团客户建立网上结算中心。④财务内控管理，具体为财务人员根据职责分配不同的角色和权限，不同额度转账流程控制，集团理财功能为集团客户建立网上结算中心。

（3）网上支付

网上支付系统为客户提供网上消费支付结算服务，从而实现了真正意义上的网上购物的目的。

▶▶ 4.1.4 电子货币的法律问题

在电子商务活动未成为现今社会的主流商业模式之前，电子货币只能作为一种辅助性的手段起作用。现有电子货币只是以既有货币为基础的电子化衍生物，故不能作为一种完全独立的通货。

1. 电子货币的法律性质问题

电子货币是经济时代中银行业务电子化、网络化的产物，代表了现代信用货币形式的发展方向，体现了现代支付手段的不断进化。虽然各国推行和研制的电子货币千差万别，但其基本形态是十分相似的，即电子货币的使用者以一定的现金或存款，从发行者处兑换并获得代表相同金额的数据，并以可读写的电子信息方式储存起来。当使用者需清偿债务时，就可以通过某些电子化媒介或方法，将该电子数据直接转移给支付对象，这种电子数据称为电子货币。电子货币具有如下特点：

（1）无形性

电子货币脱离了货币的传统形态，不再以实物、贵金属、纸币等可视可触的形式出现，而是以现代电信技术手段，以电子数据形式来表现、通过计算机网络传递使用。从货币的发展历史来看，电子货币是一种有形货币到无形货币的飞跃。

（2）广泛性

电子货币不受金额、对象和区域等限制，且使用极为简便，可以广泛地在生产、交换、分配和消费等领域使用，并将储蓄、信贷和非现金结算等多种功能合为一体。

（3）储值性

电子货币的使用仍然以传统货币为基础，只不过它的表现形态和支付手段发生了变化，因此电子货币需要先储值后使用。

（4）隐秘性

电子货币依托于现代高新科学技术，资金的支付可以不留痕迹、不易察觉和秘密进行，因而具有隐秘性。这将给金融监督管理带来一系列的新问题，使传统的银行业务、货币发行的权威性、货币兑换等受到冲击。

2. 电子货币的发行问题

（1）发行的主体

根据《中华人民共和国中国人民银行法》规定，人民币是我国的法定货币，人民币由中国人民银行统一印制、发行，其年度供应量由国务院批准。任何单位和个人不得印制、发售代币票券，以代替人民币在市场上流通。根据这些规定，显然只有中国人民银行或经中国人民银行批准的金融机构，才有权发行电子货币。

（2）发行的管理

根据《中华人民共和国中国人民银行法》规定，中国人民银行依法对金融机构及其业务实施监督管理，维护金融业的合法、稳健运行；中国人民银行有权对金融机构的存款、贷款、结算、呆账等情况随时进行稽核、检查监督；中国人民银行有权对金融机构违反规定提高或者降低存款利率、贷款利率的行为进行检查监督。同时，对于获得批准发行电子货币的其他金融机构，发行电子货币后，中国人民银行有权对电子货币的运行实行严格的监督管理。

为保证电子货币的发行人保持必要的流动性和安全性，中国人民银行可以采取以下措施实施管理。第一，向所有的电子货币发行人提出储备要求和充足资本要求。大多数国家对电子货币发行机构的法定准备金要求和最低资本要求与一般信用机构相同。第二，还应建立电子货币系统统计和信息披露制度、现场和非现场检查制度及信息安全审核制度等。第三，建立安全保证体系。在市场经济中，电子货币发行人运营失败的情况不可能完全消除。为了维护消费者和商家的利益及其对电子货币的信心，目前许多国家正考虑建立电子货币的担保、保险或者其他损失分担机制；其中，美国、德国、日本、加拿大和意大利等已将电子货币纳入存款保险或者担保制度体系中。

（3）发行人的义务

电子货币的发行人和开发者在开发、发行电子货币之前，要对技术、安全性、业务前景等进行可行性论证和成本与收益的比较分析，在电子货币发行方案中要考虑防范一些问题，如洗钱等犯罪活动，并采取适当的措施，有效地控制操作风险。

为了保证在不利情况发生时仍然能够提供产品和服务，电子货币的发行人要实施应急措施和业务恢复计划，而且在实施时，应当考虑安全因素。而电子货币的发行机构还要有处理意外事故的紧急对策，以保证关键性操作的连续性。

对电子货币系统进行非法攻击或者未经授权的侵入，是威胁电子货币系统安全的一个主要问题。研究显示，内部攻击比外部攻击更容易损害系统，因为内部系统的使用者了解系统情况和进入方法。因此，电子货币的发行人必须采取良好的预防、侦察和预测手段，保护其系统不受内部和外部的滥用。

电子货币的发行人必须向国家中央银行汇报货币政策要求的相关信息。电子货币发行者和技术开发者应澄清消费者、商家及系统参与者的权利义务和各自承担的风险。在电子货币的交易中，货币发行者至少要告诉使用者可能发生的各种风险或者存在保险时被保险的范围。

3. 电子货币的监督管理问题

在电子货币的发展和应用过程中，为维护金融体系的稳定和安全，防止侵犯消费者利益的行为的发生，以及避免出现恶性竞争、无秩序的行为，政府适度的监督管理是必要的。

对电子货币的监督管理采用以原有监督管理机构的监督管理为主的方式，一般不建立新的监督管理机构，但由此加大了监督管理机构之间、监督管理机构和其他政府部门之间的协调难度。目前，监督管理当局普遍关注的问题还只限于为电子货币系统提供一个安全的环境，监督管理的出发点以保护消费者的利益为主。

在数字化、网络化时代，中央银行的金融监督管理职能应进行较大调整，适时地将监督管理重点转移到对电子货币的发行资格的认定、电子货币流通过程中安全支付标准的审查和监督、电子货币流通规则的制定、电子货币系统风险的控制和消费者保护等方面。中央银行应研究制定相关制度和规则，防范电子货币支付系统可能出现的系统风险和非系统风险。

电子货币支付系统在整个运作过程中主要包含两大风险。第一，系统风险，包括系统故障、系统遭受外来攻击、伪币和欺诈等。不适当的操作和内部控制程序、信息系统失败和人工操作失误等都会引起电子货币支付系统出现故障，甚至可能导致系统瘫痪。目前，电子货币职能只可通过加密、签名等方式而无法通过武力手段加以防伪，只要关键技术被窃取或者以其他手段被掌握，那么伪造起来将非常容易。若出现大量的伪币，就会带来电子货币支付系统和发行机构的重大损失，从而威胁到电子货币支付系统的稳定性，并有可能导致金融危机。第二，非系统性风险。通常情况下，电子货币的发行机构不需要也不可能保持用于赎回电子货币的100%的传统货币的准备。当由于某种原因而导致电子货币发行机构陷入财务危机或破产时，其发行的电子货币就会发生信用危机，发行机构可能就无法满足对货币的赎回要求而形成支付危机。此外，在现代科技迅速发展的今天，伪币和欺诈的出现难以避免，消费者的信用卡号和密码等身份数据被盗用的可能性很大，从而可能引发财产损失和透支等纠纷。

【知识拓展】

数字人民币

数字人民币即人民币的电子版，和比特币、"天秤币"这样的虚拟货币不同，后者本质是一种虚拟商品，没有国家信用，不具有法偿性。数字人民币是以国家信用为担保的一种法定货币，因此其与现金具有同样效力。简单来说，数字人民币的功能和属性，与纸币完全一样，只不过它的形态是数字化的。未来央行数字货币会替代一部分的纸币，但不会完全取代纸币。

数字人民币不依托于银行账户和支付账户，只要安装数字货币钱包，就可以使用央行数字货币。另外，央行的数字货币使用最新的双离线技术，即使手机在没有信号的情况下，依然可以使用。只要双方手机上安装数字货币钱包，两个手机拿在一起"碰一碰"，就可以完成转账或者支付。

以商业银行存款货币为基础的电子支付工具，基于账户紧耦合模式，在应用场景覆盖面、普惠金融、支付效率、用户隐私保护和匿名支付等方面仍有较大提升空间。

有微信、支付宝为何还要发行数字人民币？和微信、支付宝相比，数字人民币具有诸多独特优势：

其一，无限法偿性。数字人民币与现金纸币一样是法币，有国家信用背书，任何人都不能拒绝接受。

其二，可控制匿名性。数字人民币能够满足消费者匿名支付的需求。另外，利用可控匿名机制，人民银行可以掌握全量信息，从而利用大数据、人工智能等技术分析交易数据和资金流向，防范和打击洗钱、恐怖融资和逃税等违法犯罪行为，而有效地维护金融稳定。

其三，可离线转账。和微信、支付宝不同，数字人民币不需要联网，只要手机有电就可以完成交易。

其四，无须绑定银行卡。微信、支付宝等电子支付方式都需要绑定用户的银行卡，数字人民币在支付时不需要绑定任何银行账户。

（资料来源：http://www.nanzao.com/cs/20200917/9427.html）

▶▶ 4.1.5 我国电子支付立法现状

2005年以来，随着《电子签名法》（解决了类似传统结算业务中签章的问题）的出台，电子支付的立法进程也随之加快。为规范电子支付业务，中国人民银行于2005年制定并颁布了《电子支付指引（第一号）》，该《指引》以银行与客户关系为主线，以规范电子支付、强化电子支付安全性为主要内容,将"以规范促发展、在规范中发展"作为基本原则,以指引相对灵活的形式全面规范电子支付行为。

为加强电子银行业务的风险管理,根据《中华人民共和国银行业监督管理法》《中华人民共和国商业银行法》《中华人民共和国外资金融机构管理条例》等法律法规,2005年11月10日,原中国银行业监督管理委员会颁布了《电子银行业务管理办法》。该办法对电子银行业务等进行界定,并对电子银行业务的申请与变更、风险管理、数据交换与转移管理、业务外包管理、跨境业务活动管理及监督管理予以明确的规范。

随着中国经济的快速发展和网络应用的不断成熟,电子商务产业已进入高速发展阶段,第三方支付业务更是快速发展。2010年6月至9月,随着中国人民银行关于《非金融机构支付服务管理办法》(以下简称《办法》)及《非金融机构支付服务管理办法实施细则》(以下简称《办法细则》)的出台,第三方支付行业结束了原始成长期,被正式纳入了国家监督管理体系,并拥有了合法身份。此后制定的相关法律条文也以此为基础,"宪法级别"的《办法》至今仍发挥着深远的影响力。

2015年7月,为鼓励金融创新,促进互联网金融健康发展,明确监管责任,规范市场秩序,经党中央、国务院同意,中国人民银行、工业和信息化部、公安部、财政部、原国家工商总局、原国务院法制办、原中国银行业监督管理委员会、中国证券监督管理委员会、原中国保险监督管理委员会、国家互联网信息办公室联合印发了《关于促进互联网金融健康发展的指导意见》(银发〔2015〕221号,以下简称《指导意见》)。《指导意见》按照"鼓励创新、防范风险、趋利避害、健康发展"的总体要求,提出了一系列鼓励创新、支持互联网金融稳步发展的政策措施,积极鼓励互联网金融平台、产品和服务创新,鼓励从业机构相互合作,拓宽从业机构融资渠道,坚持简政放权和落实、完善财税政策,推动信用基础设施建设和配套服务体系建设。

2016年,中国人民银行发布了《非银行支付机构网络支付业务管理办法》(以下简称《办法》),自2016年7月1日起实施。《办法》是为规范非银行支付机构(以下简称支付机构)的网络支付业务,以防范支付风险,进而保护当事人合法权益。《办法》是根据《中华人民共和国中国人民银行法》《非金融机构支付服务管理办法》等规定制定的。《办法》对网络支付进行了限额管理,规定每个用户的第三方支付账户每日累计金额不能超过5000元,对综合类支付账户、消费类支付账户,分别规定年累计20万元、10万元限额。其中第三方支付账户余额仅指存在于第三方支付公司的虚拟账户上的余额,《办法》对第三方账户开立、转账都做出了严格的限制。未来支付机构的"互联网+"道路将迎来一定的考验,将对互联网金融行业产生深远影响。规范非银行支付机构网络支付业务,重在防范支付风险,明确金融牌照各自的定位。

为加强对非银行支付机构的监督管理,规范非银行支付机构行为,防范支付风险,保障当事人合法权益,促进支付服务市场健康发展,中国人民银行会同有关部门研究起草了《非银行支付机构条例(征求意见稿)》,并于2021年1月20日向社会公开征求意见。该《草案》共设六个章节,除"总则"及"附则"外,分别从"设立、变更与终止""支付业务规则""监督与管理""法律责任"四个维度对非银行支付机构的设立变更及业务运营的合规边界做了系统性的规制。

从以上内容不难看出,我国金融电子化程度落后于其他国家,与此相关的立法也较落后。中国关于电子支付立法基本还是空白,亟待填补。支付产业遵行的主要是行政规章和规范性文件，如中国人民银行出台的《银行卡业务管理办法》(1999年)、《电子支付指引(第一号)》(2005年)、《非金融机构支付服务管理办法》(2010年)等。这些规章制度在电子支付发展之初便起到了很好的促进和规范作用，但由于其法律效力层级较低，已不能适应国内支付产业高速发展的需要。由于缺乏统一立法，电子支付领域的某些诉讼案件也出现过裁量标准不一、同案不同判的情况。

4.2 电子支付法律关系主体及其法律责任

伴随着电子商务的飞速发展，我国电子支付也呈现出超常规发展的态势，电子支付各方权利义务关系及责任界定与承担日益复杂，为此进一步规范电子支付，厘清电子支付法律关系已经迫在眉睫。

4.2.1 电子支付法律关系的概念和特征

电子支付法律关系是指在电子商务活动中，由电子商务交易活动事实引起的，当事人双方在电子支付方面的权利和义务关系。

电子支付法律关系是在电子交易过程中形成的。因此，与一般意义上的民事法律关系相比，电子支付法律关系具有以下特点：

(1) 电子支付法律关系以电子商务法律规范为前提

电子支付是电子商务活动的重要组成部分，而电子商务法律规范是调整一切电子商务活动的行为准则，没有电子商务法律规范的调整，电子支付法律关系就无法形成。

(2) 电子支付法律关系是平等主体之间的电子商务关系

在电子支付法律关系中，虽然涉及多方主体，但各主体之间的法律地位是平等的，依法平等地享有权利并承担法定义务。

(3) 电子支付法律关系是电子支付主体真实的意思表示

电子支付法律关系的成立要求电子支付当事人具有真实的意思表示，任何背离电子支付当事人真实意思的行为都不能形成电子支付法律关系。

(4) 电子支付法律关系是由国家强制力予以保障的社会关系

电子支付法律关系虽然是由计算机及网络自动完成的，但其本质上是一种社会关系。因此，为保证国家的金融秩序，国家必须以法律的强制力来保证电子支付法律关系。

(5) 电子支付法律关系是几个不同的具体法律关系的组合

在一个完整的电子支付活动中，一般需要四方当事人参加，即付款人、收款人、网络银行(电子支付指令银行、电子支付付款银行)和电子认证服务机构。这些当事人之间的法律关系具体包括付款人与收款人之间由商品买卖合同所规定的债权、债务关系；付款人与电子支付指令银行之间的电子支付合同关系；收款人与电子支付收款银行之间的一般金融服务合同关系；付款人、收款人和电子支付银行与电子认证服务机构之间的电子证书服务合同关系。

4.2.2 电子支付法律关系的主体概述

电子支付法律关系的主体即电子支付法律关系的当事人,是指在电子商务法律关系中,依法享有商务交易结果的权利和承担电子支付义务的自然人、法人或其他组织。

电子支付法律关系的基本当事人为客户,即付款人和收款人,而付款人和收款人完成电子支付还必须有两个重要的"第三人",即电子支付服务提供者和电子认证服务机构。因此,在电子支付实践中,电子支付法律关系的当事人可以分为用户、电子支付服务提供者和电子认证服务机构。

1. 电子支付用户

电子支付法律关系中的客户包括自然人、法人或非法人组织。电子支付的自然人是指达到法定民事责任年龄,能够以自己的名义进行电子支付活动,依法享有电子支付权利、承担电子支付义务,能够发出电子资金或接收电子资金并能够独立承担电子支付责任的公民;电子支付的法人是指依法能够以自己的名义进行电子支付活动,享有电子支付权利、承担电子支付义务,能够发出电子资金或接收电子资金的国家机关、企事业单位、社会团体等;电子支付的非法人是指在电子支付法律关系中,依法享有电子支付权利、承担电子支付义务但不具有法人资格的社会实体。

在电子支付法律实践中,电子支付法律关系中的客户具体包括付款人和收款人。

(1)付款人

在电子支付活动中付款人通常是买方或消费者。付款人与商家、银行间存在两个相互独立的合同关系:一是消费者与商家订立的买卖合同关系;二是消费者与银行间的金融服务合同关系。

(2)收款人

在电子支付活动中收款人通常是卖方或商家。收款人与消费者、银行间也存在两个相互独立的合同关系:一是商家与消费者的买卖合同关系;二是商家与银行的金融服务合同关系。

2. 电子支付服务提供者

在电子支付系统中,参与电子支付活动的电子支付服务提供者可能是金融机构,也可能是第三方支付服务提供者。电子支付服务提供者可同时提供收付款业务,完成信用中介、支付中介和结算中介等方面的金融服务。

3. 电子认证服务机构

电子认证服务机构是指为电子签名人和电子签名依赖方提供电子认证服务的第三方机构。电子认证服务机构是电子支付法律活动中的重要支付主体,它为参与电子商务各方的各种认证要求提供证书服务,以确认支付各方的真实身份。它不仅要对进行电子交易的买卖双方负责,还要对整个电子商务交易秩序负责。另外,买卖双方也有义务接受电子认证服务机构的监督管理。在我国,电子认证服务机构是企业法人,其设立和经营应符合《中华人民共和国公司法》的有关规定,同时还应符合特殊行业的基本要求。

4.2.3 电子支付法律关系主体的权利和义务

在电子支付中,各方当事人依法享有权利和承担义务。不过,金融类产品和服务,不属于电子支付法律关系的调整范围。

1. 电子支付用户的权利与义务

(1) 自主约定价款给付方式的权利

根据《电子商务法》的规定,电子商务当事人可以约定采用电子支付方式支付价款。

(2) 信息核对的义务

根据《电子商务法》的规定,用户在发出支付指令前,应当核对支付指令所包含的金额、收款人等完整信息。

(3) 妥善保管信息义务

根据《电子商务法》的规定,用户应当妥善保管交易密码、电子签名数据等安全工具。用户发现安全工具遗失、被盗用或者出现未经授权的支付情况时,应当及时通知电子支付服务提供者。

2. 电子支付服务提供者的义务

在电子支付法律关系中,电子支付服务提供者通过履行自身的义务来维护用户的权利。

(1) 告知和信息提供义务

电子支付服务提供者为电子商务提供电子支付服务,应当遵守国家规定,告知用户电子支付服务的功能、使用方法、注意事项、相关风险和收费标准等事项,不得附加不合理的交易条件。电子支付服务提供者应当确保电子支付指令的完整性、一致性、可跟踪稽核和不可篡改性。

电子支付服务提供者应当向其用户免费提供对账服务及最近三年的交易记录。

用户完成电子支付后,电子支付服务提供者应当及时、准确地向用户提供符合约定方式的确认支付的信息。

(2) 赔偿责任

电子支付服务提供者提供电子支付服务不符合国家有关支付安全管理要求,造成用户损失的,应当承担赔偿责任。

支付指令发生错误的,电子支付服务提供者应当及时查找原因,并采取相关措施予以纠正。造成用户损失的,电子支付服务提供者应当承担赔偿责任,但能够证明支付错误非自身原因造成的除外。

未经授权的支付造成的损失,由电子支付服务提供者承担;电子支付服务提供者能够证明未经授权的支付是因用户的过错造成的,不承担责任。

电子支付服务提供者发现支付指令未经授权,或者收到用户支付指令未经授权的通知时,应当立即采取措施防止损失扩大。电子支付服务提供者未及时采取措施导致损失扩大的,对损失扩大部分承担责任。

3. 电子认证服务机构的权利和义务

（1）电子认证服务机构的权利

① 审查申请者资料的权利。如果申请人为个人的，审查的内容包括申请人的姓名、身份证号、联系电话、通信地址、邮政编码、电子邮箱等资料，如果申请人是单位，除对具体的申请人审查上述材料外，还要审查单位的名称、主页地址、营业执照号、工商税号、单位地址、单位电子邮箱、单位所属行业类别、机构代码、电话、传真等。

② 发放电子证书的权利。根据《电子认证服务管理办法》第二十八条规定，电子签名认证证书应当准确载明下列内容：签发电子签名认证证书的电子认证服务机构名称；证书持有人名称；证书序列号；证书有效期；证书持有人的电子签名验证数据；电子认证服务机构的电子签名；工业和信息化部规定的其他内容。

③ 撤销电子证书的权利，根据《电子认证服务管理办法》第二十九条规定，有下列情况之一的，电子认证服务机构可以撤销其签发的电子签名认证证书：证书持有人申请撤销证书；证书持有人提供的信息不真实；证书持有人没有履行双方合同规定的义务；证书的安全性不能得到保证；法律、行政法规规定的其他情况。

④ 收取费用的权利。根据《电子认证服务管理办法》的规定，电子认证服务机构是企业法人。所以，电子认证服务机构向申请人提供电子认证服务后，有权向申请人收取相关的费用。

（2）电子认证服务机构的义务

① 信息披露义务。电子认证服务机构基于其本身的公信力及其信用服务，应当向全社会公开其从业资格等重要信息，根据《电子认证服务管理办法》第十二条规定，取得认证资格的电子认证服务机构，在提供电子认证服务之前，应当通过互联网公布下列信息：机构名称和法定代表人；机构住所和联系办法；《电子认证服务许可证》编号；发证机关和发证日期；《电子认证服务许可证》有效期的起止时间。

② 保密义务。电子认证服务机构在承担信息披露义务的同时，对用户的重要信息应该承担保密的义务，以维护用户的合法权益。

③ 使用可信赖系统的义务。

④ 担保的义务。电子认证服务机构一旦将证书颁发给用户，就承担着担保证书所述内容真实、准确的义务。担保义务不仅针对证书持有人，而且包括证书信赖人妥善保管自身私钥的义务。

▶▶ 4.2.4 电子支付各方承担民事责任的方式

民事责任方式是指违反约定或者法定义务的行为人承担民事责任的具体方式。

【相关链接】

《中华人民共和国民法典》第一百七十九条的规定，承担民事责任的方式主要有：①停止侵害；②排除妨碍；③消除危险；④返还财产；⑤恢复原状；⑥修理、重作、更换；⑦继续履行；⑧赔偿损失；⑨支付违约金；⑩消除影响、恢复名誉；⑪赔礼道歉。法律规定惩罚性赔偿的，依照其规定。

在电子支付法律关系中，由于电子支付参与主体的不同，可以从银行、客户和电子认证服务机构或其他参与主体三个方面进行具体分析。

1. 电子认证服务机构承担责任的方式

银行采用数字证书或电子签名方式进行客户身份认证和交易授权的，提倡由合法的第三方电子认证服务机构提供认证服务。客户若因依据该认证服务规则进行交易而遭受损失，认证服务机构不能证明自己无过错的，应依法承担相应责任。

电子认证服务机构承担法律责任的方式有以下三种：

（1）赔偿损失

由于电子认证服务机构的过错而导致用户蒙受损失的，应当在合理的范围内，由电子认证服务机构对客户予以赔偿。

（2）继续履行职责

电子认证服务机构出现 CA 系统和设备问题（停机、终止、信息丢失等），导致认证操作出现问题、发布失效信息或证书发布不完善的，电子认证服务机构在修复 CA 系统和设备后，应立即发布正确、有效、完整的认证证书，以正确履行其与用户之间的合同。

（3）采取相应措施，进行补救

如果电子认证服务机构出现管理漏洞、CA 方密钥泄露、用户注册信息泄露等问题，应立即采取有效措施，及时更正、修补出现问题的环节，避免引起用户进一步的损失。

2. 用户方应承担责任的方式

（1）及时通知，防止损失扩大

当用户发现银行执行指令出现错误、电子认证服务机构发布的用户信息错误或证书不完善时，应立即中止交易，并通知银行或电子认证服务机构修改错误。

（2）终止不当行为，采取挽救措施

当用户密钥丢失或泄露，抑或发现所发出的指令或者提供的信息错误时，应及时通知接收银行或电子认证服务机构，以使其采取相应的防范措施，从而防止网络入侵、冒领等事件的发生，或者避免其他参与主体因使用错误证书而蒙受损失。

（3）弥补相应的损失

电子支付用户，如果因自身的过错而给其他各参与方造成损失，如密钥或个人信息泄露、非法使用证书而产生的损失，应当在合理的范围内对其他各参与方予以赔偿。

3. 电子支付服务提供者承担相应民事责任的方式

（1）偿还余额，补足差额

如果接收银行到位的资金金额小于支付指示所载数量，则接收银行有义务补足差额；如果接收银行到位的资金金额大于支付指示所载数量，则接收银行有权依照法律提供的其他方式从收益人处得到偿还。

（2）返回本金，支付利息

如果原资本金划拨未能及时到位，或者到位资金未能及时通知网上交易客户，银行有义务返还客户资金，并按照原定利率返还利息。

（3）赔偿相关损失

对由于银行的过错而造成客户损失的，银行在应当预见的范围内对客户予以赔偿。

第4章　电子支付法律制度

【相关案例】

银行卡被盗刷，责任应如何分担

王某的公务卡于 2014 年 11 月 10 日被盗刷两次，涉及金额 4000 元，手续费 48 元。他立即电话挂失，并得知两笔款项分别在 B 市和 C 市发生。后王某到银行按照工作人员的指导进行存款操作，证明卡未离身，并向公安机关报案。

王某认为银行未履行安全保障义务，ATM 系统存在缺陷不能识别假卡，应当承担责任；银行则认为，王某没有充足证据排除交易非其本人授意他人所为，且王某未尽到对密码的妥善保管义务，发卡银行无过错。后王某向人民法院提起诉讼，法院经开庭审理查明事实后做出判决，由银行向王某赔付实际损失额的 80%。

（资料来源：http://hebei.hebnews.cn/2016-04/12/content_5444566.htm）

案例问题：结合案例谈一谈，如何明确电子支付中各法律关系主体的权利和义务？

【相关链接】

图解第三方支付业务流程（以银行卡支付为例），具体支付操作流程如图 4.1 所示。

检索。网上消费者浏览商户检索网页并选择相应商品。

订单。下订单达成交易。

支付信息。在弹出的支付页面上，网上消费者选择具体的第三方支付平台，直接链接到其安全支付服务器上，在第三方支付页面上选择合适的支付方式，点击后进入银行支付页面进行支付。

传递支付信息。第三方支付平台将网上消费者的支付信息，按照各银行相关要求，传递收款银行。

银行确认。由相关银行（银联）检查网上消费者的支付能力，实行冻结、扣账或划账，并将结果信息回传给第三方支付平台和网上消费者。

通知商户。第三方支付平台将支付结果通知商户。

商户执行。接到支付成功的通知后，商户向网上消费者发货或提供服务。

清算。各个银行通过第三方支付平台与商户实施清算。

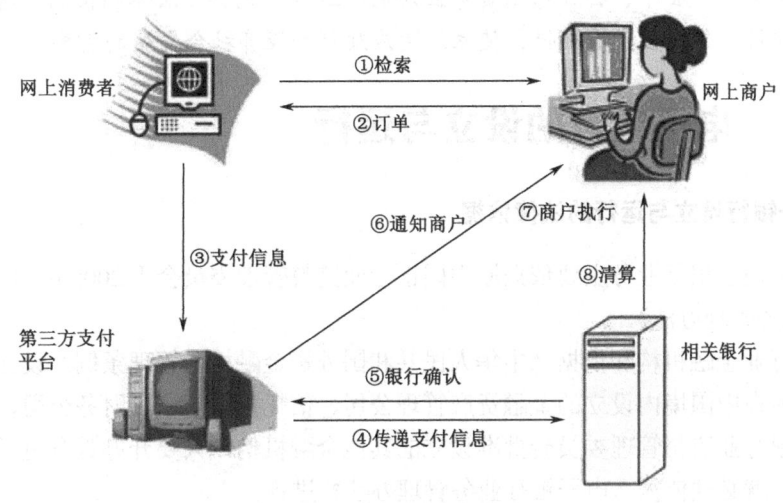

图 4.1　支付操作流程

电子支付各基本构成要素之间的相互关系及具体运作过程如下：

第一，为了保证交易的安全性，需要有一个电子认证服务机构对电子支付系统的基本构成要素（消费者、在线企业（网上商店）、在线银行、信用卡公司）的身份进行认证。

第二，消费者以合法的身份进入在线企业（网上商店）的主页，浏览商品。

第三，消费者选定商品，并选择支付方式，如信用卡、电子支票、电子货币等。

第四，在线企业（网上商店）的客户服务器检查支付方服务器，确认支付金额是否可靠，并在确认后给客户发货。

第五，消费者的开户银行将支付款传递给消费者办理信用卡的公司，信用卡公司负责给消费者发送收费清单。

4.3 电子银行法律制度

自 1995 年 10 月 18 日，全球第一家网上银行"安全第一网络银行"在美国诞生以来，网上银行业发展迅猛，这一风潮从美国迅速向世界各地扩展，越来越多的传统大型银行在互联网上开设网上银行。虽然，目前我国"网上银行"的客户服务业务还有一定的局限性，提供的网上银行业务服务也不是全方位的，但可以说，中国"网上银行"时代已经到来。为有效控制电子银行业务风险，尽快完善电子银行业务的监督管理规章体系，原中国银行业监督管理委员会 2005 年发布了《电子银行业务管理办法》。

【相关链接】

《电子银行业务管理办法》共九章九十九条，分为总则、申请与变更、风险管理、数据交换与转移管理、业务外包管理、跨境业务活动管理、监督管理、法律责任和附则九个部分。该办法的出台为我国电子银行业的健康发展奠定了法律基础，也体现了科学立法的重要性。科学立法要坚持以民为本、立法为民的理念，使每一项立法都符合宪法精神，反映人民意志，得到人民拥护。要把公正、公平、公开原则贯穿立法的全过程，完善立法体制机制，增强法律法规的及时性、系统性、针对性、有效性，使立法适应改革和经济社会发展的需要。

4.3.1 电子银行的设立与运行

1. 电子银行设立与运行的法律依据

我国开展电子银行业务主要依据原中国银行业监督管理委员会于 2005 年 11 月 10 日通过的《电子银行业务管理办法》。

无论银行业金融机构和依据《中华人民共和国外资金融机构管理条例》设立的外资金融机构，还是其他在中国境内设立的金融资产管理公司、信托投资公司、财务公司、金融租赁公司及经原中国银行业监督管理委员会批准设立的其他金融机构，只要开办具有电子银行性质的电子金融业务，就必须依据《电子银行业务管理办法》进行。

2. 电子银行的申请与变更

（1）开办电子银行业务应具备的条件

为了规范电子银行业务，促进电子银行业的健康发展，开办电子银行业务应具备的条件如下：

① 金融机构的经营活动正常，建立了较为完善的风险管理体系和内部控制制度，在申请开办电子银行业务的前一年内，金融机构的主要信息管理系统和业务处理系统没有发生过重大事故。

② 制定了电子银行业务的总体发展战略、发展规划和电子银行安全策略，建立了电子银行业务风险管理的组织体系和制度体系。

③ 按照电子银行业务发展规划和安全策略，建立了电子银行业务运营的基础设施和系统，并对相关设施和系统进行了必要的安全检测和业务测试。

④ 对电子银行业务风险管理情况和业务运营设施与系统等，进行了符合监管要求的安全评估。

⑤ 建立了明确的电子银行业务管理部门，配备了合格的管理人员和技术人员。

金融机构开办以互联网为媒介的网上银行业务、手机银行业务等电子银行业务，除应具备上述条件外，还应具备以下条件：

第一，电子银行基础设施设备能够保障电子银行的正常运行。

第二，电子银行系统具备必要的业务处理能力，能够满足客户业务处理的需要。

第三，建立了有效的外部攻击侦测机制。

第四，中资银行业金融机构的电子银行业务运营系统和业务处理服务器设置在中华人民共和国境内。

第五，外资金融机构的电子银行业务运营系统和业务处理服务器可以设置在中华人民共和国境内或境外。设置在境外时，应在中华人民共和国境内设置可以记录和保存业务交易数据的设施设备，能够满足金融监督管理部门现场检查的要求，在出现法律纠纷时，能够满足中国司法机构调查取证的要求。

（2）开办电子银行的审批制和报告制

金融机构申请开办电子银行业务，根据电子银行业务的不同类型，分别适用审批制和报告制。

① 利用互联网等开放性网络或无线网络开办的电子银行业务，包括网上银行、手机银行和利用掌上电脑等个人数据辅助设备开办的电子银行业务，适用审批制。

② 利用境内或地区性电信网络、有线网络等开办的电子银行业务，适用报告制。

③ 利用银行为特定自助服务设施或与客户建立的专用网络开办的电子银行业务，法律法规和行政规章另有规定的遵照其规定，没有规定的适用报告制。

另外，金融机构开办电子银行业务后，与其特定客户建立直接网络连接提供相关服务，属于电子银行日常服务，不属于开办电子银行业务申请的类型。

（3）电子银行的申请、批准与业务承接

① 电子银行的申请。正式申请前的沟通与测试：金融机构申请开办需要审批的电子银行业

务之前，应先就拟申请的业务与相关部门进行沟通，说明拟申请的电子银行业务系统和基础设施设计、建设方案，以及基本业务运营模式等，并根据沟通情况，对有关方案进行调整。进行监管沟通后，金融机构应根据调整完善后的方案开展电子银行系统建设，并应在申请前完成对相关系统的内部测试工作。内部测试对象仅限于金融机构内部人员、外包机构相关工作人员和相关机构的工作人员，不得扩展到一般客户。

② 申请所需提交的材料。

  金融机构向相关部门申请开办电子银行业务，应提交以下文件、资料（一式三份）：由金融机构法定代表人签署的开办电子银行业务的申请报告；拟申请的电子银行业务类型及拟开展的业务种类；电子银行业务发展规划；电子银行业务运营设施与技术系统介绍；电子银行业务系统测试报告；电子银行安全评估报告；电子银行业务运行应急计划和业务连续性计划；电子银行业务风险管理体系及相应的规章制度；电子银行业务的管理部门、管理职责，以及主要负责人介绍；申请单位联系人及联系电话、传真、电子邮件信箱等联系方式；相关部门要求提供的其他文件和资料。

③ 电子银行的批准。相关部门在收到金融机构申请开办需要审批的电子银行业务完整申请材料3个月内，做出批准或者不批准的书面决定；决定不批准的，应当说明理由。

金融机构开办电子银行业务后，可以利用电子银行平台进行传统银行产品和服务的宣传、销售，也可以根据电子银行业务的特点开发新的业务类型。

④ 电子银行的业务承接。已开办电子银行业务的金融机构按计划决定终止全部电子银行服务或部分类型的电子银行服务时，应提前3个月就终止电子银行服务的原因及相关问题处置方案等，报告相关部门，并同时予以公告。

金融机构按计划决定停办部分电子银行业务类型时，应于停办该业务前1个月内向相关部门报告，并予以公告。

金融机构终止电子银行服务或停办部分业务类型，必须采取有效的措施保护客户的合法权益，并针对可能出现的问题制定有效的处置方案。

4.3.2 电子银行的风险管理

1. 风险的制度控制

金融机构应将电子银行业务风险管理纳入本机构风险管理的总体框架之中，并应根据电子银行业务的运营特点，建立健全电子银行风险管理体系和电子银行安全、稳健运营的内部控制体系。

金融机构的电子银行风险管理体系和内部控制体系应具有清晰的管理架构、完善的规章制度和严格的内部授权控制机制，能够对电子银行业务面临的战略风险、运营风险、法律风险、声誉风险、信用风险、市场风险等实施有效的识别、评估、监测和控制。

2. 风险的设施控制

金融机构应当保障电子银行运营设施设备及安全控制设施设备的安全，对电子银行的重要设施设备和数据，采取适当的保护措施。

有形场所的物理安全控制，必须符合国家有关法律法规和安全标准的要求，对尚没有统一安全标准的有形场所，金融机构应确保其制定的安全制度能有效地覆盖可能面临的主要风险。

以开放型网络为媒介的电子银行系统，应合理设置和使用防火墙、防病毒软件等安全产品与技术，确保电子银行有足够的反攻击能力、防病毒能力和入侵防护能力。

对重要设施设备的接触、检查、维修和应急处理，应有明确的权限界定、责任划分和操作流程，并建立日志文件管理制度，如实记录并妥善保管相关记录。

对重要技术参数应严格控制接触权限，建立相应的技术参数调整与变更机制，并保证在更换关键人员后，能够有效防止有关技术参数的泄露。

对电子银行管理的关键岗位和关键人员，应实行轮岗和强制性休假制度，建立严格的内部监督管理制度。

3. 其他风险控制

（1）数据安全控制

金融机构应采用适当的加密技术和措施，保证电子交易数据传输的安全性与保密性，以及所传输交易数据的完整性、真实性和不可否认性。

金融机构采用的数据加密技术应符合国家有关规定，并根据电子银行业务的安全性需要和科技信息技术的发展，定期检查和评估所使用的加密技术和算法的强度，对加密方式进行适时调整。

（2）风险责任控制

金融机构应当与客户签订电子银行服务协议或合同，明确双方的权利与义务。

在电子银行服务协议中，金融机构应向客户充分揭示利用电子银行进行交易时可能面临的风险，金融机构已经采取的风险控制措施和客户应采取的风险控制措施，以及相关风险的责任承担。

（3）风险技术控制

金融机构应采取适当的措施和采用适当的技术，识别与验证使用电子银行服务的客户的真实、有效身份，并应依照与客户签订的有关协议对客户作业权限、资金转移或交易限额等实施有效管理。

另外，金融机构应当建立相应的机制，搜索、监测和处理假冒金融机构或有意设置类似于金融机构的电话、网站、短信等骗取客户资料的活动，发现假冒电子银行的非法活动后，应立即向公安部门报案，并向相关部门报告。同时，金融机构应及时在其网站、电话语音提示系统或短信平台上，提醒客户注意。金融机构应尽可能使用统一的电子银行服务电话、域名、短信号码等，并应在与客户签订的协议中明确客户启动电子银行业务的合法途径、意外事件的处理办法，以及联系方式等。已实现数据集中处理的银行业金融机构开展网上银行类业务，总行（公司)与其分支机构应使用统一的域名;未实现数据集中处理的银行业金融机构开展网上银行类业务时,应由总行(公司)设置统一的接入站点,在其主页内设置其分支机构网站链接。

4.3.3 电子银行的法律责任

1. 安全隐患及违规操作的法律责任

金融机构在提供电子银行服务时,因电子银行系统存在安全隐患、金融机构内部违规操作和其他非客户原因等造成损失的,金融机构应当承担相应的责任。

因客户有意泄露交易密码,或者未按照服务协议尽到应尽的安全防范与保密义务造成损失的,金融机构可以根据服务协议的约定免于承担相应责任,但法律法规另有规定的除外。

2. 擅自开办与变更业务的法律责任

金融机构未经批准擅自开办电子银行业务,或者未经批准增加或变更需要审批的电子银行业务类型,造成客户损失的,金融机构应承担全部责任。法律法规明确规定应由客户承担的责任除外。

3. 协助处理义务

金融机构已经按照有关法律法规和行政规章的要求,尽到了电子银行风险管理和安全管理的相应职责,但因其他金融机构或者其他金融机构的外包服务商失职等原因,造成客户损失的,由其他金融机构承担相应责任,但提供电子银行服务的金融机构有义务协助其客户处理相关事宜。

4. 轻微安全隐患的处理

金融机构开展电子银行业务违反审慎经营规则但尚不构成违法违规,并导致电子银行系统存在较大安全隐患的,相关部门将责令其限期改正。逾期未改正,或者其安全隐患在短时间难以解决的,相关部门可以采取下列措施:①暂停批准增加新的电子银行业务类型;②责令金融机构限制发展新的电子银行客户;③责令调整电子银行管理部门负责人。

4.4 第三方支付法律制度

第三方支付作为一种由独立非银行的社会机构提供资金结算服务的支付模式,已随着电子支付交易量的增加在不断地发展和完善,并逐渐成为 B2C 和 C2C 的主要支付渠道。然而,第三方支付是在政策模糊、法律真空与监督管理缺位中摸索着前进的,其中隐藏着巨大的金融风险与经济安全隐患,之前众多第三方支付企业关注的焦点——《支付清算组织管理办法》因经过数年意见征求而迟迟未发布,关于主体资格、经营范围、纠纷裁定等众多问题也尚未明确规范。

2010 年 6 月至 9 月,随着中国人民银行关于《非金融机构支付服务管理办法》(以下简称《办法》)及《非金融机构支付服务管理办法实施细则》(以下简称《办法细则》)的出台,结束了第三方支付行业的原始成长期,使第三方支付行业被正式纳入国家监督管理体系,并拥有了合法的身份。

【相关链接】

支付行业终于有了"准生证"

经历了十年发展，支付行业终于获得了"准生证"。从 2005 年中国人民银行颁布《支付清算组织管理办法（征求意见稿）》，到 2010 年 6 月《非金融机构支付服务管理办法》正式出台，经历了五年的无监管期，300 多家第三方支付企业一直在灰色地带中前行。

当这柄"达摩克利斯之剑"最终落下，规模较大的企业，如支付宝、财付通等，迫切希望《办法》的出台能为其正名，而更多小企业则担心自己不符合《办法》的准入规定，从而使得自己庞大的前期投资打了水漂。

国内最大的第三方支付平台支付宝的公众与客户沟通部负责人表示，支付宝对于《办法》的出台非常欢迎和支持，他认为《办法》对规范整个行业市场有好处，特别是能规范行业中的不良行为，刷掉害群之马，从而促进行业的健康发展。

4.4.1 第三方支付概述

1. 第三方支付的概念

第三方支付即非金融机构支付，主要是指第三方支付平台，指与银行（通常是多家银行）签约，并具备一定实力和信誉保障的第三方独立机构提供的交易支持平台。

在通过第三方支付平台的交易中，买方选购商品后，使用第三方平台提供的方式和银行渠道进行货款的支付，由第三方平台通知卖家货款到达、进行发货；买方检验物品后，就可以付款给卖家。此外，某些第三方支付平台还提供了一定期限内的退货服务；一些第三方平台提供多家银行，共数十种银行卡的支付选择，比起传统的单一银行的网上支付方式，第三方支付平台的这一做法更丰富了网上交易的支付手段。

2. 第三方支付的业务内容

按照《非金融机构支付服务管理办法》的规定，第三方支付应包括网络支付、预付卡的发行与受理、银行卡收单、中国人民银行确定的其他支付服务等类型。

网络支付是指依托公共网络或专用网络在收付款人之间转移货币资金的行为，包括货币汇兑、互联网支付、移动电话支付、固定电话支付、数字电视支付等。

预付卡是指以营利为目的发行的、在发行机构之外购买商品或服务的预付价值，包括采取磁条、芯片等技术以卡片、密码等形式发行的预付卡。

银行卡收单是指通过销售点（POS）终端等为银行卡特约商户代收货币资金的行为。

3. 第三方支付平台的功能

第三方支付平台的功能包括：①接收、处理，并向开户银行传递网上客户的支付指令；②进行跨行之间的资金清算（清分）；③代替银行，开展金融增值服务。

4. 第三方支付平台的特点

第三方支付平台的特点在于"多渠道、多业务、多银行"，因此第三方支付平台在支付领域中具有其特殊的生命力：①不参与买卖双方的具体业务，具有公信度，不会因触及客户商业利益而失去服务机会；②把众多的银行和银行卡整合到一个页面，方便网上客户进行操作，也降低了网民的交易成本；③可进行"多业务、多银行、多渠道"的服务创新；④对商家和消费者有双向财产保护能力，有效地限制了电子交易中的欺诈行为。

4.4.2　第三方支付的申请与许可

根据国务院关于"建立公开平等规范的服务业准入制度，鼓励社会资本进入"等工作要求，中国人民银行依据《中国人民银行法》等法律法规，经国家行政审批部门认定，对非金融机构支付服务实行支付业务许可制度。无论是国有资本还是民营资本的非金融机构，只要符合《办法》的规定，都可以取得《支付业务许可证》。非金融机构提供支付服务，应当依法规定取得《支付业务许可证》，成为支付机构，并接受中国人民银行的监督管理。未经中国人民银行批准，任何非金融机构和个人不得从事或变相从事支付业务。

1. 申请

中国人民银行负责《支付业务许可证》的颁发和管理。为此，申请《支付业务许可证》需经所在地中国人民银行分支机构审查后，报中国人民银行批准。

【相关链接】

我国第三方支付市场状况

中国人民银行有关部门负责人2010年6月23日就《非金融机构支付服务管理办法》(简称《办法》)表示，央行对《支付业务许可证》不做数量限制，鼓励所有具有资质的非金融机构在支付服务市场中平等竞争。

从2011年5月到2014年7月，央行一共发放了7批第三方支付牌照。超过260家企业获得了第三方支付的牌照。单是在2014年，第三方支付市场的规模就增长了将近4倍，总值接近6万亿元。截至2015年，中国人民银行共发放了269张第三方支付牌照。2016年8月到2017年6月，央行总计公布了4批185家支付机构的牌照续展决定。其他支付牌照则被注销，注销支付牌照的机构分为三类：一类是因为严重违规被央行注销牌照；第二类是主动申请注销；第三类主要涉及业务合并。随着第三方支付市场的规范化运行，近年来中国第三方移动支付交易规模快速增长，2019年中国第三方移动支付交易规模达226.1万亿元，较2018年增加了35.6万亿元，同比增长18.69%，2020年中国第三方移动支付交易规模更是达到249万亿元。

该《办法》规定非金融机构提供支付服务应具备相应的资质条件，以此建立统一规范的非金融机构支付服务市场准入秩序，强化非金融机构支付服务的持续发展能力。非金融机构提供支付服务应具备的条件主要包括：

(1) 商业存在

申请人必须是在我国依法设立的有限责任公司或股份有限公司，且为非金融机构法人。

(2) 资本实力

申请人申请在全国范围内从事支付业务的，其注册资本至少为1亿元；申请在同一省（自治区、直辖市）范围内从事支付业务的，其注册资本至少为3000万元，且均须为实缴货币资本。

（3）主要出资人

申请人的主要出资人（包括拥有其实际控制权和10%以上股权的出资人）均应符合关于公司制企业法人性质、相关领域从业经验、一定盈利能力等相关资质的要求。

（4）反洗钱措施

申请人应具备国家反洗钱法律法规规定的反洗钱措施，并于申请时提交相应的验收材料。

（5）支付业务设施

申请人应在申请时提交必要支付业务设施的技术安全检测认证证明。

（6）资信要求

申请人及其高管人员和主要出资人应具备良好的资信状况，并出具相应的无犯罪证明材料。

鉴于支付服务的专业性和安全性要求等，申请人还应符合组织机构、内控制度、风控措施、营业场所等方面的规定。

2. 审批流程

根据《中华人民共和国行政许可法》及其实施办法和《中国人民银行行政许可实施办法》的规定等，《办法》规定《支付业务许可证》的审批流程主要包括：

第一，申请人向其所在地的中国人民银行分支机构提交申请资料。

书面申请应载明申请人的名称、住所、注册资本、组织机构设置、拟申请支付业务等；公司营业执照（副本）复印件；公司章程验资证明；经会计师事务所审计的财务会计报告；支付业务可行性研究报告；反洗钱措施验收材料；技术安全检测认证证明高级管理人员的履历材料；申请人及其高级管理人员的无犯罪记录证明材料；主要出资人的相关材料；申请资料真实性声明。

申请人应当在收到受理通知后按规定公告下列事项：申请人的注册资本及股权结构；主要出资人的名单、持股比例及其财务状况；拟申请的支付业务申请人的营业场所；支付业务设施的技术安全检测认证证明。

第二，申请符合要求的，中国人民银行分支机构依法予以受理，并将初审意见和申请资料报送中国人民银行总行。

第三，中国人民银行总行根据各分支机构的审查意见及社会监督反馈信息等，对申请资料进行审核。准予成为支付机构的，中国人民银行总行依法颁发《支付业务许可证》，并予以公告。

《支付业务许可证》自颁发之日起，有效期为5年。支付机构拟于《支付业务许可证》期满后继续从事支付业务的，应当在期满前6个月内向其所在地的中国人民银行分支机构提出续展申请。中国人民银行准予续展的，每次续展的有效期为5年。

▶▶ 4.4.3 对客户备付金的保护措施

客户备付金是指客户自愿委托支付机构保管的、只能用于办理客户委托的支付业务的货币资金。支付机构可以自主决定其所从事的支付业务是否接受客户备付金。

《办法》在客户备付金保护措施方面做出了以下规定：

1. 明确备付金的性质

支付机构接受的客户备付金不属于支付机构的自有财产，支付机构只能根据客户发起的支付指令转移备付金。禁止支付机构以任何形式挪用客户备付金。

2. 限定备付金的持有形式

第一，支付机构必须选择商业银行作为备付金存管银行，专户存放接受的客户备付金。第二，支付机构只能在同一家商业银行专户存放客户备付金。第三，支付机构的分公司不能自行开立备付金专用存款账户。

3. 强调商业银行的协作监督责任

商业银行作为备付金存管银行，应当对存放在本机构的客户备付金的使用情况进行监督，并有权对支付机构违反规定使用客户备付金的申请或指令予以拒绝。支付机构拟调整不同备付金专用存款账户的头寸时，必须经其备付金存管银行的法人机构进行复核。

4. 突出中国人民银行的法定监管职责

支付机构和备付金存管银行应分别按规定向中国人民银行报送备付金存管协议、备付金专用存款账户及客户备付金的存管或使用情况等信息资料。中国人民银行将依法对支付机构的客户备付金专用存款账户及相关账户等进行现场检查。

▶▶ 4.4.4 法律责任

1. 中国人民银行及其分支机构的工作人员的法律责任

中国人民银行及其分支机构的工作人员有下列情形之一的，依法给予其行政处分；构成犯罪的，依法追究刑事责任：违反规定审查批准《支付业务许可证》的申请、变更、终止等事项的；违反规定对支付机构进行检查的；泄露知悉的国家秘密或商业秘密的；滥用职权、玩忽职守的其他行为。

2. 商业银行的法律责任

商业银行有下列情形之一的，中国人民银行及其分支机构责令其限期改正，并给予警告或处 1 万元以上 3 万元以下罚款；情节严重的，中国人民银行责令其暂停或终止客户备付金存管业务：未按规定报送客户备付金的存管或使用情况等信息资料的；未按规定对支付机构调整备付金专用存款账户头寸的行为进行复核的；未对支付机构违反规定使用客户备付金的申请或指令予以拒绝的。

3. 支付机构的法律责任

支付机构有下列情形之一的，中国人民银行分支机构责令其限期改正，并给予警告或处 1 万元以上 3 万元以下罚款；未按规定建立有关制度办法或风险管理措施的；未按规定办理相关备案手续的；未按规定公开披露相关事项的；未按规定报送或保管相关资料的；未按规定办理相关变更事项的;未按规定向客户开具发票的;未按规定保守客户商业秘密的。

支付机构有下列情形之一的,中国人民银行分支机构责令其限期改正,并处3万元罚款;情节严重的,中国人民银行注销其《支付业务许可证》;涉嫌犯罪的,依法移送公安机关立案侦查;构成犯罪的,依法追究其刑事责任。具体情形包含:转让、出租、出借《支付业务许可证》的;超出核准业务范围或将业务外包的;未按规定存放或使用客户备付金的;未遵守实缴货币资本与客户备付金比例管理规定的;无正当理由中断或终止支付业务的;拒绝或阻碍相关检查监督的;其他危及支付机构稳健运行、损害客户合法权益或危害支付服务市场的违法违规行为。

【学而思】

我国一度存在大量"无照驾驶"平台违法从事金融活动,其中很多打着金融创新和"互联网+"的旗号混淆视听。经过集中整治,互联网金融领域风险形势明显好转,过去"遍地开花"的乱象得到整治。一大批违法开办的互联网理财、保险、证券、基金和代币机构被取缔。全国实际运营P2P网贷机构,由高峰时期约5000家压降至2020年6月末的29家,借贷规模及参与人数连续24个月下降。国家有效调控使互联网金融领域风险形势得到明显好转,那么国家如何切实加强金融消费者教育和保护?

提示:加强金融知识普及,让城乡居民都懂得投资是有风险的,世界上没有高回报低风险的金融产品,更没有所谓"稳赚不赔"的理财项目,宣扬"保本高收益"就是金融诈骗。机构和个人投资者都要树立价值投资、理性投资和风险防范意识。弘扬契约精神,强化法治意识,坚持依法办事,提高违法成本。简化产品结构,严格客户分层,如实通报风险。强化信息披露,提高市场透明度。加快社会信用体系建设,进一步健全失信联合惩戒机制,及时纠正误导金融消费者的各种违法违规行为。

【相关链接】

中国人民银行《非银行支付机构条例(征求意见稿)》

2010年,中国人民银行发布了《非金融机构支付服务管理办法》,开始对支付机构开展支付业务进行规范。2016年4月,中国人民银行等14部委联合发布《非银行支付机构风险专项整治工作实施方案》,10月国务院办公厅发布《互联网金融风险专项整治工作实施方案》,整治支付市场乱象被列为重要内容。2017年以来,央行和相关机构更是从备付金、跨行清算、业务许可、条码支付等方面密集出台文件,全方位出击,"严监管"和"强服务"结合,打出了清理整治支付市场的组合拳。但是,由于上述制度文件属于部门规章,层级较低,威慑力不够,难以完全满足对支付清算市场的监管需要。为了应对支付服务市场快速发展,创新层出不穷,风险复杂多变,机构退出和处置面临新的要求,提升支付机构监管法律层级,进一步规范支付机构合规经营,维护支付服务市场健康发展。因此,央行牵头起草了《非银行支付机构条例(征求意见稿)》(以下简称《条例》)。

在起草思路方面,一是坚持功能监管的理念,强调同样的业务遵守相同的规则,避免监管套利和监管空白;二是坚持机构监管与业务监管相结合,按照"先证后照"的原则,对支付机构实施机构监管,同时对支付机构业务经营、关联交易等实施全方位监管;三是坚持穿透式监管,加强对股东、实际控制人和最终受益人准入和变更的监管。

同时,强化支付领域反垄断监管措施。在起草说明中,中国人民银行表示,《条例》以强化金融监管为重点，以防范系统性金融风险为底线，丰富监管手段。一是强化支付领域反垄断监管措施，明确界定相关市场范围及市场支配地位认定标准，维护公平竞争市场秩序。二是规范人民银行的检查权和检查措施，保障人民银行执法权的有效行使。三是明确支付机构股权质押、开展创新业务、重大事项变更等情况需向人民银行备案等监管要求。

最后，在过渡期安排方面，本条例施行前已获得支付业务许可证的非银行支付机构，应当在本条例施行之日起1年内达到本条例规定的条件。逾期仍不符合本条例规定条件的，由中国人民银行根据审慎监管原则暂停其业务；拒不停止业务或者有其他情节严重情形的，由中国人民银行吊销其支付业务许可证。

（资料来源：央行《非银行支付机构条例》征求意见：强化支付领域反垄断，还提到"拆分"，http://bank.hexun.com/2021-01-20/202867137.html）

案例与思考

小袁是金华磐安的一名在校大学生，由于资金短缺，在网上一家快速贷款公司申请了三千元的贷款，结果几个月后，三千元的贷款变成了三十万元！这其中的原因究竟是什么呢？让我们来详细了解一下，看看到底是怎么回事。

起初，小袁向速贷公司提供了自己的身份证、通讯录等信息，向这家贷款公司贷款人民币三千元，除去贷款公司30%所谓的砍头息，也就是服务费，实际拿到手的资金只有两千一百元。等到第一期还款的时候，小袁由于自己资金短缺，还不起贷款，于是速贷公司就给小袁推介了其他的财务放款人。小袁就这样按照他们的要求，一步一步不断地进行借款，短短几个月内，小袁向31家贷款公司借款还贷，借款累计达到三十多万元，小袁的父母也几乎掏空家底帮助其还款，但还是补不上这个窟窿。贷款公司见小袁没有能力还款，于是就给她朋友一个一个打电话，让他们帮助小袁来还款，小袁自己的手机常常被打到没电。面对高额借款的压力、暴力催收的恐惧和身边人异样的眼光，走投无路的小袁选择了向警方求助。

警方接到小袁的报警后，迅速对这件事做了调查。调查发现，这家速贷公司跟其他三家借贷公司同属贷款公司，都涉及所谓的"套路贷"。他们在放款之后，对无法进行偿还的贷款人，贷款公司将其外包给催款公司，通过打爆通讯录、群发威胁、侮辱信息、处理照片等手段进行暴力催讨，设置每天30%～50%的高额逾期费。除此之外，这些贷款公司还跟小袁签订"阴阳合同"，小袁贷款三千元，但是合同里面写的是六千元，而实际到手的借款只有两千一百元，以此来规避有关监督管理部门的调查。在警方的努力下，现已成功将这个套路贷团伙抓获，其中涉案人员四十多名，涉案金额高达数亿元，而通过套路贷的受害人员有数万人。

案例问题： 结合案例谈一谈，大学生在接受新生事物的同时，如何运用法律防范风险？

自测题

一、单选题

1. 单位、个人在社会经济活动中使用票据、银行卡和汇兑、托收承付、委托收款、信用证等结算方式进行货币给付及其资金清算的行为是（　　）。

    A. 电子支付　　　　B. 电子信贷　　　　C. 电子汇兑　　　　D. 支付结算

2. 电子支付服务提供者应当向用户免费提供对账服务以及最近（　　）的交易记录。
   A．一年　　　　　B．三年　　　　　C．二年　　　　　D．五年
3. 未经授权的支付造成的损失，由（　　）承担。
   A．电子支付服务提供者　　　　　B．电子商务消费者
   C．电子商务经营者　　　　　　　D．银行
4. 下列不属于电子支付法律关系的当事人的是（　　）。
   A．用户　　　　　　　　　　　　B．网上银行
   C．电子认证服务机构　　　　　　D．第三人
5. 不属于第三方支付平台的功能的是（　　）。
   A．接收、处理，并向开户银行传递网上客户的支付指令
   B．进行跨行之间的资金清算（清分）
   C．代替银行，开展金融增值服务
   D．发行电子货币
6. 根据《电子认证服务管理办法》第二十九条规定，电子认证服务机构可以撤销其签发的电子签名认证证书的情形有（　　）。
   A．证书持有人申请撤销证书
   B．证书持有人提供的信息不真实
   C．证书持有人没有履行双方合同规定的义务
   D．证书的安全性不能得到保证

二、多选题

1. 电子支付的形式包括（　　）。
   A．电子信用卡　　B．电子货币　　C．电子支票　　D．票据
2. 企业网上银行的功能主要是（　　）。
   A．查询　　　　　B．资金划转　　C．资金管理　　D．财务内控管理
3. 电子支付法律关系的特点是（　　）。
   A．以电子商务法律规范为前提　　B．平等主体之间的电子商务关系
   C．电子支付主体真实的意思表示　D．由国家强制力予以保障的社会关系
4. 电子货币具有如下特点（　　）。
   A．无形性　　　　B．广泛性　　　C．储值性　　　D．隐秘性
5. 电子支付服务提供者为电子商务提供电子支付服务，应当遵守国家规定，告知用户（　　）不得附加不合理交易条件。
   A．电子支付服务的功能
   B．电子支付使用方法
   C．电子支付注意事项
   D．电子支付相关风险和收费标准等事项

三、简答题

1. 与传统的支付方式相比，电子支付的特点有哪些？
2. 简述网上银行的特征。

3. 和微信、支付宝相比，数字人民币的优势有哪些？
4. 电子支付法律关系的特点是什么？
5. 第三方支付的业务内容是什么？

四、案例题

2015年春节期间，微信红包借助春晚"摇一摇"，成为全国瞩目的现象级产品。微信官方公布的数据显示，除夕当天，微信红包收发总量达10.1亿次，是2014年的200倍，在央视春晚送红包互动中，微信摇一摇总次数达72亿次，峰值8.1亿次/分钟。微信红包的爆红，也让微信红包及其背后的微信支付置身于舆论的放大镜下。

不少首次接触微信支付的用户发现，微信红包确实很方便，不需要绑定银行卡就能收红包。而收到的红包不仅能转账给别人，还能用来充话费、买彩票。更让人意外的是，如果用户没有绑定银行卡，在转账、充话费、买彩票时设置都无须输入任何支付密码就能直接完成支付。

据中国电子商务研究中心在发布的《"红包大战"后遗症及对策建议》中分析，微信红包的这些便捷设置源于其忽视了监管规定的实名要求。

根据央行《非金融机构支付服务管理办法实施细则》和《支付机构反洗钱和反恐怖融资管理办法》的规定，网络支付机构在为客户开立支付账户时，应当识别客户身份，登记客户身份基本信息，通过合理手段核对客户基本信息的真实性。具体来说，客户通过银行结算账户进行支付的，支付机构应当记载相应的银行结算账号。客户通过非银行结算账户进行支付的，支付机构还应当记载客户有效身份证件上的名称和号码。

中国电子商务研究中心的报告认为，微信支付作为财付通所提供的网络支付业务，应当遵循上述规定。微信支付上述违规的风险在于，一旦匿名用户发生交易纠纷、欺诈案件，若收款方为匿名用户，微信支付只能提供对方的开通微信时的手机号码，而完全无法披露收款人的身份信息，使得付款人无法通过合法渠道获得救济。这将对金融秩序、用户合法权益的保护带来挑战。

按照央行对支付机构的监管规定，非实名的收款属于违规行为。不实名支付的情况仅适用于1000元以下的非实名卡预付卡，但非实名卡仅允许在特约商户消费，不允许匿名转账，更不能赎回。

据了解，微信零钱包匿名情况下可以收款3000元，且单笔200元以内可以匿名转账、3000元以内可以匿名消费。虽然有一定的额度限制，但考虑到微信红包春节期间的收发总量达到32.7亿次，参与用户众多，匿名收付款的潜在风险值得关注。

目前微信支付并没有申请支付牌照，而是借助腾讯旗下的财付通提供服务。中国电子商务研究中心互联网金融部助理分析师陈莉认为，假如微信是财付通的业务外包商，根据《非金融机构支付服务管理办法》第十七条，支付机构应当按照《支付业务许可证》核准的业务范围从事经营活动，不得从事核准范围之外的业务，不得将业务外包。所以，她认为财付通把业务"外包"给微信，有"擦边球"违规之嫌。

思考：
1. 微信红包的存在是否具有法律依据？
2. 微信红包中消费者的权利与义务有哪些？

实训题

实训一 登录中国建设银行，申请网上个人银行服务

操作步骤

（1）打开 IE 浏览器，输入网址 http://www.ccb.com/ cn/ebank/wsyh_oroducts_list.html。
（2）单击左侧"网上银行服务"｜"个人网上银行"｜"新用户注册"（红字）。
（3）查看"中国建设银行个人网银申请风险提示"，并选择相应选项，单击"继续申请网上银行"。
（4）单击"中国建设银行网上银行个人客户服务协议"，阅读相关条款。
（5）填写相关信息后，单击"确认"。（做到此步骤登录，只能进行账户余额查询）
（6）持有效证件、中国建设银行账户到中国建设银行网点办理签约手续。
（7）登录建行网上银行，按照提示设置交易密码，下载证书。
注：若无中国建设银行相关账号或账户，可在"个人网上银行"下的"网上银行功能演示"中进行操作。

实训二 手机注册支付宝账户

操作步骤

（1）用手机登录支付宝 App，单击"新用户注册"；如果原支付宝 App 里有输入账号，则需要再注册，单击下方"更多"｜"注册"
（2）输入手机号，单击"注册"。
注："手机号归属地"支持我国及 246 个国外地区注册，用户可点击"手机号归属地"切换归属地。
（3）填写验证码验证，验证码校验成功后，进入支付宝 App 首页。
（4）通过验证，设置支付密码。
注：注册环节中不再需要补全支付密码，在做首笔交易支付的时候补全 6 位支付密码。
（5）注册成功。
（6）如果系统判断存在操作异常，在注册中需要通过安全验证。
（7）如果注册的账户密码和已有账户密码一致，可直接登录账户。

小组任务

1. 小组组成及任务

案例：网银被一次性盗转 3 万多元 银行赔偿四成（网络中查找即可）。
任务：法庭模拟审理"网银被一次性盗转 3 万多元 银行赔偿四成"。

团队：全班学生分成三个小组，第一组为原告，第二组为被告，第三组为法官、书记员和陪审员。

2. 要求

各小组准备相应的诉讼材料，在法庭模拟审理本案时完成并体会相应角色，同时熟悉并掌握相应法律知识。

各小组主要准备与《中华人民共和国民事诉讼法》和《中华人民共和国反不正当竞争法》相关的内容。

第一组（原告）准备材料：身份证号码、网银登录密码、转账密码及电子证书、银行转账记录、报案记录。

第二组（被告）银行准备材料：原告的网银账号登录记录和免责法律文件。

第三组（法官、书记员和陪审员）审查证据，并借助网络，写出判决书。

第5章

新兴电子商务模式的法律规制

【引导性案例】

广州市监局公布"辛巴带货燕窝"处理情况：带货方拟被罚90万元

2020年12月23日，广州市场监督管理局公布"辛巴带货燕窝"处理情况：带货方拟被罚款90万元。

经查，和翊公司作为涉事直播间的开办者，受商品品牌方融昱公司委托，于2020年9月17日、10月25日，安排主播"时大漂亮"通过快手直播平台推广商品"茗挚碗装风味即食燕窝"。在直播带货过程中，主播仅凭融昱公司提供的"卖点卡"等内容，加上对商品的个人理解，即对商品进行直播推广，强调商品的燕窝含量足、功效好，未提及商品的真实属性为风味饮料，存在引人误解的商业宣传行为，其行为违反了《中华人民共和国反不正当竞争法》第八条第一款的规定。

根据《中华人民共和国反不正当竞争法》的规定，广州市场监督管理局拟对和翊公司做出责令停止违法行为、罚款90万元的行政处罚。下一步，市场监督管理局将坚持依法行政，严厉打击网络直播营销活动中的违法行为，切实保护消费者合法权益。同时，广州市场监督管理局也将会同有关部门规范网络直播营销活动，引导行业自律，促进网络直播营销行业健康有序发展。

澎湃新闻此前报道，2020年11月19日，打假人士王海发微博质疑辛选主播在直播间推广的茗挚碗装风味即食燕窝产品中燕窝成分含量低。

2020年11月27日，"辛选官方微博"转发创始人辛有志的微博回应称，"茗挚"品牌燕窝产品在直播间推广销售时存在夸大宣传，燕窝成分每碗不足2克。辛选现提出先行赔付方案，召回直播间销售的涉事产品并承诺退一赔三。

【本章学习目标】

1. 熟悉网络直播的概念与特点。
2. 掌握网络直播营销主体的法定义务、商家的法定义务及主播的法定义务。
3. 理解网络直播营销平台的概念、审核义务、加强服务规范义务，以及加强管理义务。
4. 掌握跨境电子商务的定义、跨境电子商务的特点，以及我国现行跨境电子商务的立法体系。
5. 理解并掌握跨境电子商务对中国的意义及跨境电子商务的模式与分类。

【课程思政目标】

通过对网络直播营销和跨境电子商务法律相关内容的学习和掌握，使学生知晓网络直播不是法外之地，其所有活动都应在法律框架内进行。跨境电商乘"一带一路"的东风顺势而起的同时，更应该注重运用法治思维解决相关涉法问题。

【能力指标解析表】

新兴电子商务模式的法律规制

一级指标	权重	二级指标	权重	三级指标	权重
网络直播营销行为规范	0.5	网络直播与网络直播营销概述	0.1	网络直播的概念	0.25
				网络直播营销的概念	0.25
				网络直播营销的主要参与主体	0.25
				网络直播营销活动中所发布的信息的禁止性要求	0.25
		网络直播营销主体的法定义务	0.2	网络直播营销主体的消费者权益保护义务	0.25
				个人信息保护义务	0.25
				守法义务	0.25
				知识产权保护义务	0.25
		商家的法定义务	0.2	亮照经营义务	0.2
				合法入驻与经营义务	0.4
				诚实守信经营义务	0.4
		主播的法定义务	0.2	主播的概念及其基本要求	0.25
				主播直播禁止性义务	0.25
				主播直播带货过程中对消费者权益的保护	0.25
				主播对商家权益的保护义务	0.25
		网络直播营销平台	0.2	网络直播营销平台的概念	0.2
				审核义务	0.2
				平台规则的建立	0.2
				加强服务规范义务	0.2
				加强管理义务	0.2
		其他参与者	0.1	其他参与者的范围	0.2
				主播服务机构应遵循的规范	0.4
				主播服务机构的禁止性义务	0.4
跨境电子商务法律法规	0.5	跨境电子商务概述	0.25	跨境电子商务的概念	0.2
				跨境电子商务的特征	0.4
				跨境电子商务对中国的意义	0.4
		跨境电子商务的模式与分类	0.25	根据交易主体进行分类	0.2
				根据交易项目进行分类	0.4
				根据项目的流动性进行分类	0.4
		我国跨境电子商务立法进程	0.2		

续表

一级指标	权重	二级指标	权重	三级指标	权重
跨境电子商务法律法规	0.5	我国现行跨境电子商务的法律体系	0.3	关于跨境电子商务的一般性法律规定	0.1
				跨境电子商务中的主要法律主体的相关规定	0.2
				电子合约的签署及履行过程中的风险	0.2
				供应链配送问题的法律风险	0.2
				个人信息的法律保护	0.2
				海关、检验检疫、税务和收付汇等问题	0.1

【职业指导】

5G时代的到来，使电商企业的人才需求结构发生了巨大的变化，新媒体、社群、视频等方向的人才需求增长非常迅猛。内容电商方向的人才需求量远高于当前的人才储备量。高校每年电商专业毕业生有数十万人，但数量仍旧难以满足企业的要求且实操性不强，据权威数据可知，目前新媒体、社群人才急需缺口达54%、专业的电商直播人才急需缺口达50%。而"直播销售员"这一新工种正好填补了这一空缺，成了一种刚需。

直播销售员是由我国人力资源社会保障部、国家市场监管总局和国家统计局联合发布的新职业岗位。直播销售员的工作是通过各类直播平台进行品牌宣传、产品销售等工作。直播销售员需要有健康的个人形象、专业的沟通技巧和营销推广技巧。直播销售员的业绩及薪酬计算方式：一是可以作为直播销售员团队讲师或部门管理者，拿相应报酬；二是直接在各大直播平台进行品牌宣传或产品销售，报酬直接与品牌宣传效果或销售额挂钩。

5.1 网络直播营销行为规范

4G、5G网络技术的市场化应用催生了视频直播，并促使其快速商业化。2016年网络直播商业化起步，在资本市场运作下迅速成长，现今网络直播市场规模已经达到百亿元以上，作为新兴电子商务模式，当前直播市场的问题也逐渐暴露出来。所以，为了促进网络直播行业的规范发展，我们只能从法律层面入手，制定完善、齐全的法律规制，加强网络直播行业监控。我国现行的相关法律法规主要有《网络安全法》《电子商务法》《广告法》《反不正当竞争法》《网络信息内容生态治理规定》《网络直播营销管理办法（试行）》等。此外，中国广告协会发布《网络直播营销行为规范》对网络直播营销实践也具有重要的指导意义。

5.1.1 网络直播与网络直播营销概述

《中国互联网发展报告2020》指出，截至2020年6月，中国网络直播用户规模达5.62亿人次，占网民整体的62%以上，其中娱乐直播行业移动用户规模超过1.5亿人次。此外，预计2024年中国企业直播服务领域市场规模将达191.29亿元，行业发展空间巨大。

1．网络直播的概念

网络直播活动是指以互联网作为基底，通过电子数据的形式，向观看者发布视频、音频等内容的活动。具体来说，网络直播是依靠互联网技术提供支持，通过网络直播软件为网络主播提供直播活动的平台，将主播现有状态实时传输给观众的全新传媒方式。直播平台通过整合互联网技术、盈利模式、在线人数等资源，通过观众打赏抽成、直播带货、广告收费等方式进行运营发展。

2. 网络直播营销的概念

网络直播营销是指通过互联网站、应用程序、小程序等，以视频直播、音频直播、图文直播或多种直播相结合等形式开展营销的商业活动。网络直播营销作为一种社会化营销方式，对促进消费扩容提质、形成强大国内市场起到了积极作用。规范网络直播营销活动，促进其健康发展，需要在现行法律框架下，构建包括政府监督管理、主体自治、行业自律、社会监督在内的社会共治格局。网络直播营销活动的诸多要素带有明显的广告活动功能和特点，广告活动的各类主体也积极参与网络直播营销活动，是网络直播营销新业态发展的重要力量。

3. 网络直播营销的主要参与主体

网络直播营销是指商家、直播营销人员（以下简称主播）等参与者在电商平台、内容平台、社交平台等网络平台上以直播形式向用户销售商品或提供服务的活动。网络直播营销的主要参与主体包括直播营销平台、直播间运营者、主播、直播营销人员服务机构等。

直播营销平台，是指在网络直播营销中提供直播服务的各类平台，包括互联网直播服务平台、互联网音视频服务平台、电子商务平台等。

直播间运营者，是指在直播营销平台上注册账号或者通过自建网站等其他网络服务，开设直播间从事网络直播营销活动的个人、法人和其他组织。

主播，是指在网络直播营销中直接向社会公众开展营销的个人。

直播营销人员服务机构，是指为直播营销人员从事网络直播营销活动提供策划、运营、经纪、培训等的专门机构。

网络直播营销活动参与者应当认真遵守国家法律、法规，坚持正确导向、诚实信用、信息真实、公平竞争等原则，活动内容符合社会主义精神文明建设和弘扬中华民族优秀传统文化的要求。

鼓励网络直播营销平台经营者积极参与行业自律，共同推进网络直播营销活动社会共治。

【相关链接】

2020年11月23日，国家广播电视总局发布《国家广播电视总局关于加强网络秀场直播和电商直播管理的通知》（以下简称《通知》)，对网络秀场直播、电商直播节目进行规范。其中，《通知》要求，网络秀场直播平台要对网络主播和"打赏"用户实行实名制管理。未实名制注册的用户不能打赏，未成年用户不能打赏。此外，平台应对"打赏"设置延时到账期，如主播出现违法行为，平台应将"打赏"返还给用户。

4. 网络直播营销活动中所发布的信息的禁止性要求

网络直播营销活动中所发布的信息不得包含以下内容：

第一，反对宪法所确定的基本原则及违反国家法律、法规禁止性规定的。

第二，损害国家主权、统一和领土完整的。

第三，危害国家安全、泄露国家秘密及损害国家荣誉和利益的。

第四，含有民族、种族、宗教、性别歧视的。

第五，散布谣言等扰乱社会秩序，破坏社会稳定的。

第六，淫秽、色情、赌博、迷信、恐怖、暴力或者教唆犯罪的。

第七，侮辱、诽谤、恐吓、涉及他人隐私等侵害他人合法权益的。

第八，危害未成年人身心健康的。

第九，其他危害社会公德或者民族优秀文化传统的。

【相关案例】

47 名主播被封禁 5 年

2020 年 10 月 10 日，中国演出行业协会网络表演（直播）分会通过官方微信号向社会公布第七批主播黑名单，47 名主播因涉嫌从事违法违规活动被列入黑名单。这 47 名主播中，有多名曾为某平台的助眠主播，其直播间中部分"助眠"实为违规内容，存在强烈性暗示内容。中国演出行业协会网络表演（直播）分会透露，根据《互联网文化管理暂行规定》《网络表演经营活动管理办法》《互联网直播服务管理规定》等相关法律法规，按照《网络表演（直播）行业主播"黑名单"管理制度》《黑名单认定工作流程》相关规定，禁止这 47 名主播在行业内注册账号和进行直播，封禁期限 5 年。

（资料来源：潇湘晨报，2020 年 10 月 11 日）

▶▶ 5.1.2 网络直播营销主体的法定义务

网络直播营销活动作为互联网电子商务的新业态，兼具"电子商务+宣传促销+导购卖货"等特点，模式新、主体多、法律关系复杂。为此，明确网络直播营销活动中相关主体的法律责任，依法查处网络直播营销活动中的违法行为，有利于促进网络直播营销活动的健康发展，打造公平有序的竞争环境和安全放心的消费环境。

【相关链接】

网络直播不是法外之地

近几年来，随着互联网的快速发展，网络直播带货成为一种新时尚。尤其是自 2019 年年底一场突如其来的疫情，让 2020 年的直播带货"火"出了新高度，超出了许多人的预想。商务部数据显示，仅 2020 年第一季度，全国电商直播就超过了 400 万场。直播带货不仅成为各地农副产品销售的重要渠道，也带动了这一新型消费方式的发展。网络直播带货是一种新型的商业模式，对于促进市场经济的繁荣具有积极作用，但要明白网络直播带货不是法外之地。职能部门要加强监督管理，不断完善监督机制，并严厉打击网络直播中的违法行为。企业、平台和主播们要加强自律，切实扛起自己的社会责任，主动作为，共同构建风清气正的网络直播环境。

现阶段网络直播带货中违法行为的发生，一定程度上是因为法律法规不完善。因此，当前应尽快加强和完善网络直播行业的立法，用法律细化各方责任，用法律规范网络直播行为，努力在网络直播带货管理上做到有法可依、有法必依、执纪必严、违法必究，不给那些心术不正、唯利是图者可乘之机，不断推进网络直播行业朝着健康的方向发展。

1. 网络直播营销主体的消费者权益保护义务

网络直播营销活动应当全面、真实、准确地披露商品或者服务信息,依法保障消费者的知情权和选择权;严格履行产品责任,严把直播产品和服务质量关;依法依约积极兑现售后承诺,建立健全消费者保护机制,保护消费者的合法权益。

按照《中华人民共和国反不正当竞争法》第八条的规定,经营者不得对其商品的性能、功能、质量、销售状况、用户评价、曾获荣誉等做虚假或者引人误解的商业宣传,欺骗、误导消费者。经营者不得通过组织虚假交易等方式,帮助其他经营者进行虚假或者引人误解的商业宣传。所以,网络直播营销主体不得利用"刷单""炒信"等流量造假方式虚构或篡改交易数据和用户评价;不得进行虚假或者引人误解的商业宣传,欺骗、误导消费者。

在网络直播营销中发布商业广告的主体,应当严格遵守《中华人民共和国广告法》的各项规定。

2. 个人信息保护义务

网络直播营销主体应当依法履行网络安全与个人信息保护等方面的义务,收集、使用用户个人信息时应当遵守法律、行政法规等相关规定。

【相关链接】

遏制网络直播侵权风险

随着网络直播的普及,个人隐私也面临着被泄露的风险。比如,有的餐厅为了宣传,直播食客吃相,引发网友围观;还有的健身房直播顾客健身以吸引眼球。

我国法律规定,公民享有肖像权,未经本人同意,不得以营利为目的使用公民肖像。未经允许就将他人出现在直播画面中,无疑构成了对他人肖像权的侵犯。从个人信息安全角度来看,很多人对"被上传""被围观"完全不知情,商家泄露他人的隐私,极有可能被别有用心的人利用。

谨防"随意播"变成"侵权播",一方面需要拍摄者增强法律意识,商家借助直播方式宣传产品,必须尊重消费者的合法权益,同时征得他人同意;另一方面,直播平台也应做好管理工作,加强对播出内容的审核,不给"随意播"提供便利。同时,相关职能部门应加大对此类问题的监督管理,规范直播平台的播出行为。

此外,消费者也要增强维权意识。面对商家的不法侵害,消费者有权要求商家停止侵害、消除影响、赔礼道歉、赔偿损失等,也可向消费者权益保护协会举报、向工商行政管理部门投诉,以维护自身合法权益。

(资料来源:经济日报,2019年5月7日)

3. 守法义务

网络直播营销主体应当遵守法律和商业道德,公平参与市场竞争。不得违反法律规定,从事扰乱市场竞争秩序,损害其他经营者或者消费者合法权益的行为。例如,在网络直播营销活动中发布法律、行政法规规定应进行发布前审查的广告,应严格遵守广告审查有关规定。未经审查不得发布医疗、药品、医疗器械、农药、兽药、保健食品和特殊医学用途配方食品等法律、行政法规规定应当进行发布前审查的广告。

4. 知识产权保护义务

网络直播营销主体应当建立健全知识产权保护机制，尊重和保护他人知识产权或涉及第三方的商业秘密及其他专有权利。

此外，网络直播营销主体之间应当依法或按照平台规则订立合同，明确各自的权利义务。网络直播营销主体应当完善对未成年人的保护机制，注重对未成年人身心健康的保护。

5.1.3 商家的法定义务

1. 亮照经营义务

商家是在网络直播营销中销售商品或者提供服务的商业主体。商家应具有与所提供商品或者服务相应的资质、许可，并亮证亮照经营。商品经营者通过网络直播销售商品或者服务的，应当在其网店首页显著位置，持续公示营业执照信息、与其经营业务有关的行政许可信息，并向消费者提供经营地址、联系方式、售后服务等信息。网络平台应当为公示上述信息提供技术支持等便利条件。

2. 合法入驻与经营义务

商家入驻网络直播营销平台时，应提供真实有效的主体身份、联系方式、相关行政许可等信息，信息若有变动，应及时更新并告知平台进行审核。

商家销售的商品或者提供的服务应当合法，并且符合网络直播营销平台规则规定，不得销售、提供违法违禁商品、服务，不得侵害平台及任何第三方的合法权益。

商家推销的商品或提供的服务应符合相关法律法规对商品质量和使用安全的要求，符合使用性能、宣称采用标准、允诺等，不存在危及人身或财产安全的不合理风险。

商家销售药品、医疗器械、保健食品、特殊医学用途配方食品等特殊商品时，应当依法取得相应的资质或行政许可。

3. 诚实守信经营义务

商家应当按照网络直播营销平台规则要求提供真实、合法、有效的商标注册证明、品牌特许经营证明、品牌销售授权证明等文件。商家发布的产品、服务信息，应当真实、科学、准确，不得进行虚假宣传、欺骗、误导消费者。涉及产品、服务标准的，应当与相关国家标准、行业团体标准相一致，保障消费者的知情权。商家营销商品和服务的信息属于商业广告的，应当符合《中华人民共和国广告法》的各项规定。商品经营者通过网络直播销售商品或提供服务，应遵守相关法律法规，建立并执行商品进货检查验收制度。不得通过网络直播销售法律、法规规定禁止生产、销售的商品或服务；不得通过网络直播发布法律、法规规定禁止在大众传播媒介发布的商业广告；不得通过网络直播销售禁止进行网络交易的商品或服务。

商家应当依法保障消费者合法权益，积极履行自身做出的承诺，依法提供退换货保障等售后服务。

商家与主播之间约定的责任分担内容和方式等，应当遵守法律、法规规定，遵循平台规则。

5.1.4 主播的法定义务

1. 主播的概念及其基本要求

主播是指在网络直播营销活动中与用户直接互动交流的人员。

主播应当了解与网络直播营销相关的基本知识,掌握一定的专业技能,树立法律意识。主播不得违反法律、法规和国家有关规定,将其注册账号转让或出借给他人使用。主播设定直播账户名称、使用的主播头像与直播间封面图应符合法律和国家有关规定,不得含有违法及不良有害信息。

主播入驻网络直播营销平台,应提供真实有效的个人身份、联系方式等信息,信息若有变动,应及时更新并告知。主播入驻网络直播营销平台应当进行实名认证,前端呈现可以采用符合法律法规要求的昵称或者其他名称。

2. 主播直播禁止性义务

第一,主播的直播间及直播场所应当符合法律、法规和网络直播营销平台规则的要求,不得在下列场所进行直播。
① 涉及国家及公共安全的场所。
② 影响社会正常生产、生活秩序的场所。
③ 影响他人正常生活的场所。
直播间的设置、展示属于商业广告的,应当符合《中华人民共和国广告法》的规定。
第二,主播在直播营销中应坚持社会主义核心价值观,遵守社会公德,不得含有以下言行:
① 带动用户低俗氛围,引导场内低俗互动。
② 带有性暗示、性挑逗、低俗趣味的。
③ 攻击、诋毁、侮辱、谩骂、骚扰他人的。
④ 在直播活动中吸烟或者变相宣传烟草制品(含电子烟)的。
⑤ 内容荒诞惊悚,以及易导致他人模仿的危险动作。
⑥ 其他违反社会主义核心价值观和社会公德的行为。

3. 主播直播带货过程中对消费者权益的保护

主播发布的商品、服务内容与商品、服务链接应当保持一致,且实时有效。法律、法规规定需要明示的直接关系消费者生命安全的重要消费信息,应当对用户进行必要、清晰的消费提示。

主播在直播活动中,应当保证信息真实、合法,不得对商品和服务进行虚假宣传、欺骗、误导消费者。

主播在直播活动中做出的承诺,应当遵守法律法规,遵循平台规则,并符合其与商家的约定,保障消费者合法权益。

主播应当遵守法律、法规,遵循平台规则,配合网络直播营销平台做好参与互动用户的言论规范管理。

4. 主播对商家权益的保护义务

主播在网络直播营销活动中不得损害商家、网络直播营销平台合法利益,不得以任何形式导流用户私下交易,或者从事其他谋取非法利益的行为。

主播向商家、网络直播营销平台等提供的营销数据应当真实，不得采取任何形式进行流量等数据造假，不得采取虚假购买和事后退货等方式骗取商家的佣金。

主播以机构名义进行直播活动的，主播机构应当对与自己签约的个人主播的网络直播营销行为负责。

【相关案例】

未按约定直播带货"翻车"了　网红主播违约退赔服务费 6000 元

近年来，网红主播在社交或电商平台进行直播带货方兴未艾，但由此产生相应民事纠纷并起诉至人民法院的也不少。2020 年 10 月 11 日，太湖县人民法院民庭审结了一起因抖音直播带货服务违约引起的服务合同纠纷案件。

2020 年 5 月 23 日，原告某花茶店与提供网络服务的被告某传媒公司签订了《抖音营销服务合同》，约定该传媒公司联络某抖音主播提供直播带货营销服务，费用 1.5 万元，佣金为销量的 20%。当日，原告支付了服务费。双方工作人员通过微信确认了合同细节及其他事宜。原告方要求主播直播时必须使用其送的花茶杯、用烧开的自来水现场冲泡，使花茶先后呈现蓝、紫、粉红、玛瑙红等颜色变化，强调这是该花茶的最大卖点。原告另发送了附有花茶适用人群、产品成分、产品销售链接等介绍内容的直播表。被告方确认了上述信息，并表示会告知主播。

按被告要求，原告寄送了花茶样品。5 月 26 日晚上，在直播过程中，原告的花茶没有进行现场冲泡，也没有呈现颜色变化。原告询问被告，被告方表示已由主播予以返场讲解补救，并同意赔偿部分损失，但双方协商一直无果。原告即起诉请求判令被告返还服务费 1.5 万元及承担律师代理费用 5000 元。

法院经审理认为，依法成立的民事合同法律关系受法律保护。在这起案件中，原、被告签订在直播平台推介产品的《抖音营销服务合同》，约定被告联络抖音主播并商定由其为原告营销推介花茶，系双方真实意思表示，不违反法律规定，合法有效，当事人应按约定全面履行合同义务。在合同履行中，因该抖音主播在直播中未对花茶进行现场冲泡，以致该花茶在冲泡时先后产生不同颜色变化这一重要产品卖点未能完全体现，履行合同约定不够完全。根据我国相关法律规定，当事人约定由第三人向债权人履行债务，第三人不履行债务或者履行债务不符合约定的，债务人应当向债权人承担违约责任。被告作为合同相对方，应依法向原告承担违约责任。通过查明的事实，该主播除未进行现场冲泡外，基本上履行了宣传、推介原告花茶产品的其他合同义务，对该花茶产品在冲泡过程中颜色变化的特色也进行了口头介绍，该介绍虽不比现场冲泡效果更直观，但对受众仍起到重要的产品宣传作用，对此不应予以否认，加之被告方已实际履行大部分义务的事实，再考虑到双方对违约责任约定不明确，结合被告方过错程度，法院酌情认定返还合同价款 6000 元以弥补原告损失。原告另要求被告承担律师代理费 5000 元的诉求，法院认为该费用非必要支出，未予支持。综上，法院判决被告向原告返还服务费 6000 元，驳回原告其他诉求。

（资料来源：http://www.ahyouth.com/news/20201016/1490671.shtml）

▶▶ 5.1.5　网络直播营销平台

1. 网络直播营销平台的概念

网络直播营销平台是指在网络直播营销活动中提供直播技术服务的各类社会营销平台，包括电商平台、内容平台、社交平台等。

网络直播营销平台经营者应当依法经营，履行消费者权益保护、知识产权保护、网络安全与个人信息保护等方面的义务。国家鼓励、支持网络直播营销平台经营者积极参与行业标准化、行业培训、行业发展质量评估等行业自律公共服务建设。

【相关链接】

网络直播营销为什么这么火

2016年，淘宝率先尝试用直播卖商品，接着微博、抖音、快手、蘑菇街相继加入，直播电商的产业生态日趋成熟。2020年的新冠肺炎疫情，让网络直播营销火得发烫。

作为直播电商的行业领头羊，淘宝直播平台在3年积累4亿个用户，全年GMV（成交总额）突破2000亿元。2020年3月30日淘宝宣布在未来一年将发出500亿元的超大"红包"，将为生态伙伴投入百亿级资源，帮助10万名淘宝主播月入过万，将有100家MCN机构营收过亿，将有超20万家线下门店、100个线下市场"搬"到直播间来。抖音与快手都从2018年逐步探索电商直播，快手推出快手小店，与各地合作成立"直播基地"。抖音打通与淘宝、考拉、××会电子商务平台等货物平台，全力支持红人带货，推出小程序电商，延续过去"流量引流"的变现思路，加大力度自建小店、自身开始签约带货类KOL、在供应链端与直播基地签约等。腾讯也不甘示弱，推出看点直播上线，准备覆盖10万家微信商家，助力1000家以上的商家通过直播电商模式突破1000万元的年成交额。京东以商家大会、直播商学院两大抓手，持续为主播、机构、商家提供政策、流量、营销产品及服务方面的扶持，不断完善直播内容生态布局。拼多多通过高达百亿的补贴促进直播卖货。

（资料来源：网络直播营销为什么这么火，新华日报，2020年7月13日）

2. 审核义务

网络直播营销平台经营者应当要求入驻本平台的市场主体提交其真实身份或资质证明等信息，登记并建立档案。对商家、主播告知的变更信息，应当及时予以审核、变更。

3. 平台规则的建立

网络直播营销平台经营者应当在以下方面建立、健全和执行平台规则：

① 建立入驻主体服务协议与规则，明确网络直播营销行为规范、消费者权益保护、知识产权保护等方面的权利和义务。

② 制定在本平台内禁止推销的商品或服务目录及相应规则。

③ 建立商家、主播信用评价奖惩等信用管理体系，强化商家、主播的合规守信意识。

④ 完善商品和服务交易信息保存制度，依法保存网络直播营销交易相关内容。

⑤ 完善平台间的争议处理衔接机制，依法为消费者做好信息支持，积极协助消费者维护其合法权益。

⑥ 建立健全知识产权保护规则，完善知识产权投诉处理机制。

⑦ 建立便捷的投诉、举报机制，公开投诉、举报方式等，及时处理投诉、举报。

⑧ 制定有利于网络直播营销活动健康发展的其他规则。

4. 加强服务规范义务

网络直播营销平台经营者应当在以下方面加强服务规范，努力提高服务水平，促进行业健康发展：

① 遵守法律法规，坚持正确导向。
② 建立和执行各类平台规则。
③ 加强本平台直播营销内容生态审核和内容安全治理。
④ 规范主播准入和营销行为，加强对主播的教育培训及管理。
⑤ 明确本平台禁止的营销行为，以及对违法、不良等营销信息的处置机制。
⑥ 依法配合有关部门的监督检查，提供必要的资料和数据。

5. 加强管理义务

电商平台类的网络直播营销平台经营者，应当加强对入驻本平台内的商家主体资质的要求，督促商家公示营业执照及与其经营业务有关的行政许可信息。

内容平台类的网络直播营销平台经营者应当加强对入驻本平台的商家、主播交易行为规范，防止主播采取链接跳转等方式，诱导用户进行线下交易。

社交平台类的网络直播营销平台经营者应当规范内部交易秩序，禁止主播诱导用户绕过合法交易程序在社交群组进行线下交易。

社交平台类的网络直播营销平台经营者，应当采取措施防范主播利用社交群组进行淫秽色情表演、传销、赌博、毒品交易等违法犯罪及违反网络内容生态治理规定的行为。

▶▶ 5.1.6 其他参与者

1. 其他参与者的范围

网络直播营销主播服务机构是指培育主播并为其开展网络直播营销活动提供服务的专门机构（如 MCN 机构等）。

网络直播营销主播服务机构应当依法取得相应经营主体资质，按照平台规则与网络直播营销活动主体签订协议，明确各方权利义务。

用户是指使用互联网直播信息内容服务购买商品或者服务的组织或者个人，即网络直播服务的最终用户。

用户在参与网络直播互动时，应遵守国家法律法规和平台管理规范，文明互动、理性表达，不得利用直播平台发表不当言论，侵犯他人合法权益。

2. 主播服务机构应遵循的规范

主播服务机构与网络直播营销平台开展合作，应确保本机构及本机构签约主播向合作平台提交的主体资质材料、登录账号信息等真实、有效。

主播服务机构应当建立健全内部管理规范，签约具备相应资质和能力的主播，并加强对签约主播的管理；开展对签约主播基本素质、现场应急能力的培训，提升签约主播的业务能力和规则意识；督导签约主播加强对法律、法规、规章和有关规定及标准规范等的学习。

主播服务机构应当与网络直播营销平台积极合作，落实合作协议与平台规则，对签约主播的内容发布进行事前规范、事中审核、违规行为事后及时处置，共同营造风清气正的网络直播营销活动内容生态。

3. 主播服务机构的禁止性义务

主播服务机构应当规范经营，不得出现下列行为：
① 获取不正当利益，如向签约主播进行不正当收费等。
② 未恰当履行与签约主播签署的合作协议，或因显失公平、附加不当条件等与签约主播产生纠纷，未妥善解决，造成恶劣影响。
③ 违背承诺，不守信经营，如擅自退出已承诺参与的平台活动等。
④ 扰乱网络直播营销活动秩序，如数据造假或作弊等。
⑤ 侵犯他人权益，如不当使用他人权利、泄露他人信息、骗取他人财物、骚扰他人等。
⑥ 故意或者疏于管理，导致实际参与网络直播营销活动的主播与该机构提交的主播账户身份信息不符。

5.2 跨境电子商务法律法规

2021年1月14日，海关总署发布2020年全年外贸进出口情况显示，2020年中国外贸进出口明显好于预期，进出口总值32.16万亿元，同比增长1.9%，外贸进出口规模再创历史新高。其中跨境电商增长迅猛，海关总署的数据显示，全年跨境电商出口总值1.12万亿元，增长40.1%。但是，由于跨境购销的交易链条长及具有不稳定性，往往给各大电商平台带来不小的困扰，在这中间，质量问题、消费者权益、知识产权等都是对跨境电商进行监督管理所面临的难题。

▶▶ 5.2.1 跨境电子商务概述

随着计算机网络技术和电子商务的发展，当前正处于数字经济发展的黄金时代，在各种信息技术革命的驱动下，社会经济各个环节均产生了深刻变革。跨境电子商务作为数字经济的重要组成部分，以其独有的优势助力中国外贸逆势发力，实现量的稳定增长和质的稳步提升。

1. 跨境电子商务的概念

跨境电子商务是指分属不同关境的交易主体，通过电子商务平台达成交易、进行支付结算，并通过跨境物流送达商品、完成交易的一种国际商业活动。换言之，跨境电子商务属于电子商务应用中一种较为高级的形式，不同国家或地区的交易主体以互联网为载体通过邮件或快递等形式通过海关，将传统贸易中的环节网络化、简易化，从而实现产品出售的新型贸易方式。

也有学者认为，跨境电子商务是指分属不同关境的交易主体，通过电子商务平台达成交易、进行支付结算，并通过跨境物流送达商品、完成交易的电子商务平台和在线交易平台。

2. 跨境电子商务的特征

跨境电子商务是基于网络发展起来的，短短几十年中，电子交易经历了从 EDI 到电子商务零售业的兴起的过程，而数字化产品和服务更是花样出新，不断地改变着人类的生活。

（1）直接性

跨境电子商务通过外贸 B2B、B2C 平台，能够实现境内外企业之间、企业和市场之间的直接联系，买卖双方直接产生交易。像中国最大的跨境出口电商全球速卖通就是采用 B2C 的模式，它彻底改变了过去传统的国际贸易要通过国内出口商和国外进口商、批发商、零售商，以及境内和境外企业分段流通，多道中间环节后，才能到达国外消费者手中的交易模式，不仅缩短了时间，减少了出口环节，还大大降低了交易成本。

（2）无边界交易

互联网作为一个没有边界的媒介，不受地理因素限制，跨境电子商务主要依托于互联网进行交易，因此势必具备交易无边界的特征。交易双方不需要考虑地理因素限制，因此能把产品和服务直接提交到市场。跨境电子商务能够实现最大程度的信息共享，但与此同时，由于政治法律差异的存在，交易双方也承担着一定的风险。

（3）无形交易

基于数字传输技术产生的数字化产品具有天然的无形性特征，电子商务的交易形式打破了传统贸易以实物交易为主的模式，无形产品替代了实物产品，消费者在网上购买该商品的数据权，就可以使用或获得该商品。为此，注入跨境税收问题和知识产权保护问题成为跨境电子商务的法律难题。

3. 跨境电子商务对中国的意义

跨境电子商务的发展对中国的经济转型、经济结构、经济发展和消费促进有着深远的影响：

（1）创造新的经济增长点

跨境电子商务是互联网时代的产物，是"互联网+外贸"的具体体现，必将成为新的经济增长热点。随着信息技术的快速发展，其规模已经不再是对外贸易的决定性因素，多批、小批的对外贸易订单需求将取代传统的对外贸易大宗交易，为促进对外贸易稳定和便利化注入了新动力。

（2）提高国内消费者的福利水平

跨境电子商务是消费时代的产物。它响应了国内消费者对更高生活质量的需求，必将改善消费者福利。2019 年，我国人均国民总收入上升至 70 892 元（约合 10 410 美元），首次突破 1 万美元，高于中等偏上收入国家 9074 美元的平均水平。国内消费者对更高质量、更安全和更多样化商品的需求更加旺盛。消费在促进经济增长方面发挥着越来越明显的作用。中国的消费时代已经悄然到来。

（3）提高我国对外开放水平

跨境电子商务是全球化时代的产物，是世界市场资源配置的重要载体。这必将促进中国的全面开放。跨境电子商务平台将进一步打破全球市场壁垒，促进跨境商业流通。

（4）提升我国经济发展的质量

跨境电子商务是推动产业结构升级的新动力；跨境电子商务为企业打造国际品牌提供了新的机遇。电商已经成为未来跨境贸易的必然趋势，具有巨大的产业发展潜力。跨境电子商务有利于传统外贸企业的转型和升级，对维持我国对外贸易的稳定增长具有深远的意义。大力发展跨境电子商务，有助于在成本效率方面加强我国进出口竞争优势，提高外贸企业利润率。

【相关链接】

2019 年中国与"一带一路"国家跨境电商交易额增速超 20%

《2019 全球跨境电商发展报告》的数据显示，2018 年全球电子商务交易额达到了 1.8 万亿美元，其中仅中国便占了三分之一以上，达到 6300 亿美元。中国与"一带一路"沿线国家的跨境电商产业快速发展，交易额实现了同比超过 20%的增长速度，与柬埔寨、奥地利、阿联酋等国的交易额同比增速更是全部超过了 100%。

中国与"一带一路"相关国家电子商务领域的政策沟通不断深入，"一带一路"电商合作机制正逐步建立。截至目前，中国已经与 22 个国家和地区签署了电子商务合作备忘录，并建立了双边电子商务合作机制。

5.2.2 跨境电子商务的模式与分类

我国跨境电子商务主要分为企业对企业（B2B）和企业对消费者（B2C）的贸易模式。B2B模式下，企业运用电子商务以广告和信息发布为主，成交和通关流程基本在线下完成，本质上仍属传统贸易，已纳入海关一般贸易统计。B2C 模式下，我国企业直接面对国外消费者，以销售个人消费品为主，物流方面主要采用航空小包、邮寄、快递等方式，其报关主体是邮政或快递公司，2019 年大多未纳入海关登记。跨境电子商务基本上分为三类，包括交易实体的类型、交易类型和项目的流动性，具体如下：

1. 根据交易主体进行分类

跨境电子商务的类型划分不同，因此跨境电子商务根据主体种类的不同，可以将交易分成三类，即个人、企业和政府。个人就是指作为消费者在跨境电子商务平台上购买的人群；企业是指一些进行团队购买的公司；目前跨境电子商务并未涉及政府这一主体。交易模式具体包括跨境电子商务 B2B、跨境电子商务 B2C、跨境电子商务 G2G 模式、跨境电子商务 C2C模式等。

跨境电子商务划分有利于价值链的划分，根据买卖双方的种类也能够将跨境电子商务分为不同种类，将现有的分类方式成功地引入跨境电子商务的交易中。因此，交易主体种类在跨境电子商务中占据着一定位置。

2. 根据交易项目进行分类

按照跨境贸易的电子商务网进行物品品类的划分，跨境电子商务分为综合型及垂直型两种，其中垂直型跨境电子商务主要针对特定的领域、特定的需求进行服务，提供在垂直型跨境电子商务里全部信息与服务。

综合型跨境电子商务与垂直型跨境电子商务正相反。综合型跨境电子商务不像垂直型跨境电子商务那样针对特定的领域或是需求进行服务，而是展示的商品种类很多、很杂，涉及很多行业。

3. 根据项目的流动性进行分类

跨境电子商务本身商品流动性较大，它跨越了国家的空间范畴。按照物品的流动性进行划分。可分为两大类：其一是跨境进口电商；其二是跨境出口电商。首先，跨境进口电商从事跨境进口电子商务的服务；其次，跨境出口电商从事跨境出口电子商务的服务。

【相关链接】

天眼查专业版数据显示，截至2020年11月底，我国共有57万家跨境电商相关企业。其中，有限责任公司占比高达96.75%。注册资本方面，有64.61%的跨境电商相关企业注册资本在0~200万元。地域分布方面，广东省的跨境电商相关企业数量最多，近39万家，占全国的68.20%；上海市位居第二，有近8.4万家相关企业，占全国的14.75%；另外，山东、江苏和浙江三个省份也均拥有超过1万家相关企业。

从事跨境电子商务进口业务具体是将国外的物品通过各种渠道在我国的电子市场上销售，出口跨境电子商务具体是指将我国的物品通过各种渠道在国外的电子市场销售。以往想要达到此目的要通过代购方式，跨境电子商务的出现是把以往的代购与现代的网络营销相结合，通过跨境电子商务的电子平台得以展示，从而进行交易、支付、送达商品，以此保证消费者权益。

【相关链接】

跨境电商零售进口与跨境电商零售出口

1. 跨境电商零售进口

跨境电商零售进口是指中国境内消费者通过跨境电商第三方平台经营者从境外购买商品，并通过"网购保税进口"或"直购进口"运递入境的消费行为。就海关监督管理模式而言，包括"网购保税进口"或"直购进口"等类型。

这里的"网购保税进口"是指符合条件的电子商务企业或平台与海关联网，电子商务企业将整批商品运入海关特殊监督管理区域或保税物流中心（B型）内并向海关报关，海关实施账册管理。境内个人网购区内商品后，电子商务企业或平台将电子订单、支付凭证、电子运单等传输给海关，电子商务企业或其代理人向海关提交清单，海关按照跨境电子商务零售进口商品征收税款，验放后账册自动核销。

而"直购进口"是指符合条件的电子商务企业或平台与海关联网，境内个人跨境网购后，电子商务企业或平台将电子订单、支付凭证、电子运单等传输给海关，电子商务企业或其代理人向海关提交清单，商品以邮件、快件方式运送，通过海关邮件、快件监督管理场所入境，按照跨境电子商务零售进口商品征收税款。

2. 跨境电商零售出口

跨境电商零售出口也就是我们常说的B2C出口，是指企业直接面向境外消费者开展在线销售产品和服务。就海关监督管理模式而言，包括"一般出口"和"特殊区域出口"。

"一般出口"是指符合条件的电子商务企业或平台与海关联网，境外个人跨境网购后，电子商务企业或平台将电子订单、支付凭证、电子运单等传输给海关，电子商务企业或其代理人向海关提交申报清单，商品以邮件、快件方式运送出境。综试区海关采用"简化申报，清单核放，汇总统计"方式通关，其他海关采用"清单核放，汇总申报"方式通关。

"特殊区域出口"是指符合条件的电子商务企业或平台与海关联网，电子商务企业把整批商品按一般贸易报关进入海关特殊监督管理区域，企业实现退税；对于已入区退税的商品，境外网购后，海关凭清单核放，出区离境后，海关定期将已放行清单归并形成出口报关单，电商凭此办理结汇手续。

▶▶ 5.2.3 我国跨境电子商务立法进程

在我国"一带一路"及"互联网+"战略的扶持下，我国跨境电子商务得到了迅速发展，年进出口比例在日益增加，已经成为我国经济的重要引擎。自 2015 年起，国务院已分四批设立 59 个跨境电子商务综试区，商务部会同各部门和各地方，探索建立起以"六体系两平台"为核心的政策体系，面向全国复制推广了 12 个方面 36 项成熟经验和创新做法，推动跨境电子商务规模持续快速增长。2019 年，我国跨境电子商务零售进出口额达到了 1862.1 亿元，是 2015 年的 5 倍，年均增速 49.5%。2020 年我国跨境电子商务交易额将达到 12 万亿元，未来跨境电子商务发展市场空间巨大。①当然，跨境电子商务的极速发展也使得我国法律监管的缺点日益暴露，法律监管已经难以跟上跨境电子商务的发展需求，必须对其进行完善。

2013 年，商务部发布了《关于实施支持跨境电子商务零售出口有关政策意见的通知》，通知中对跨境电子商务模式下的政策措施制定了一些规范，包括海关监督管理、跨境结算、信用体系建设等内容。

2016 年，财政部等部门联合发布了《关于跨境电子商务零售进出口税收政策的通知》，对零售方面的相关内容进行了规定。

2018 年 11 月，国务院确定在 2019 年元旦起开始调整跨境电子商务零售进口政策，对享受税收优惠的相关商品限额进行上调，并扩大产品范围。

2019 年 3 月，国务院强调，将改革完善跨境电子商务等新业态扶持政策。推动服务贸易创新发展，引导加工贸易转型升级、向中西部转移，发挥好综合保税区作用。优化进口结构，积极扩大进口。办好第二届中国国际进口博览会，加快提升通关便利化水平。

2020 年 2 月，商务部出台《关于应对新冠肺炎疫情做好稳外贸稳外资促消费工作的通知》，提出支持企业有序复工复产、支持外贸新业态新模式发展等 22 条措施。海关总署从减免滞报金和滞纳金等 4 个方面推出新措施，进一步降低通关成本。

2020 年 5 月，国家外汇管理局出台《关于支持贸易新业态发展的通知》（以下简称《通知》）。《通知》指出，从事跨境电子商务的境内个人，可通过个人外汇账户办理跨境电子商务外汇结算等。境内个人办理跨境电子商务项下结售汇，提供有交易额的证明材料或交易电子信息的，不占用个人年度便利化额度。

▶▶ 5.2.4 我国现行跨境电子商务的法律体系

由于跨境购销的交易链条长及具有不稳定性，往往给各大电商平台带来不小的困扰，在这

---

① https://www.sohu.com/a/350824178_99988076。

中间，质量问题、疫病疫情风险、消费者权益、知识产权等问题都是跨境电子商务监管所面临的难题。

1. 关于跨境电子商务的一般性法律规定

我国电子商务法明确规定，国家促进跨境电子商务发展，建立健全适应跨境电子商务特点的海关、税收、进出境检验检疫、支付结算等管理制度，提高跨境电子商务各环节便利化水平，支持跨境电子商务平台经营者等为跨境电子商务提供仓储物流、报关、报检等服务。国家支持小型微型企业从事跨境电子商务。

国家进出口管理部门应当推进跨境电子商务海关申报、纳税、检验检疫等环节的综合服务和监督管理体系建设，优化监督管理流程，推动实现信息共享、监督管理互认、执法互助，提高跨境电子商务服务和监督管理效率。跨境电子商务经营者可以凭电子单证向国家进出口管理部门办理有关手续。

国家推动建立与不同国家、地区之间跨境电子商务的交流合作，参与电子商务国际规则的制定，促进电子签名、电子身份等国际互认。国家推动建立与不同国家、地区之间的跨境电子商务争议解决机制。

2. 跨境电子商务中的主要法律主体的相关规定

在跨境电子商务这类新型贸易模式中，除与传统线下贸易同样存在卖家与买家以外，近几年我们也经常听到一些新词汇或新机构，如电商平台、三方支付机构、跨境购汇结汇、供应链、物流货代企业等。这些新鲜词汇即构成了跨境电子商务与传统线下贸易的最大不同之处，从中也诞生出至少三种新兴的法律主体。

（1）跨境电子商务平台

根据《电子商务法》，我们认为"跨境电子商务平台"符合电子商务经营者的定义与解读。电子商务经营者是指通过互联网等信息网络销售商品或者提供服务的自然人、法人和非法人组织，包括自建网站经营的电子商务经营者、电子商务平台经营者、平台内电子商务经营者。由于跨境电子商务是基于网络发展起来的，跨境电子商务平台同样具有全球化、即时性、无纸化的特点。

（2）第三方支付机构

跨境电子商务中使用的第三方支付机构，通常是指非银行支付机构。其在《非银行支付机构网络支付业务管理办法》中的定义为：依法取得《支付业务许可证》，获准办理互联网支付、移动电话支付、固定电话支付、数字电视支付等网络支付业务的非银行机构。此类支付机构与银行等金融支付机构相较而言，最大的区别在于，非银行支付机构主要服务于电子商务发展，并为社会提供小额、快捷、便民的小微支付服务，基于客户的银行账户或者按照《非银行支付机构网络支付业务管理办法》规定为客户开立支付账户提供网络支付服务。

3. 电子合约的签署及履行过程中的风险

消费者与跨境电子商务之间的采购合同，几乎都是通过电子合约来完成的，无论是消费者与电商平台、境内外卖家或是物流公司。通常，在消费者选择完毕其需要购买的商品后，查看电子合同并发送要约（点击同意签署）的时间一般只需要十几秒的时间。但网络电子合同的快捷与高效也同样隐藏着不小的风险，主要存在于以下几个方面。①电子要约无法撤销或撤回。由于因特网电子传输的即时性，无论是要约还是承诺一经发出就等于到达，没有撤回或撤销的机会，因此只要发出电子合同订立邀请，合同一般即告成立。②电子合同的内容基本上属于格式条款，其中往往加入了大量使跨境电子商务平台等交易主体免责的条款，消费者无法进行协商修改。③电子合同的争议解决条款中存在的风险，因消费者等相关主题的忽视常常造成维权艰难。不过依据《中华人民共和国民事诉讼法》司法解释，以信息网络方式订立的商品买卖合同，经营者适用格式条款与消费者订立管辖协议，未采取合理方式提请消费者注意，消费者主张管辖协议无效的，人民法院应予以支持。④由于网络交易的线上化特征，消费者通常无法看到实物，这也经常会引起消费者的重大误解而无法获得很好的解释。

我国网络发展虽然起步晚，但近几年来发展迅速，大有超越欧美发达国家之势。但在网络电子合约立法方面，我国目前仅有 1999 年《中华人民共和国合同法》（现为《中华人民共和国民法典》中的合同编的内容）及 2005 年《电子签名法》予以规制。我国 1999 年《中华人民共和国合同法》对于电子合同的形式、要约承诺生效的时间地点及有关电子合同效力确认等问题都做了规定，确认了电子合同与传统书面合同形式同等的法律地位，但由于规定过于简单，有些问题不易于操作，所以单靠其本身的规定还不足以解决电子合同的效力及一系列相关问题。2005 年的《电子签名法》首次赋予可靠的电子签名与手写签名或盖章具有同等的法律效力，并明确了电子认证服务的市场准入制度。这部法可谓是我国电子商务法律在近几年最重要的成果，但我国规制电子合同的法律仍不系统、不全面，有诸多具体及实践性问题亟待解决。

4. 供应链配送问题的法律风险

在跨境电子商务行业中，以物流配送为主的供应链环节常常被消费者忽略，但又是极其重要的一个组成部分。我国物流的基础设施和管理水平都相对落后，与电子商务发展相匹配的全国性现代物流体系尚未真正形成，因而也给电子商务合同的履行带来了一定风险。例如，送达服务不及时、物流分供方选择不当的风险，货物在运输过程中的灭损风险、监管不到位、物流从业人员水平参差不齐等。

物流配送的主体与要求，消费者无从选择，通常由跨境电子商务平台或商家来指定。由于跨境供应链时间之久，经手主体之多，货物灭损等问题在所难免。关于货物运输的风险，从消费者角度而言，目前我国也仅有《中华人民共和国民法典》这一基本法律对该问题进行了原则性规定，但对于跨境电子商务交易中货物运输的监督管理与维权，仅凭《中华人民共和国民法典》中的规定难以得到很好的运用。

5. 个人信息的法律保护

在电子商务时代，个人信息已经成为具有很高价值的商品，通过对网络用户个人信息的利用向网络用户推销商品或者服务是电子商务营销的重要手段。从这个意义上说，电子商务虽然不是网络隐私问题产生的原因，但它无疑是引发网络隐私保护的主要因素。电子商务对网络用户和电子商务消费者隐私权的侵害很大程度上是由互联网的开放性、虚拟性及计算机和网络技术的发展等因素造成的。

由于用户在进行跨境商务交易的过程中，大多数的网络经营者都会要求消费者登记个人信息资料。但如果平台、卖方或物流方不对用户的私人信息进行保护，公民的个人信息安全将受到严重侵害。

6. 海关、检验检疫、税务和收付汇等问题

2013年8月，国务院办公厅发布了《国务院办公厅转发商务部等部门关于实施支持跨境电子商务零售出口有关政策意见的通知》，在其中说明，电子商务出口在交易方式、货物运输、支付结算等方面与传统贸易方式差异较大。现行管理体制、政策、法规及现有环境条件已无法满足其发展要求，主要问题集中在海关、检验检疫、税务和收付汇等方面。

关于涉税问题，我国2018年《关于跨境电子商务零售进口税收政策的通知》明确规定：跨境电子商务零售进口商品按照货物征收关税和进口环节增值税、消费税，购买跨境电子商务零售进口商品的个人作为纳税义务人，实际交易价格（包括货物零售价格、运费和保险费）作为完税价格，电子商务企业、电子商务交易平台企业或物流企业可作为代收代缴义务人。跨境电子商务零售进口商品的单次交易限值为人民币2000元，个人年度交易限值为人民币20 000元。在限值以内进口的跨境电子商务零售进口商品，关税税率暂设为0%；进口环节增值税、消费税取消免征税额，暂按法定应纳税额的70%征收。超过单次限值、累加后超过个人年度限值的单次交易，以及完税价格超过2000元限值的单个不可分割商品，均按照一般贸易方式全额征税。

自测题

一、单选题

1. 网络秀场直播平台要对网络主播和"打赏"用户实行（　　）管理。
   A．实名制　　　　　B．注册制　　　　　C．申请制　　　　　D．报备制
2. 我国在（　　）年设置直播销售员这一职业岗位。
   A．2015　　　　　　B．2016　　　　　　C．2020　　　　　　D．2021
3. 主播在直播活动中做出的（　　），应当遵守法律法规，遵循平台规则，符合其与商家的约定，保障消费者合法权益。
   A．要约　　　　　　B．承诺　　　　　　C．公告　　　　　　D．保证
4. 跨境电子商务是指分属不同关境的交易主体，通过（　　）达成交易、进行支付结算，并通过跨境物流送达商品、完成交易的一种国际商业活动。
   A．电子商务平台　　B．中间商　　　　　C．出口电商　　　　D．进口电商
5. 跨境电商的B2C模式下，我国企业直接面对（　　）。
   A．国内消费者　　　B．国外消费者　　　C．国外企业　　　　D．国内企业

二、多选题

1. 规范网络直播营销活动，促进其健康发展，需要在现行法律框架下，构建包括（　　）在内的社会共治格局。
   A．政府监管　　　　B．主体自治　　　　C．行业自律　　　　D．社会监督

2. 下列属于网络直播营销的主要参与主体的有（　　）。
   A. 商家　　　　　　B. 主播　　　　　　C. 电商平台　　　　D. 社交平台
3. 下列属于我国比较有名起的直播电商的有（　　）。
   A. 淘宝直播平台　　B. 抖音　　　　　　C. 快手　　　　　　D. 腾讯看点直播上线
4. 跨境电子商务的特征包括（　　）。
   A. 直接性　　　　　B. 无边界交易　　　C. 无形交易　　　　D. 以上都不对
5. 跨境电商零售进口，就海关监管模式而言，包括（　　）。
   A. "网购保税进口"　　　　　　　　　　B. "直购进口"
   C. "一般出口"　　　　　　　　　　　　D. "特殊区域出口"

三、简答题

1. 跨境电子商务中的主要法律主体有哪些？
2. 网络直播营销的主要参与主体有哪些？
3. 简述跨境电子商务对中国的意义。
4. 简述网络直播营销主体的法定义务。

四、案例题

广州海关破获案值 15 亿元的跨境电商走私大案

据广州海关 2020 年 5 月 20 日消息，5 月 19 日凌晨，在海关总署缉私局的指挥下，广州海关缉私局开展"奋战12"打击跨境电商走私保健品专项行动，一举打掉利用跨境电商平台走私进口保健品的团伙 5 个，初估案值达 15 亿元。

广州海关缉私局相关负责人介绍，据有关线索显示，以牛某为首的走私团伙存在伪报贸易方式、通过跨境电商平台走私进口某国品牌保健品的重大嫌疑。该局迅速运用"智慧缉私"开展"大数据"分析，广州海关缉私局、风险防控分局联合开展风险研判。

在分析比对数十万条各类信息后，办案人员锁定牛某走私团伙，2019 年以来，该团伙以香港某公司名义承揽某国品牌保健品，与广东省内多家跨境电商平台勾结，通过非法套用他人身份信息，使用虚假跨境电商订单、支付单、运单"三单"信息向海关申报，以伪报贸易性质为跨境电商直购进口的方式走私进口保健品。

2020 年 5 月 19 日凌晨，广州海关缉私局在广州、肇庆、河源等地统一开展集中收网行动，抓获犯罪嫌疑人 20 名，现场查扣涉嫌走私进口的保健品一批。

据缉私办案人员介绍，涉案的该品牌保健品在国内市场没有取得相关合法经营资质，走私团伙为了牟取非法利润，利用跨境电商平台伪报贸易方式实施走私，损害了合法跨境电商进口商家的权益，扰乱了正常进出口贸易秩序。广州海关将深入开展"国门利剑2020"打击走私联合专项行动，严厉打击走私犯罪活动，营造良好的进出口贸易环境，维护跨境电商行业健康发展。

目前，案件正在进一步侦办中。

（资料来源：唐贵江、关悦，广州海关破获案值 15 亿元的跨境电商走私大案，
https://www.chinanews.com/cj/2020/05-20/9190140.shtml）

思考：
1. 谈一谈利用跨境电商平台实施走私的害处。
2. 谈一谈我国处罚跨境电商走私的法律依据。

实训题

通过互联网登录全球速卖通的官方网站,体会入驻跨境电子商务平台的流程。

1. 基本情况介绍

全球速卖通(AliExpress)是中国最大的跨境出口 B2C 平台之一,同时也是在俄罗斯、西班牙排名第一的电商网站。全球速卖通是阿里巴巴集团旗下电商业务之一,致力于服务全球中小创业者出海,让天下没有难做的跨境生意,快速连接全球超过 200 个国家和地区的消费者,为全球消费者带去一种崭新生活方式。

全球速卖通覆盖 3C、服装、家居、饰品等共 30 个一级行业类目。其中,优势行业主要有服装服饰、手机通信、鞋包、美容健康、珠宝手表、消费电子、电脑网络、家居、汽车摩托车配件、灯具等。

2. 入驻要求

个体工商户或企业身份均可开店,须通过企业支付宝账号或企业法人支付宝账号在速卖通完成企业身份认证,请先注册一个企业支付宝或企业法人支付宝。

注:平台目前有基础销售计划和标准销售计划供商家选择,个体工商户商家在入驻初期时仅可选择基础销售计划。

3. 操作步骤

(1)打开浏览器,输入网址:https://www.cifnews.com/form/3774。
(2)按要求填写相关信息并单击"提交"。

提示:邮箱账号最好是没有注册过淘宝、天猫、1688 和支付宝的。

(3)做企业的认证,包括企业支付宝或者公司营业执照和法人支付宝。
(4)选择销售计划,标准或者基础计划。
(5)类目准入,选择类目经营类型,专营店,专卖店,官方店。
(6)类目提交审核,通过了之后就可以缴年费。
(7)进入"卖家后台—店铺—店铺资产管理"设置店铺名称和二级域名《速卖通店铺二级域名申请及使用规范》,若您申请的是官方店,请同步设置品牌官方直达及品牌故事内容。
(8)入驻基本完成,请开始发布商品,对店铺进行装修后就可以正式开张。

小组任务

1. 小组组成及任务

案例:广州海关破获案值 15 亿元的跨境电商走私大案。

任务:如何运用法律手段打击跨境电商走私。

团队:全班学生分成三个小组,第一组为公诉人,第二组为被告和辩护律师,第三组为法官、书记员和陪审员。

2. 要求

各小组准备相应的诉讼材料，在法庭模拟审理本案时完成并体会相应角色，同时熟悉并掌握相应法律知识。

各小组主要准备《中华人民共和国电子商务法》《中华人民共和国刑法》及其他相关法律。

第一组（公诉人）准备材料。

第二组（被告及辩护律师）准备材料。

第三组（法官、书记员和陪审员）审查证据，并借助网络，写出判决书。

相关资料请在网络中查找。

第 6 章

电子商务安全保障与争议解决法律制度

【引导性案例】

朱某亮、朱某兵等人破坏计算机信息系统、诈骗案

被告人朱某亮、朱某兵等人为骗取他人钱款，购买机票诈骗网站的源代码进行修改，制作了假"民航票务"网站，同时通过伪造资料等手段非法控制某网站部分推广账号，后将假"民航票务"网站自动链接到非法控制的推广用户网站，并将关键词修改为"特价机票"等内容后置顶推广。当被害人在某网页上搜索"机票"相关内容时就会优先出现假"民航票务"网站，在低价、特价机票的引诱下登录该网站购买机票，从而被骗钱款。为提高诈骗成功率，作案团伙在某酒店长期包房，安排人员冒充客服接听电话，引导被害人重复操作付款，并有专人对诈骗网站进行管理和维护，共计骗取 18 名被害人钱款共计 56 563 元。

另外，涉案团伙还从网络上购买需要贷款人员的信息资料，冒充北京某融资公司的工作人员和贷款对象取得联系，以办理贷款为由获取被害人的身份证号、银行卡号、密码等信息，后再由专人冒充银行工作人员，以正式贷款需要 20%的准备金进行资金验证为名，让被害人将钱款打入事先已获知密码的银行卡，将钱款转走，通过这种手法得款 13 万余元。

刑法及相关司法解释规定，违反国家规定，对计算机信息系统中存储、处理或者传输的数据进行删除、修改、增加的操作，违法所得五千元以上或者造成经济损失一万元以上的，构成破坏计算机信息系统罪。常州市武进区人民法院经审理认定，被告人朱某亮、朱某兵等构成破坏计算机信息系统罪和诈骗罪，数罪并罚，分别判处九年至三年有期徒刑不等，并处罚金；对已经退出的赃款 123 210 元，发还各被害人。

（资料来源：江苏法院发布危害网络安全犯罪典型案例，http://www.jsfy.gov.cn/art/2020/09/24/66_101604.html）

【本章学习目标】

1. 掌握网络运行安全的法律保障，网络信息安全的法律保护，电子商务交易安全的法律保护，在线争议解决机制的概念、特征和优点，以及在线投诉与在线调解。

2. 理解电子商务安全的基本要求，电子商务犯罪的法律规制，电子商务争议解决的法律依据及方法，以及传统诉讼与在线诉讼。

3. 了解电子商务安全存在的问题，我国电子商务安全立法概况。

4. 熟悉网络犯罪的概念，网络犯罪的种类，网络犯罪的认定与处罚。

【课程思政目标】

通过对电子商务安全、在线纠纷的解决及网络犯罪相关内容的学习和掌握,使学生"树立正确的网络安全观",懂得遵循正确的程序实施法律行为,懂得通过法定程序解决法律纠纷,增强大学生厉行法治的积极性和主动性,形成守法光荣、违法可耻的氛围。

【能力指标解析表】

电子商务安全保障与争议解决法律制度

一级指标	权重	二级指标	权重	三级指标	权重
电子商务安全及其法律保护	0.4	电子商务安全概述	0.1		
		电子商务安全存在的问题	0.2	网络安全问题	0.4
				信息安全问题	0.3
				交易安全问题	0.3
		我国电子商务安全立法概况	0.2		
		网络运行安全的法律保障	0.2	网络安全等级保护制度	0.2
				网络产品及服务的相关要求	0.3
				关键信息基础设施的运行安全	0.3
				网络运营者的网络运行安全保障义务	0.2
		网络信息安全的法律保护	0.2	网络运营者的信息保护义务	0.4
				个人和组织的信息保密义务	0.3
				政府部门的监督管理职责	0.3
		电子商务的交易安全的法律保护	0.1	与电子商务交易安全相关的制度	0.4
				电子商务交易安全保护的法律体系	0.6
电子商务与网络犯罪	0.3	网络犯罪的概念	0.2		
		网络犯罪的种类	0.2	以互联网信息系统为对象进行的犯罪	0.4
				以互联网信息为工具进行的犯罪	0.6
		网络犯罪的认定与处罚	0.2	网络犯罪构成	0.4
				网络犯罪的量刑与处罚	0.6
		电子商务犯罪及其类型	0.2	电子商务犯罪罪名的界定	0.6
				电子商务犯罪的类型	0.4
		电子商务犯罪的法律规制	0.2	非法侵入计算机信息系统罪	0.1
				破坏计算机信息系统罪	0.2
				拒不履行信息网络安全管理义务罪	0.2
				非法利用信息网络罪	0.1
				帮助信息网络犯罪活动罪	0.2
				利用计算机实施犯罪的提示性规定	0.2
电子商务争议解决法律制度	0.3	争议在线解决机制	0.2	争议在线解决机制的概念	0.1
				争议在线解决机制的特征	0.2
				争议在线解决机制的优点	0.2
				电子商务争议解决的法律依据及方法	0.1
				在线协商和解	0.2
				在线投诉	0.1
				在线调解	0.1

续表

一级指标	权重	二级指标	权重	三级指标	权重
电子商务争议解决法律制度	0.3	在线仲裁	0.4	在线仲裁的概念	0.4
				在线仲裁的基本程序	0.6
		在线诉讼	0.4	传统诉讼概述	0.3
				在线诉讼的基本内容	0.7

【职业指导】

安全问题与争议在线解决问题一直困扰着电子商务的发展。网络入侵、网络攻击等非法活动，严重威胁着电信、能源、交通、金融及国防军事、行政管理等重要领域的信息基础设施的安全；非法获取、泄露甚至倒卖公民个人信息、侮辱诽谤他人、侵犯知识产权等违法活动在网络上时有发生，严重损害公民、法人和其他组织的合法权益。而且，"宣扬恐怖主义、极端主义，煽动颠覆国家政权、推翻社会主义制度及淫秽色情等违法信息，借助网络传播、扩散，严重危害国家安全和社会公共利益"。为此，保证电子商务安全的人才主要有计算机硬件人才，如硬件的生产与维护人才；计算机软件人才，如操作系统软件、应用软件和数据库开发与维护人才；计算机网络人才，如计算机网络工程师、网络安全管理员等；电子商务交易安全人才，如电子认证服务机构人员、法律人才等。另外，随着电子商务应用深度的增强，交易纠纷也随之大量产生，这些纠纷很难通过传统的方法（如调解或诉讼等方式）来解决。为此，在线仲裁、在线调解和在线和解等专门人才需求量也日益增加。

6.1 电子商务安全及其法律保护

6.1.1 电子商务安全概述

电子商务的发展给人们的工作和生活带来了新的尝试和便利性，安全问题却成为阻碍电子商务发展的瓶颈。在网络侵权与网络犯罪日益猖獗的今天，如何建立一个安全、便捷的电子商务应用环境，对信息提供足够的保护，是网络平台提供者、使用者和有关部门关心的重大问题。

电子商务是依托计算机及网络进行货物贸易和服务交易，并提供相关服务的商业形态。电子商务安全主要是指电子商务平台和交易双方身份的真实性和交易信息质量安全性。

（1）服务器的真实性

服务器是电子商务交易平台的主要支撑。作为网络电子商务的节点，服务器存储、处理网络上 80%的数据、信息，因此也被称为网络的"灵魂"。TCP/IP 不能确认一个信息包是否确实来自用户指定的域名地址。当网络入侵者利用 IP 欺骗技术时，可以改变其他使用者的链接，使其进入网络入侵者所指定的网站服务器，但使用者却无法察觉这一改变。

（2）交易双方身份的真实性

电子商务交易双方通过虚拟网络进行接触，如果不进行身份真实性识别，第三方就有可能假冒交易一方的身份，以破坏交易。

（3）交易信息的完整性

交易信息完整性是指信息在传输过程中受到保护，没有在未经授权或偶然的情况下被更改或破坏。在电子商务中，信息的内容可能在传输中被更改或删除，所以应当保证交易信息的完整性。

（4）交易信息的保密性

交易信息的保密性包括交易信息的隐私问题和交易内容的保密性。

① 交易信息的隐私问题。这里所说的信息隐私，是指用户在上网过程中所涉及的各种操作行为和事项，如日期、时间、浏览过的网页等。

② 交易内容的保密性。信息在传输过程中，只有发送者和接收者知道，保证信息不被他人截取或者即使截取了也无法知道真实内容。因此，需要对网上传输的信息先加密再传输。

（5）交易信息的不可抵赖性

交易信息的不可抵赖性是指在电子商务交易过程中，信息双方必须对他们发送的信息和接收到的信息进行认可。交易双方必须对自己的交易行为负责，信息发送者和接收者都不能予以否认。进行身份识别后，如果出现抵赖的情况，就有了反驳的依据。其关键在于，对所有的信息进行"数字签名"，使得他们难以抵赖。

（6）交易信息的有效性

保证交易数据在确定价格、期限、数量及确定时刻、地点时是有效的。在电子商务中，由于电子形式取代了纸张，保证电子形式的交易信息的有效性，对于顺利开展电子商务非常重要。

▶▶ 6.1.2 电子商务安全存在的问题

从类型上看，电子商务的安全问题主要表现在三个方面：网络安全问题、信息安全问题和交易安全问题。

1. 网络安全问题

电子商务的网络安全主要是指计算机和网络本身存在的安全问题，也就是保障电子商务平台的可用性和安全性的问题，其内容包括计算机的物理安全、系统安全、数据库安全、网络设备安全、网络服务安全等。

电子商务的快捷和便利对网络的安全性提出了前所未有的要求，而网络的不安全性也构成了电子商务发展的最大障碍。网络的不安全主要包括黑客的袭击和计算机病毒的传递等。因此，安全的网络环境是电子商务发展的关键，同时电子商务的发展又对网络的安全高效提出了更高的要求和挑战。

2. 信息安全问题

信息安全问题是电子商务信息在网络的传递过程中面临的信息被窃取、信息被篡改、信息被假冒和信息被恶意破坏等问题。比如，电子的交易信息在网络上传输过程中，可能被他人非法修改、删除，从而使信息失去了真实性和完整性；因网络硬件和软件的问题而导致信息传递的丢失与谬误及一些恶意程序的破坏而导致电子商务信息遭到破坏；交易双方进行交易的内容被第三方窃取或交易一方提供给另一方使用的文件被第三方非法使用等。因此，电子商务中对信息安全的要求就是要求信息传输的安全性、信息的完整性及交易者身份的确定性。

3. 交易安全问题

交易安全问题是指在电子商务虚拟市场交易过程中存在的交易主体真实性、资金的被盗用、合同的法律效应、交易行为被抵赖等问题。比如，电子商务交易主体必须进行身份识别，如果不进行身份识别，第三方就有可能假冒交易一方的身份，以破坏交易，从而损害被假冒一方的声誉或盗窃被假冒一方的交易成果甚至进行欺诈。

【相关链接】

2020 年以来，全国公安机关持续深入打击电信网络诈骗犯罪活动，集中开展"云剑 2020""断卡""长城 2 号"等专项行动，共破获电信网络诈骗案件 25.6 万起，抓获犯罪嫌疑人 26.3 万名，拦截诈骗电话 1.4 亿个、诈骗短信 8.7 亿条，为群众直接避免经济损失 1200 亿元，打击治理工作取得显著成效。

6.1.3 我国电子商务安全立法概况

在数字化转型时代下，网络及各种终端设备的深度应用得到进一步普及，网络也在广度及深度上与国家的政治、经济及个人生活相结合。至此，网络安全的重要性不言而喻。[①]

我国的计算机及网络安全立法与 IT 技术发展同步，始于 20 世纪 80 年代，并逐步形成以刑法为统领的打击计算机及网络犯罪的法律体系。1997 年 10 月 1 日起我国新刑法开始实施，第一次增加了计算机犯罪的罪名，包括非法侵入计算机系统罪，破坏计算机系统功能罪，破坏计算机系统数据程序罪，制作、传播计算机破坏程序罪等。这表明我国计算机法制管理正在步入一个新阶段，并开始和世界接轨，计算机法的时代已经到来。此前，1991 年 5 月 24 日，国务院第八十三次常委会议通过了《计算机软件保护条例》，这是我国颁布的第一个有关计算机的法律，为保护计算机软件设计人的权益，调整计算机软件在开发、传播和使用中发生的利益与法律关系，加快计算机软件的开发与流通过程，促进计算机应用事业的健康发展起了基础性作用。1994 年《中华人民共和国计算机信息系统安全保护条例》（以下简称《条例》）得以实施，为保护计算机信息系统的安全，促进计算机的应用和发展，保障经济建设的顺利进行提供了法律保障。该条例既有安全管理，又有安全监察，以管理与监察相结合的办法保护计算机资产。自 1994 年以来，国务院及其有关部委相继出台了一系列涉及网络安全的行政法规，如《中华人民共和国计算机信息系统安全保护条例》《中华人民共和国计算机信息网络国际联网管理暂行规定》《中国互联网络域名注册暂行管理办法》《计算机信息网络国际联网安全保护管理办法》《计算机信息系统网络国际联网出入口信道管理办法》《中国公用计算机互联网国际联网管理办法》等。2016 年 6 月 1 日起，《中华人民共和国网络安全法》（以下简称《网络安全法》）正式实施，作为电子商务基础的网络空间安全已经上升到国家发展层面上的战略方向，通过立法织牢网络安全，为网络强国战略提供制度保障。备受关注的网络安全问题将会正式进入"法制"时代。《网络安全法》共七章七十九条，包含了一个全局性的框架，旨在维护国家网络空间主权安全、监管网络安全、保护个人隐私和敏感信息等。

---

① http://www.ccidnet.com/2017/0601/10277814.shtml。

▶▶ 6.1.4 网络运行安全的法律保障

《网络安全法》对于网络运行安全的一般规定是以网络运营商为主体展开的。

1. 网络安全等级保护制度

根据《网络安全法》规定，我国实行网络安全等级保护制度，即网络运营商必须根据网络安全等级要求的不同，履行相应的安全保障义务。

国家实行网络安全等级保护制度。网络运营者应当按照网络安全等级保护制度的要求，履行下列安全保护义务，保障网络免受干扰、破坏或者未经授权的访问，防止网络数据泄露或者被窃取、篡改：

① 制定内部安全管理制度和操作规程，确定网络安全负责人，落实网络安全保护责任。

② 采取防范计算机病毒和网络攻击、网络侵入等危害网络安全行为的技术措施。

③ 采取监测、记录网络运行状态、网络安全事件的技术措施，并按照规定留存相关的网络日志不少于六个月。

④ 采取数据分类、重要数据备份和加密等措施。

⑤ 法律、行政法规规定的其他义务。

国家对公共通信和信息服务、能源、交通、水利、金融、公共服务、电子政务等重要行业和领域，以及其他一旦遭到破坏、丧失功能或者数据泄露，可能严重危害国家安全、国计民生、公共利益的关键信息基础设施，在网络安全等级保护制度的基础上，实行重点保护。关键信息基础设施的具体范围和安全保护办法由国务院制定。国家鼓励关键信息基础设施以外的网络运营者自愿参与关键信息基础设施保护体系。

2. 网络产品及服务的相关要求

网络产品、服务应当符合相关国家标准的强制性要求。网络产品、服务的提供者不得设置恶意程序；发现其网络产品、服务存在安全缺陷、漏洞等风险时，应当立即采取补救措施，按照规定及时告知用户并向有关主管部门报告。网络产品、服务的提供者应当为其产品、服务持续提供安全维护；在规定或者当事人约定的期限内，不得终止提供安全维护。网络产品、服务具有收集用户信息功能的，其提供者应当向用户明示并取得同意；涉及用户个人信息的，还应当遵守《网络安全法》和有关法律、行政法规关于个人信息保护的规定。

3. 关键信息基础设施的运行安全

① 网络关键设备和网络安全专用产品应当按照相关国家标准的强制性要求，由具备资格的机构安全认证合格或者安全检测符合要求后，方可销售或者提供。国家网信部门会同国务院有关部门制定、公布网络关键设备和网络安全专用产品目录，并推动安全认证和安全检测结果互认，避免重复认证、检测。

② 关键信息基础设施运营者还应当履行下列安全保护义务：第一，设置专门安全管理机构和安全管理负责人，并对该负责人和关键岗位的人员进行安全背景审查；第二，定期对从业人员进行网络安全教育、技术培训和技能考核；第三，对重要系统和数据库进行容灾备份；第四，制定网络安全事件应急预案，并定期进行演练；第五，法律、行政法规规定的其他义务。

③ 关键信息基础设施运营者采购网络产品和服务，可能影响国家安全的，应当通过国家网信部门会同国务院有关部门组织的国家安全审查。

④ 关键信息基础设施运营者采购网络产品和服务，应当按照规定与提供者签订安全保密协议，明确安全和保密义务与责任。

⑤ 关键信息基础设施运营者在中华人民共和国境内运营中收集和产生的个人信息和重要数据应当在境内存储。因业务需要，确需向境外提供的，应当按照国家网信部门会同国务院有关部门制定的办法进行安全评估；法律、行政法规另有规定的，依照其规定。

⑥ 关键信息基础设施运营者应当自行或者委托网络安全服务机构对其网络的安全性和可能存在的风险每年至少进行一次检测评估，并将检测评估情况和改进措施报送相关负责关键信息基础设施安全保护工作的部门。

⑦ 国家网信部门应当统筹协调有关部门对关键信息基础设施的安全保护采取下列措施：第一，对关键信息基础设施的安全风险进行抽查检测，提出改进措施，必要时可以委托网络安全服务机构对网络存在的安全风险进行检测评估；第二，定期组织关键信息基础设施运营者进行网络安全应急演练，提高应对网络安全事件的水平和协同配合能力；第三，促进有关部门、关键信息基础设施运营者及有关研究机构、网络安全服务机构等之间的网络安全信息共享；第四，对网络安全事件的应急处置与网络功能的恢复等，提供技术支持和协助。

4. 网络运营者的网络运行安全保障义务

① 网络运营者为用户办理网络接入、域名注册服务，办理固定电话、移动电话等入网手续，或者为用户提供信息发布、即时通信等服务，在与用户签订协议或者确认提供服务时，应当要求用户提供真实身份信息。用户不提供真实身份信息的，网络运营者不得为其提供相关服务。国家实施网络可信身份战略，支持研究开发安全、方便的电子身份认证技术，推动不同电子身份认证之间的互认。

② 网络运营者应当制定网络安全事件应急预案，及时处置系统漏洞、计算机病毒、网络攻击、网络侵入等安全风险；在发生危害网络安全的事件时，立即启动应急预案，采取相应的补救措施，并按照规定向有关主管部门报告。

③ 开展网络安全认证、检测、风险评估等活动，向社会发布系统漏洞、计算机病毒、网络攻击、网络侵入等网络安全信息，应当遵守国家有关规定。

④ 任何个人和组织不得从事非法侵入他人网络、干扰他人网络正常功能、窃取网络数据等危害网络安全的活动；不得提供专门用于从事侵入网络、干扰网络正常功能及防护措施、窃取网络数据等危害网络安全活动的程序、工具；明知他人从事危害网络安全的活动的，不得为其提供技术支持、广告推广、支付结算等帮助。

⑤ 网络运营者应当为公安机关、国家安全机关依法维护国家安全和侦查犯罪的活动提供技术支持和协助。

【相关链接】

维护网络安全"要树立正确的网络安全观"。所谓网络安全观，是人们对网络安全这一重大问题的基本观点和看法。

"总体国家安全观"，网络安全是整体的而不是割裂的，网络安全对国家安全起着"牵一发而动全身"的作用，同许多其他方面的安全都有着密切关系。在信息时代，国家安全体系中的政治安全、国土安全、军事安全、经济安全、文化安全、社会安全、科技安全、信息安全、生态安全、资源安全、核安全等都与网络安全密切相关，这是因为当今国家各个重要领域的基础设施都已经网络化、信息化、数据化，各项基础设施的核心部件都离不开网络信息系统。因此，如果网络安全没有保障，这些关系国家安全的重要领域都将暴露在风险之中，面临着被攻击的可能，国家安全就无从谈起。

网络安全和信息化是一体之两翼、驱动之双轮，必须统一谋划、统一部署、统一推进、统一实施。这非常经典地概括了网络安全与发展的辩证关系。

▶▶ 6.1.5　网络信息安全的法律保护

网络信息安全就是对信息的可靠性、完整性和可用性进行保护。电子商务是利用互联网络实现的，互联网是全球性的网络，在互联网上开展电子商务，在服务、成本等方面具有很多优点，但由于互联网技术本身的特点，在信息安全方面存在很大的风险，欺骗、窃听、病毒和非法入侵都在威胁着电子商务，特别是网上支付和网络银行对信息安全的要求显得更为突出。所以，信息安全是电子商务发展的核心问题，也是涉及整个国家、单位和个人的问题。2021年6月颁布的《中华人民共和国数据安全法》更是起到了规范数据处理活动，保障数据安全，促进数据开发利用，保护个人、组织的合法权益，维护国家主权、安全和发展利益的作用。

1. 网络运营者的信息保护义务

网络运营者应当对其收集的用户信息严格保密，并建立健全用户信息保护制度。

网络运营者收集、使用个人信息，应当遵循合法、正当、必要的原则，公开收集、使用规则，明示收集、使用信息的目的、方式和范围，并经被收集者同意。网络运营者不得收集与其提供的服务无关的个人信息，不得违反法律、行政法规的规定和双方的约定收集、使用个人信息，并应当依照法律、行政法规的规定和与用户的约定，处理其保存的个人信息。

网络运营者不得泄露、篡改、毁损其收集的个人信息；未经被收集者同意，不得向他人提供个人信息。但是，经过处理无法识别特定个人且不能复原的除外。网络运营者应当采取技术措施和其他必要措施，确保其收集的个人信息安全，防止信息泄露、毁损、丢失。当发生或者可能发生个人信息泄露、毁损、丢失的情况时，应当立即采取补救措施，按照规定及时告知用户并向有关主管部门报告。

个人发现网络运营者违反法律、行政法规的规定或者双方的约定收集、使用其个人信息的，有权要求网络运营者删除其个人信息；发现网络运营者收集、存储的其个人信息有错误的，有权要求网络运营者予以更正。网络运营者应当采取措施予以删除或者更正。

网络运营者应当加强对其用户发布的信息的管理，发现法律、行政法规禁止发布或者传输的信息的，应当立即停止传输该信息，采取消除等处置措施，防止信息扩散，保存有关记录，并向有关主管部门报告。

网络运营者应当建立网络信息安全投诉、举报制度，公布投诉、举报方式等信息，及时受理并处理有关网络信息安全的投诉和举报。网络运营者对网信部门和有关部门依法实施的监督检查，应当予以配合。

第6章 电子商务安全保障与争议解决法律制度

【相关案例】

2019年12月23日，贵阳某公司管理使用的商户管理系统，未采取安全保护技术措施，导致其收集的公民个人信息可能存在泄露、损坏、丢失等安全风险，观山湖公安依照《中华人民共和国网络安全法》第二十一条、第四十二条、第五十九条规定，依法对该公司做出行政警告处罚并责令限期整改。

《中华人民共和国网络安全法》第四十二条规定：网络运营者应当采取技术措施和其他必要措施，确保其收集的个人信息安全，防止信息泄露、毁损、丢失。在发生或者可能发生个人信息泄露、毁损、丢失的情况时，应当立即采取补救措施，按照规定及时告知用户并向有关主管部门报告。

（资料来源：重拳出击 多起网络违法案件被查处，https://baijiahao.baidu.com/s?id=1654333999516329326&wfr=spider&for=pc）

2. 个人和组织的信息保密义务

任何个人和组织不得窃取或以其他非法方式获取公民的个人信息，并且不得非法出售或非法向他人提供公民的个人信息。

任何个人和组织应当对其使用网络的行为负责，不得设立用于实施诈骗，传授犯罪方法，制作或者销售违禁物品、管制物品等违法犯罪活动的网站、通讯群组，不得利用网络发布涉及实施诈骗，制作或者销售违禁物品、管制物品及其他违法犯罪活动的信息。

任何个人和组织发送的电子信息、提供的应用软件，不得设置恶意程序，不得含有法律、行政法规禁止发布或者传输的信息。电子信息发送服务提供者和应用软件下载服务提供者，应当履行安全管理义务，知道其用户有前款规定行为的，应当停止提供服务，采取消除等处置措施，保存有关记录，并向有关主管部门报告。

【相关案例】

2019年12月4日，贵阳某公司疑似非法超限收集公民个人信息，经贵阳网安、观山湖网安联合检查核实，该公司管理使用的App软件在收集公民个人信息时，未遵循合法、正当、必要原则，未公示收集个人信息的目的、方式和用途，观山湖公安依照《中华人民共和国网络安全法》第四十一条、第六十四条的规定，依法对该公司做出行政警告处罚并责令限期整改。

《中华人民共和国网络安全法》第四十一条规定：网络运营者收集、使用个人信息，应当遵循合法、正当、必要的原则，公开收集、使用规则，明示收集、使用信息的目的、方式和范围，并经被收集者同意。

（资料来源：重拳出击 多起网络违法案件被查处，https://baijiahao.baidu.com/s?id=1654333999516329326&wfr=spider&for=pc）

网络运营者不得收集与其提供的服务无关的个人信息，不得违反法律、行政法规的规定和双方的约定收集、使用个人信息，并应当依照法律、行政法规的规定和与用户的约定，处理其保存的个人信息。

3. 政府部门的监督管理职责

国家网信部门和有关部门依法履行网络信息安全监督管理职责，发现法律、行政法规禁止发布或者传输的信息的，应当要求网络运营者停止传输，采取消除等处置措施，保存有关记录；对来源于中华人民共和国境外的上述信息，应当通知有关机构采取技术措施和其他必要措施阻断传播。

依法负有网络安全监督管理职责的部门及其工作人员，必须对在履行职责中知悉的个人信息、隐私和商业秘密严格保密，不得泄露、出售或者非法向他人提供。

▶▶ 6.1.6 电子商务的交易安全的法律保护

电子商务的交易安全就是对交易中涉及的各种数据的可靠性、完整性和可用性进行保护。当许多传统的商务方式应用在互联网上时，便会带来许多安全方面的问题，如传统的贷款和借款卡支付的保证方案及数据保护方法、电子数据交换系统、对日常信息安全的管理等。

1. 与电子商务交易安全相关的制度

目前，涉及电子商务交易安全的制度如下：

① 市场准入制度。电子商务交易安全对市场准入提出较高的要求，即对经营者的资格，以及与网络建设密切相关的诸如网络连接商、信息服务提供商、数字证书认证机构、密钥管理机构等服务机构应当实行严格的审查，确信其具有一定的资信条件、供货能力、运输能力及健全的售后服务体系等，才可允许其进入市场交易。

② 电子签名安全制度。一项完善的电子签名一般应同时满足唯一性、不可能被伪造、容易被鉴定及不可能被拒绝的特性，即电子签名的真正使用人无法否认真实的创制使用关系。

③ 电子认证安全制度。电子认证主要是指与交易安全的信用的安全，即保证交易人的真实可靠性，是组织制度的保证。电子认证服务机构所提供的服务，包括交易相对人的身份、公开密钥、信用状况等情况。

④ 电子支付安全制度。电子支付安全是电子交易安全中最重要的环节，目前主要采用加密保护、线上认证等方式保证电子支付的安全。

2. 电子商务交易安全保护的法律体系

电子商务交易安全的法律保护问题，涉及两个基本方面：一方面，电子商务交易是不同于以往的商品交易，其安全问题应当通过专门法律加以保护；另一方面，电子商务交易是通过计算机及其网络实现的，其安全性主要依赖于计算机及其网络的安全程度。虽然从 20 世纪 80 年代起，国家相关部门就已经开始着手制定涉及计算机安全的法律法规和维护电子商务经济秩序的相关法律法规，但至今上述法律制度尚未完善，我国目前仍未出台专门针对电子商务交易的法律法规。

我国现行的涉及交易安全的法律法规主要有以下四类：

① 综合性法律，主要是《中华人民共和国民法典》《中华人民共和国电子商务法》《中华人民共和国刑法》中有关保护交易安全的条文。

② 规范交易主体的有关法律，如《中华人民共和国公司法》《中华人民共和国合伙企业法》《中华人民共和国个人独资企业法》等。

③ 规范交易行为的有关法律，包括《中华人民共和国民法典》（合同编部分）、《电子签名

法》、《中华人民共和国产品质量法》、《中华人民共和国保险法》、《中华人民共和国价格法》、《中华人民共和国消费者权益保护法》、《中华人民共和国广告法》、《中华人民共和国反不正当竞争法》等，还有规范电子支付方面的法律。

④ 监督交易行为的有关法律，如《中华人民共和国会计法》《中华人民共和国审计法》《中华人民共和国票据法》《中华人民共和国商业银行法》等。

我国目前还没有出台专门针对电子商务交易的法律法规，其主要原因是有关商品交易及计算机网络的法律制度尚不完善。所以，我们不能急于求成，应当充分利用现有的法律法规，保障电子商务交易的正常进行。

6.2 电子商务与网络犯罪

网络犯罪是一种新的犯罪现象，涉及商务、经济、文化等领域，严重威胁电子商务的发展。

▶▶ 6.2.1 网络犯罪的概念

网络犯罪是指行为人运用计算机及网络技术对其他计算机系统或信息进行攻击、破坏或利用网络进行其他犯罪的总称，既包括行为人运用其编程、加密、解码技术或工具在网络上实施的犯罪，也包括行为人利用软件指令、网络系统或产品加密等技术及法律规定上的漏洞在网络内外交互实施的犯罪，还包括行为人借助其居于网络服务提供者（网站 ISP，分为网络接入提供商和网络信息提供商）的特定地位或其他方法在网络系统实施的犯罪。简言之，网络犯罪是针对和利用网络进行的犯罪，网络犯罪的本质特征是危害网络及其信息的安全与秩序。

"网络犯罪"一词并非法定概念，与"经济犯罪""青少年犯罪"一样都不是刑法中单独规定的罪名，而是犯罪学意义上对一种新型犯罪的统称。网络犯罪是伴随着计算机及网络技术的普及、发展而出现的一种高智商、高科技犯罪，是计算机与网络技术发展到高级阶段的产物。

网络犯罪可分为：①以网络信息系统安全为侵害对象的犯罪，具体包括非法侵入计算机信息系统罪和破坏计算机信息系统罪，如传播病毒、特洛伊木马术、蠕虫、逻辑炸弹等；②以网络为工具的犯罪，这类犯罪以网络为犯罪手段，视其为工具，称为网络工具犯。

▶▶ 6.2.2 网络犯罪的种类

随着信息时代的到来，网络犯罪成为一个刑法范畴。根据网络犯罪所具有的某些属性，可以将犯罪划分成为若干相互对应的类别。由于社会制度、刑事立法和法律文化背景的差异，产生了不同的划分根据和标准，出现了不同的分类结果。概括来讲，可以分为两大类：以互联网信息系统为对象进行的犯罪和以互联网信息为工具进行的犯罪。

1. 以互联网信息系统为对象进行的犯罪

这类犯罪是指针对互联网信息系统进行的犯罪。主要罪名有：

① 非法侵入互联网信息系统罪，主要指非法侵入国家事务、国防建设、尖端科学技术领域的互联网信息系统。

② 破坏互联网信息系统罪，指故意制作、传播计算机病毒等破坏性程序，攻击互联网信息系统及通信网络，致使互联网信息系统及通信网络遭受损害。

③ 擅自中断互联网信息系统罪，指违反国家规定，擅自中断互联网信息系统或者通信服务，造成互联网系统或者通信系统不能正常运行。

④ 制作、传播计算机病毒等破坏计算机程序罪。

2. 以互联网信息为工具进行的犯罪

① 利用互联网信息实施危害国家安全罪：利用互联网实施煽动分裂国家、颠覆国家政权罪；利用互联网窃取、泄露国家秘密、情报或者军事秘密罪；利用互联网破坏民族团结罪；利用互联网组织邪教罪。

② 利用互联网危害公共安全罪：利用互联网组织、实施恐怖活动罪；利用互联网买卖枪支弹药罪。

③ 利用互联网破坏市场经济秩序罪：利用互联网销售伪劣产品罪；利用互联网对商品、服务做虚假宣传罪；利用互联网损害他人商业信誉和商品声誉罪；利用互联网侵犯著作权罪；利用互联网操纵证券交易价格罪；利用互联网编制传播虚假证券信息罪。

④ 利用互联网破坏社会管理秩序罪：利用互联网传播淫秽物品罪；利用互联网实施传授犯罪方法罪；利用互联网实施赌博罪；利用互联网非法行医罪。

⑤ 利用互联网实施侵犯公民人身权利、民主权利罪：利用互联网诱骗实施故意伤害罪；诱骗实施故意杀人罪。

⑥ 利用互联网实施侵犯财产罪：利用互联网进行盗窃罪；利用互联网进行诈骗罪；利用互联网进行敲诈勒索罪。

▶▶ 6.2.3 网络犯罪的认定与处罚

网络犯罪是一类复杂的犯罪，目前我国新修订的《中华人民共和国刑法》在第二百八十五条、二百八十六条、二百八十七条中对网络犯罪进行了规定。由于这类犯罪是高科技手段的犯罪，因此在司法实践中处理这类问题也比较复杂。

1. 网络犯罪构成

网络犯罪作为一个犯罪概念，有着明确的内涵。它是一类特殊的犯罪，和其他犯罪相比具有独特的一面，因此它不论在形式上还是在内容上都与其他犯罪有着很大的差异。我们必须研究网络犯罪的犯罪构成，才能从更深的层次揭示其本质特征，准确地将它与其他犯罪区分开来。

犯罪构成是刑法规定的，决定某一行为的社会危害性，并为成立犯罪所必需的客观要件和主观要件的总和。其中客观要件包括犯罪的客体和犯罪的客观方面，主观要件包括犯罪的主体和主观方面。

（1）犯罪客体方面

犯罪客体是指受危害行为侵害或威胁的为刑法所保护的社会利益，它包括侵害他人与网络有关的知识产权所构成的侵犯知识产权的社会关系；实施侵入破坏互联网信息系统，利用网络实施诈骗、盗窃等行为所构成的侵害社会公共秩序的社会关系等。

网络犯罪行为之所以被认为是犯罪，根本原因在于它具有社会危害性，也就是这种行为对一定的社会利益造成了危害。从犯罪客体来说，网络犯罪侵犯的是复杂客体，也就是说，网络犯罪是对两种或两种以上直接客体进行侵害的行为。非法侵入网络信息系统犯罪，一方面侵害了网络系统中所有人的权益，另一方面则对国家的网络信息管理秩序造成了破坏，同时还有可能对受害的网络信息系统当中数据所涉及的第三人的权益造成危害。这也是网络犯罪在理论上比较复杂的原因之一。

（2）犯罪客观方面

犯罪客观方面是犯罪的客观外在表现，特指侵犯某种客体的危害行为，以及犯罪行为所产生的危害社会的后果及犯罪行为与危害社会的后果之间的因果联系。

在网络犯罪中，绝大多数危害行为都是作为，即通过完成一定的行为，从而使得危害后果发生。还有一部分是不作为，构成网络犯罪的不作为是指由于种种原因，行为人担负有排除网络信息系统危险的义务，但行为人拒不履行这种义务的行为。例如，由于意外，行为人编制的程序出现错误，对网络信息系统内部数据造成威胁，但行为人对此放任不管，不采取任何补救和预防措施，导致危害后果的发生，这种行为就是构成网络犯罪的不作为。

从犯罪构成的客观方面来看，网络犯罪是单一危害行为，即只要行为人进行了威胁或破坏网络信息系统内部的数据的行为，就可以构成网络犯罪。

（3）犯罪主体方面

犯罪主体是指实施网络犯罪行为、承担相应法律人责任的人，自然人、法人都可以成为网络犯罪的主体。

从事网络犯罪的自然人主体，具有多样性，各种年龄、各种职业的人都可以进行网络犯罪。一般来讲，进行网络犯罪的主体必须是具有一定计算机知识水平的行为人，而且水平还比较高，甚至是计算机高手。

我国刑法规定法人可以是犯罪主体，同样网络犯罪的主体也可以是法人。在网络犯罪中有相当一部分是法人指示个人来进行的，也有一些是犯罪人故意成立企业法人以更好地进行网络犯罪。实践中，对法人网络犯罪的问题比较难以处理，尤其当法人的行为是属于侵权还是属于犯罪的问题时。

（4）犯罪主观方面

犯罪主观方面是指行为人在其实施的严重危害社会的行为及其造成的危害结果时的心理状态，犯罪人在犯罪时的心理状态包括故意和过失两种情况。故意包括直接故意和间接故意。过失包括疏忽大意的过失和过于自信的过失。

网络犯罪中的故意表现在行为人明知其行为会造成网络系统内部信息的破坏，或者利用网络信息的行为会对社会造成危害，但是他由于各种动机而希望或是放任这种危害后果的发生。所谓明知，是指行为人在表现出来的认知水平上他所应该知道自己的行为会产生什么样的后果。只有行为人确实知道行为的后果，故意才能构成；如果行为所产生的危害后果是行为人所不能预见的，那么故意就不能构成。

网络犯罪中的过失则表现为行为人应当预见到自己的行为可能发生破坏系统数据的后果，或者利用网络信息的行为会对社会造成危害，但是由于其疏忽大意而没有预见，或是行为人已经预见到这种后果，但轻信能够避免这种后果而导致系统数据的破坏。

在网络信息系统的使用过程中，有时会出现这样的情况：行为人对计算机的有些问题不了解，仅就其知识水平而言其操作是无害的，但是他在操作过程中错误地使用了一些未公开的或是自己不了解的参数，结果导致系统数据的破坏。从理论上来说，这样的行为不应该构成犯罪，应当是属于意外事件。

由此可见网络犯罪在主观方面也比较难以认定，究竟是故意或过失，还是意外，在实践中需要仔细地研究。对这个问题应该从以下三个方面来加以分析：

① 行为人的计算机水平。这种水平不是由行为人自己来衡量的，而是从行为人平日使用计算机的表现和周围人的评价当中体现出来的。行为人的计算机水平决定了他对行为的后果是否能够或者是已经预见。

② 行为人是否严格遵守有关网络信息系统使用的规章制度。

③ 行为人对其行为导致的危害后果的态度。他对自己行为的危害后果的态度是希望发生、放任发生，还是尽力避免。

2. 网络犯罪的量刑与处罚

从网络犯罪的社会危害性来看，这是一类后果严重的犯罪。一方面，它可以直接造成严重的社会经济损失；另一方面，它严重地危害到整个国家的计算机网络系统的安全。从罪行相适应原则出发，对这类具有严重的社会危害性的犯罪应当处以重刑。

就目前的刑法条文而言，对网络犯罪的量刑相当轻。例如，侵入网络信息系统罪，法定最高刑为三年，而这类犯罪对国家的重要机密的安全性的破坏是非常严重的，即使我们按照窃取国家秘密罪的轻罪来处罚也应处五年以下有期徒刑。虽然构成窃取国家秘密罪的侵入行为，我们可以按照有关条文来处罚，但是许多侵入行为是很难认定其主观目的的，如果不能证明行为人主观上是出于窃取秘密的故意，那么就不能构成窃取国家秘密罪。因此，就出现了罪行和处罚不一致的情况。

对网络犯罪，我国刑法并没有规定财产刑，这也是和网络犯罪的特点不适应的。网络犯罪造成的直接经济损失相当大，其中许多犯罪行为也是出于谋取利益的动机。因此，也应当在这类犯罪之中规定财产刑，使犯罪人在自由刑和财产刑的同时威慑下必须重新考虑自己的行为后果，这样才能真正地发挥刑法的威慑作用。

因此，对刑法中有关网络犯罪的量刑规定应该加重，把法定刑提高，并且增加财产刑，对造成严重经济后果的处以重罚或是没收财产。

▶▶ 6.2.4 电子商务犯罪及其类型

1. 电子商务犯罪罪名的界定

电子商务犯罪是类罪名，指的是行为人为了牟取非法利益，利用科技手段在电子商务活动中所实施的侵犯他人权益，依照刑法应当受到刑罚处罚的一系列犯罪行为的总称。

在对电子商务犯罪进行界定时，应考虑三个方面：一是犯罪行为的发生领域；二是犯罪过程中使用的工具、实施犯罪采用的手段；三是犯罪行为侵害的对象。其中，犯罪行为的发生领域及犯罪所使用的工具、手段是犯罪的外在特征，是直观的、具体的；而犯罪行为的侵害对象，

第6章 电子商务安全保障与争议解决法律制度

即犯罪客体的不同则概括出了犯罪的本质特征。我们应把电子商务犯罪和传统犯罪区别开来。因此，电子商务犯罪应当是发生在电子商务领域中，以网络为工具危害电子商务活动秩序和安全的各种犯罪行为。①

2. 电子商务犯罪的类型

（1）盗用、窃取电子商务信息

不法分子采用非法手段入侵电子商务系统，并非法采集和使用电子商务信息。例如，窃取电子商务经营者和消费者的密钥、信息认证程序、数字签名或者商业秘密，给被害人造成严重的损失的行为。又如，网上盗窃，通常电子商务中的支付保护措施一般是设置密码、口令、配套公私密钥、身份认证等手段，但这些保护措施常会由于用户自身的疏忽或犯罪人精心的设计而被破解，从而致使账户里资金被盗用。

【相关案例】

在校大学生张某某是一个技术"宅男"，经常浏览一些"薅羊毛"分享网站，获取一些网站漏洞信息。2019 年 6 月 15 日，张某某从某"薅羊毛"分享网站上得知厦门某网络公司的应用程序存在提现漏洞，遂多次利用其掌握的网络抓包软件，采取复制提现数据包，并重复提现到其本人银行卡的作案手段，非法获利合计人民币 7 万余元。张某某因盗窃罪受到法律的制裁。

在本案中应注意的是：尊重他人财产权，是基础社会规则的一部分，恶意的"薅羊毛"行为属数据时代的欺诈和盗窃，"行为人利用网站漏洞，在网站平台恶意提现的行为依法构成盗窃罪"。在本案中，大学生张某某不尊重他人权利，缺乏对法律的敬畏。所以，就大学生而言，要在尊重法律权威方面加强砥砺，在学习和生活中积极作为，养成自觉向法律低头的良好品质，努力成为尊重法律权威、信仰宪法法律的先锋。

（资料来源：https://www.thepaper.cn/newsDetail_forward_5299512）

（2）伪造、篡改电子商务信息

不法分子采取非法手段破坏电子商务信息的真实性、完整性和可信赖性，进而造成信息使用者无法使用信息或得到虚假信息等，从而给其造成安全危害及利益损失等。例如，网上诈骗，犯罪分子伪造身份及认证密码、营造虚假交易网站以欺骗交易对方的情况。另外，还有通过窃听、截流数据交易信息，冒充其中一方，利用时间差和双向蒙骗的手法，骗取非法利益。这类犯罪最本质的一点就是伪造身份，骗取对方信任。由于网上交易的时空间隔，交易信誉的基础有所改变，在交易中严格的身份认证过程至为关键。另外，电子认证服务机构自身或其内部人员的诈骗行为也要加以防范。

（3）破坏电子商务计算机信息系统

电子商务系统是一个完整的体系，其中任何一个组成部分发生故障都会影响整个商务活动的顺利进行，而电子商务计算机信息系统是电子交易的物质基础，如果行为人利用计算机网络技术，非法侵入电子商务的计算机信息系统，删除、修改其中的应用程序和数据，破坏系统安全防护措施，将直接造成整个电子商务秩序的混乱，给交易各方造成严重损害。

---

① https://baike.baidu.com/item/%E7%94%B5%E5%AD%90%E5%95%86%E5%8A%A1%E7%8A%AF%E7%BD%AA/50921888?fr=aladdin。

(4) 侵犯知识产权犯罪

电子商务中可能涉及的侵犯知识产权犯罪包括利用网络销售侵犯知识产权的实体商品和数据商品。数据商品包括计算机软件、数据库和服务信息等。数据商品在互联网上交易传输的过程中，可能被他人非法截获或者复制，给知识产权人造成严重的损失。目前，网络上存在着许多未经许可的"网络书屋""音乐节目上网""网上影院"等，这种举止无论是将传统作品搬上网络，还是直接转用他人网上作品，在未经著作权人许可的情况下，均属侵权行为。

(5) 涉税犯罪

电子商务活动通过网络完成商务协议，而后进行货物交付，使税收征管和监控失去直接的实物对象，难以进行征税。电子商务的便捷性、保密性使纳税人身份与交易细节的确定极为困难，也造成了传统的监控手段失灵，无法有效地进行税收监管。

▶▶ 6.2.5　电子商务犯罪的法律规制

面对日益猖獗的网络犯罪，我们除在技术手段和管理手段上控制和预防网络犯罪以外，还应当用法律手段，加强对电子商务犯罪的法律规制。

1. 非法侵入计算机信息系统罪

《中华人民共和国刑法》（以下简称《刑法》）第二百八十五条规定：违反国家规定，侵入国家事务、国防建设、尖端科学技术领域的计算机信息系统的，处三年以下有期徒刑或者拘役。违反国家规定，侵入前款规定以外的计算机信息系统或者采用其他技术手段，获取该计算机信息系统中存储、处理或者传输的数据，或者对该计算机信息系统实施非法控制，情节严重的，处三年以下有期徒刑或者拘役，并处或者单处罚金；情节特别严重的，处三年以上七年以下有期徒刑，并处罚金。提供专门用于侵入、非法控制计算机信息系统的程序、工具，或者明知他人实施侵入、非法控制计算机信息系统的违法犯罪行为而为其提供程序、工具，情节严重的，依照前款的规定处罚。单位犯前三款罪的，对单位判处罚金，并对其直接负责的主管人员和其他直接责任人员，依照各该款的规定处罚。

2. 破坏计算机信息系统罪

《刑法》第二百八十六条规定：违反国家规定，对计算机信息系统功能进行删除、修改、增加、干扰，造成计算机信息系统不能正常运行，后果严重的，处五年以下有期徒刑或者拘役；后果特别严重的，处五年以上有期徒刑。　违反国家规定，对计算机信息系统中存储、处理或者传输的数据和应用程序进行删除、修改、增加的操作，后果严重的，依照前款的规定处罚。故意制作、传播计算机病毒等破坏性程序，影响计算机系统正常运行，后果严重的，依照第一款的规定处罚。单位犯前三款罪的，对单位判处罚金，并对其直接负责的主管人员和其他直接责任人员，依照第一款的规定处罚。

3. 拒不履行信息网络安全管理义务罪

《刑法》第二百八十六条还规定，网络服务提供者不履行法律、行政法规规定的信息网络安全管理义务，经监管部门责令采取改正措施而拒不改正，有下列情形之一的，处三年以下有期徒刑、拘役或者管制，并处或者单处罚金：①致使违法信息大量传播的；②致使用户信息泄露，造成严重后果的；③致使刑事案件证据灭失，情节严重的；④有其他严重情节的。

4. 非法利用信息网络罪

《刑法》第二百八十七条规定，利用信息网络实施下列行为之一，情节严重的，处三年以下有期徒刑或者拘役，并处或者单处罚金：①设立用于实施诈骗、传授犯罪方法、制作或者销售违禁物品、管制物品等违法犯罪活动的网站、通讯群组的；②发布有关制作或销售毒品、枪支、淫秽物品等违禁物品、管制物品或者其他违法犯罪信息的；③为实施诈骗等违法犯罪活动发布信息的。单位犯前款罪的，对单位判处罚金，并对其直接负责的主管人员和其他直接责任人员，依照第一款的规定处罚。有前两款行为，同时构成其他犯罪的，依照处罚较重的规定定罪处罚。

5. 帮助信息网络犯罪活动罪

《刑法》第二百八十七条还规定，明知他人利用信息网络实施犯罪，为其犯罪提供互联网接入、服务器托管、网络存储、通信传输等技术支持，或者提供广告推广、支付结算等帮助，情节严重的，处三年以下有期徒刑或者拘役，并处或者单处罚金。

6. 利用计算机实施犯罪的提示性规定

《刑法》第二百八十七条规定，利用计算机实施金融诈骗、盗窃、贪污、挪用公款、窃取国家秘密或者其他犯罪的，依照刑法有关规定定罪处罚。

例如，电子商务中的非法集资犯罪，适用于《刑法》第一百九十二条中所规定的集资诈骗罪，即以非法占有为目的，使用诈骗方法非法集资，数额较大的，处五年以下有期徒刑或者拘役，并处二万元以上二十万元以下罚金；数额巨大或者有其他严重情节的，处五年以上十年以下有期徒刑，并处五万元以上五十万元以下罚金；数额特别巨大或者有其他特别严重情节的，处十年以上有期徒刑或者无期徒刑，并处五万元以上五十万元以下罚金或者没收财产。

再如，电子商务中的偷逃税款犯罪则适用于《刑法》第二百零一条的逃税罪，即纳税人采取欺骗、隐瞒手段进行虚假纳税申报或者不申报，逃避缴纳税款数额较大并且占应纳税额百分之十以上的，处三年以下有期徒刑或者拘役，并处罚金；数额巨大并且占应纳税额百分之三十以上的，处三年以上七年以下有期徒刑，并处罚金。

6.3 电子商务争议解决法律制度

6.3.1 争议在线解决机制

伴随着电子商务交易量的快速增长，交易纠纷随之大量产生。这些纠纷常常发生在地理位置相距遥远的交易当事人之间。这些纠纷如果通过传统的方法，如消费者协会的调解和法院诉讼等解决，在很大程度上是不经济的，如往来的差旅费、律师费、诉讼费，还要浪费大量的时间和精力。这意味着只有那些数额较大的索赔补救才能通过法院制度得以实现，否则将得不偿失。

1. 争议在线解决机制的概念

鉴于电子商务纠纷频出,急需一种有效、公平、快捷、低成本的纠纷解决机制,人们会很自然地想到用非诉讼方式保护自己的权益,并解决纠纷。于是,替代性争议解决方法(Alternative Dispute Resolution,ADR)被引入网络,产生了在线 ADR 即争议在线解决机制(Online Dispute Resolution,ODR)这一非诉讼纠纷解决的新形式。

ODR 是建立在 ADR 基础之上的。ADR 起源于美国,在我国通常翻译为替代性争议解决方法或可选择性争议解决方法。ODR 是指利用互联网进行全部或主要程序的各种争议解决方式的总称,主要包括在线仲裁(Online Arbitration)、在线调解(Online Mediation)和在线和解(Online Negotiation)等方式。仅利用网络技术实现文件管理功能,程序的其他部分仍用传统离线方式进行,不属于 ODR 范畴。

2. 争议在线解决机制的特征

ODR 将网络资源充分引入争议解决方法中来,与传统争议解决方法相比,其具有以下特征:

第一,采用计算机及网络技术的科技手段,改变各种争议和纠纷的解决途径和形式,产生更加多样的模式和解决方案。

第二,以业界自律为基础的运行机制,建立企业与消费者之间的信任关系,提供有利于网络纠纷快速、便宜、公正地解决的可选择途径。

第三,全球化的解决方案和运行模式,这就使 ODR 可以在任何国家、聘用任何国籍的仲裁员或者调解员、通过任何语言解决争议,具有快速、费用低廉、便利等网络空间争议解决所必需的各类重要价值因素。

3. 争议在线解决机制的优点

网络空间具有全球性、虚拟性、管理的非中心化和高度的自治性的特点,网络空间争议的解决也具有不同于离线争议的特殊要求,效率、成本和便利性成为网络空间争议解决方式的首要价值因素。其通过网络,为当事人提供了便捷的争议解决途径,节省了纠纷解决的成本,给当事人以最大限度的自主权,体现出"虚拟世界"自主、自愿、自律、诚实信用和符合实际的基本理念,极大地支持了电子商务的发展。在网络虚拟世界,ODR 对于建立互联网中的信赖关系是非常必要的,是有利于实现双赢的争议解决方式,越来越受到国际组织和世界各国的重视。

4. 电子商务争议解决的法律依据及方法

《电子商务法》第六十三条规定,电子商务平台经营者可以建立争议在线解决机制,制定并公示争议解决规则,根据自愿原则,公平、公正地解决当事人的争议。电子商务消费者和电子商务经营者发生纠纷的,可以通过下列途径解决:与电子商务经营者协商和解;请求相关组织或平台进行调解;向有关行政部门投诉;根据仲裁协议提请线上仲裁机构仲裁;向人民法院提起诉讼,既可以提起传统诉讼、进行线上诉讼,也可以向互联网法院提起诉讼(仅限于北京、杭州和广州地区)。

5. 在线协商和解

和解是争议当事人在没有第三方介入的情况下协商谈判解决其争议,而在线和解则是争议

第6章 电子商务安全保障与争议解决法律制度

当事人通过网络平台,在没有第三方介入的情况下协商谈判解决其争议的和解方式。

在线和解具有借助于互联网络平台、只有双方当事人自己参加、和解没有强制力、和解协议不具有强制执行力等特点。

6. 在线投诉

电子商务纠纷的在线投诉是指电子商务消费者为生活消费需要购买、使用商品或者接受服务,与电子商务经营者发生消费者权益争议,请求市场监督管理部门解决该争议的行为。

下面以全国12315平台为例,说明在线投诉的内容和规则。投诉流程见本章末"实训题"相关内容。

第一,在线投诉人填写的投诉内容应当符合平台要求的格式,事实清楚、实事求是,并根据平台和处理单位要求提供电话号码和其他有效联系方式,以便市场监督管理部门在处理时可以及时与投诉人取得联系。

第二,对电子商务平台经营者及通过自建网站、其他网络服务销售商品或者提供服务的电子商务经营者的投诉,由其住所地县级市场监督管理部门处理。对平台内经营者的投诉,由其实际经营地或者平台经营者住所地县级市场监督管理部门处理。

第三,按《市场监督管理投诉举报处理暂行办法》规定具有处理权限的市场监督管理部门,将自收到投诉之日起七个工作日内做出受理或者不予受理的决定,并告知投诉人。

第四,投诉有下列情形之一的,市场监督管理部门不予受理:① 投诉事项不属于市场监督管理部门职责,或者本行政机关不具有处理权限的;② 法院、仲裁机构、市场监督管理部门或者其他行政机关、消费者协会或者依法成立的其他调解组织已经受理或者处理过同一消费者权益争议的;③ 不是为生活消费需要购买、使用商品或者接受服务,或者不能证明与被投诉人之间存在消费者权益争议的;④ 除法律另有规定外,投诉人知道或者应当知道自己的权益受到被投诉人侵害之日起超过三年的;⑤ 未提供《市场监督管理投诉举报处理暂行办法》规定的材料的;⑥ 法律、法规、规章规定不予受理的其他情形。

第五,市场监督管理部门经投诉人和被投诉人同意,采用调解的方式处理投诉,但法律、法规另有规定的,依照其规定。鼓励投诉人和被投诉人平等协商,自行和解。

第六,投诉对象在ODR企业名录内的,投诉人选择处理单位时,平台会自动显示"绿色通道企业"勾选项。投诉人勾选后,即表示投诉人同意与被投诉人进入和解程序,直接通过平台ODR投诉,适用平台ODR解决的有关规定。被投诉人将在十个工作日内与投诉人进行协商和解。投诉人和被投诉人双方和解的时间不计入市场监督管理部门的处理时限。和解不成的,投诉人还可以向市场监督管理部门进行投诉。

第七,投诉事项一事一单,请勿就同一事项重复投诉,请勿在一个投诉单中对不同被投诉人提出诉求。由于投诉、举报的处理程序不同,请勿在投诉中含有举报内容。

7. 在线调解

调解是指中立的第三方在当事人之间调停疏导,帮助交换意见,提出解决建议,促成双方化解矛盾的活动。一般而言,调解包括法院在诉讼过程中的调解(诉内调解)、行政机关在执法过程中的调解、仲裁机关在仲裁过程中的调解和人民调解等。

在电子商务中用于解决纠纷的调解,通常是指在线调解,即调解从程序的发起至争议解决协议的达成全部在线进行。在线调解机制在纠纷解决过程必须由中立第三方主持，双方当事人并不直接接触，减少了进一步冲突和对抗的可能性。在本质上，在线调解仍然遵循传统的第三方调解模式，在线调解中的中立第三方多为一些电子商务平台或电商建立的社会组织。

【相关链接】

下面以"在线矛盾纠纷多元化解平台"为例说明在线投诉与在线调解流程。

1. 在线矛盾纠纷多元化解平台简介

"在线矛盾纠纷多元化解平台"（以下简称"多元平台"）是在线纠纷解决方式的一体化服务平台，旨在通过在线方式为人民群众提供咨询、调解、仲裁、评估、诉讼等服务。

2. 申请在线调解的一般要求

申请人可在平台申请调解服务，申请人登记调解案件时需填写纠纷详情（包括纠纷描述、我的诉求、纠纷发生地信息，选择相应的调解机构）、申请人和被申请人信息。

① 平台支持自然人、法人、非法人组织三种当事人类型。
② 平台允许多个当事人参与调解。
③ 平台支持当事人的代理人上传证据、参与调解、签署文书等。

3. 申请在线调解的步骤

申请步骤如图6.1所示。

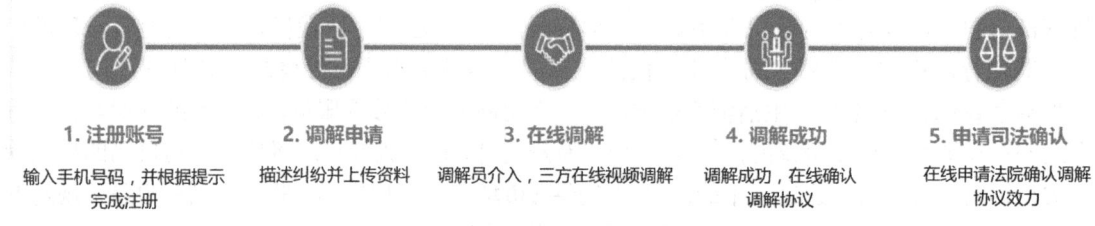

图6.1 在线调解的申请步骤

6.3.2 在线仲裁

在线ODR并不是某种单一的争议解决方式，在线仲裁是其最常用的形式之一。

1. 在线仲裁的概念

在线仲裁（Online Arbitration）是指仲裁协议的订立、仲裁申请的提交与受理、仲裁庭的审理及仲裁裁决的做出等仲裁程序的主要环节都在互联网上进行，充分利用现代互联网技术解决网上争议的国际商事仲裁新方式。

从在线仲裁的概念上可以看出，在线仲裁能快捷、经济地解决争议，尤其是能给当事人提供极大的便利，适应了网络环境的要求。

2. 在线仲裁的基本程序

在线仲裁的方法与程序因仲裁机构的不同而不同。但其基本程序大都包含如下步骤：

(1) 提交在线仲裁申请书

首先应当由仲裁申请人以适当的格式向在线仲裁机构提出申请，要求在线仲裁，仲裁机构随之发放固定格式的仲裁申请书，由申请方进行填写与提交。仲裁机构一般以收到仲裁申请的日期为仲裁开始日期，在收到仲裁申请书并经审查后固定期间内，仲裁机构应通知申请人所涉争议是否属于裁判庭的管辖范围。随后传送仲裁申请确认通知，同时向被申请人传送申请人的仲裁申请书及相关通知。在被申请人答辩之前，有的在线仲裁机构会邀请双方进行网上调解，但调解不是必经程序。

(2) 由在线仲裁机构组成仲裁庭

在线仲裁机构受理申请后，调阅案件的卷宗，并在仲裁程序正式开始后，双方当事人应在限期内共同指定仲裁员组成仲裁庭。对于仲裁员的选定，如果当事人未能达成一致，或没有明示约定，仲裁员将由仲裁中心指定。仲裁庭由一人或三人组成，但仲裁员必须经申请人与被申请人确认。

(3) 由申请人与被申请人提交相关证据

在线仲裁要求当事人双方提交有利于自己的证据及证人证言，这些均应通过电子形式提供。其他的书面材料和物证可以通过电脑扫描转换成电子文本提交，同时允许线下方式传送。

(4) 在线审理

在线庭审时，仲裁庭可决定举行在线听证会，利用多媒体技术通过网上电话会议或语音视频系统开庭审理案件。网上开庭审理需要案件各方参与人具备技术设备。在线审理可以不受时间和地点的限制，事实上的审理地点不影响裁决地的确定。

(5) 做出在线裁决

在线审理后，仲裁庭以多数意见做出裁决。裁决需附有仲裁员的电子签名，经加密邮件传递给双方当事人，并存入案件的专用网址，保存在仲裁机构的电子档案数据库。裁决的结果，除非当事人一方反对，否则应公布并要求双方当事人共同遵守。

▶▶ 6.3.3 在线诉讼

基于网络空间的特性，电子商务与传统民商事活动有很大差别，由此决定了电子商务案件诉讼管辖与传统民商事案件的诉讼管辖存在很大的不同，传统诉讼管辖的理论已不能完全有效地应对电子商务案件诉讼面临的问题。线上诉讼和互联网法院成为解决电子商务诉讼问题的有效方法。

1. 传统诉讼概述

电子商务诉讼属于经济诉讼，经济诉讼一般适用于民事诉讼法。

(1) 民事诉讼法基本制度

公开审判制度是指人民法院的审判活动，除合议庭评议案件外，应向群众和社会公开的制度。所谓公开，一是向群众公开，即允许群众旁听法院对案件的审判；二是向社会公开，即允许新闻记者对案件审理的情况进行报道并将案情公之于众。依照法律的规定，除不予公开和可以不公开审理的案件外，一律依法公开审理。

合议制度是相对于独任制而言的，是指由 3 名以上单数审判人员组成合议庭对民事案件进行审理的制度。

回避制度是指审判人员和其他有关人员遇到法律规定不宜参加案件审理的情形时，退出案件审理活动的制度。

两审终审制度是指一个民事案件经过两级法院的审判，案件的审判即宣告终结的制度。根据该制度，一个民事案件经第一审人民法院审判后，当事人如果不服，有权依法向上一级人民法院提出上诉，上一级人民法院对上诉案件审理后做出的判决和裁定，是终审判决、裁定，当事人不得再提起上诉。

（2）民事诉讼管辖

民事诉讼管辖是指各级法院之间和同级法院之间受理第一审民事案件的分工和权限。诉讼管辖是一国民事诉讼法的重要内容。我国的民事诉讼管辖分为级别管辖和地域管辖。

级别管辖是指各级法院之间受理第一审民事案件的分工和权限。通常基层人民法院管辖第一审民事案件，但重大涉外案件、在本辖区有重大影响的案件和最高人民法院确定由中级人民法院管辖的案件由中级人民法院受理。高级人民法院管辖在本辖区有重大影响的第一审民事案件。在全国有重大影响的案件；认为应当由最高人民法院审理的案件作为最高人民法院管辖的第一审民事案件。我国对民事案件实行两审终审制。

地域管辖是指同级人民法院间在各自辖区受理第一审民事案件的分工和权限。在地域管辖问题上一般采用"原告就被告"的原则，即通常由被告住所地人民法院管辖；被告住所地与经常居住地不一致的，由经常居住地人民法院管辖。

（3）第一审普通程序

第一审普通程序是人民法院审理第一审民事案件所适用的最基本的程序。它具体包括起诉、受理、审理前的准备、开庭审理。

第一，起诉。起诉必须具备的条件：原告是与本案有直接利害关系的公民、法人或其他组织；有明确的被告；有具体的诉讼请求和事实、理由；属于人民法院受理民事诉讼的范围和受诉人民法院管辖。

第二，受理。人民法院收到民事诉状或者口头起诉，经审查符合起诉条件的，应当在七日内立案，并及时通知当事人；认为不符合起诉条件的，应当在七日内裁定不予受理。原告对裁定不服的，可以提起上诉。

第三，审理前的准备。审理前的准备主要有以下几项：送达起诉状副本和提出答辩状；告知当事人诉讼权利义务及合议庭组成人员；审阅诉讼材料，调查收集必要的证据；追加当事人。

第四，开庭审理。开庭审理主要包括：开庭准备、法庭调查、法庭辩论和评议及宣判。

2. 在线诉讼的基本内容[①]

近年来，人民法院充分运用信息化成果，不断推进智慧法院建设，促使互联网与司法深度融合。特别是新冠肺炎疫情发生以来，各地法院积极转变工作方式，纷纷推行在线诉讼，确保疫情防控与执法办案两不误。一时间，掌上立案、远程调解、隔空开庭、云端执行等线上司法服务风生水起。[②]2021年5月，《人民法院在线诉讼规则》的颁布，进一步推进和规范了在线诉

---

① 本部分主要内容参见《最高人民法院关于新冠肺炎疫情防控期间加强和规范在线诉讼工作的通知》。
② https://www.chinacourt.org/index.php/article/detail/2020/04/id/4952162.shtml。

讼活动，完善了在线诉讼规则。

（1）在线诉讼的概念

在线诉讼是指依托中国移动微法院、诉讼服务网、12368诉讼服务热线等在线诉讼平台，全面开展网上立案、调解、证据交换、庭审、宣判、送达等在线诉讼活动。在线诉讼能够有效满足人民群众司法需求，确保人民法院审判工作平稳有序运行。在线诉讼与传统诉讼具有同等法律效力。

（2）是否采用在线诉讼坚持尊重当事人意愿原则

人民法院推进在线诉讼，既要充分考虑案件类型、难易程度、轻重缓急等因素，又要切实维护当事人合法诉讼权益，尊重当事人对案件办理模式的选择权，全面告知当事人在线诉讼的权利义务和法律后果。当事人同意案件在线办理的，应当在信息系统确认、留痕，确保相关诉讼活动的法律效力。当事人不同意案件在线办理，依法申请延期审理的，人民法院应当准许，不得强制适用在线诉讼。案件符合诉讼法律关于中止审理有关规定的，人民法院可以中止诉讼。

各级人民法院在线办理案件，要确保各方诉讼参与人身份真实性，通过证件证照比对、生物特征识别、实名手机号码关联等方式在线完成身份认证，提供各方诉讼参与人诉讼平台专用账号，实现"人、案、账号"匹配一致。

（3）在线诉讼的立案环节

当事人及其诉讼代理人通过在线方式提交立案申请的，人民法院应当在收到起诉材料后七日内进行审核，符合法律规定起诉条件的，应当登记立案；提交材料不符合要求的，人民法院应当通过在线诉讼平台及时要求补正，并一次性告知应当补正的内容和期限，逾期未补正的，起诉材料做退回处理；不符合起诉条件，经人民法院释明后，原告坚持继续起诉的，裁定或者决定不予受理、不予立案。

当事人及其诉讼代理人在线提交立案材料确有困难的，可以选择就近一家法院提交立案材料。相关人民法院应当按照跨域立案的工作机制和程序，及时办理立案手续。

（4）在线诉讼的庭审环节

综合考虑技术条件、案件情况和当事人意愿等因素，确定是否采取在线庭审方式。人民法院开展在线诉讼，应当征得当事人同意，并告知适用在线诉讼的具体环节、主要形式、权利义务、法律后果和操作方法等。民商事、行政案件一般均可以采取在线方式开庭，但案件存在双方当事人不同意在线庭审、不具备在线庭审技术条件、需现场查明身份、核对原件、查验实物等情形的，不适用在线庭审。刑事案件可以采取远程视频方式讯问被告人、宣告判决、审理减刑、假释案件等。对适用简易程序、速裁程序的简单刑事案件、认罪认罚从宽案件，以及妨害疫情防控的刑事案件，可以探索采取远程视频方式开庭。

在线庭审活动应当遵循诉讼法律及司法解释的相关规定，充分保障当事人申请回避、举证、质证、陈述、辩论等诉讼权利。在线庭审应当以在线视频方式进行，不得采取书面或者语音方式。

当事人明确同意在线庭审，但不按时参加或者庭审中擅自退出的，除经查明确属网络故障、设备损坏、电力中断或者不可抗力等原因外，可以认定为"拒不到庭"和"中途退庭"，分别按照诉讼法律及相关司法解释的规定处理。

人民法院应当积极运用语音识别技术同步生成庭审电子笔录，由审判人员、法官助理、书记员、当事人及其他诉讼参与人等在线确认，确保在线庭审的效力。在线庭审过程，应当按照《最高人民法院关于人民法院庭审录音录像的若干规定》，全程录音录像并存储归档。

【相关链接】

证据和电子证据

按照《中华人民共和国民事诉讼法》(2017年修订)第六十三条规定,证据包括:①当事人的陈述;②书证;③物证;④视听资料;⑤电子数据;⑥证人证言;⑦鉴定意见;⑧勘验笔录。这些证据必须查证属实,才能作为认定事实的根据。

电子证据,也称为电子数据,是通过电子邮件、电子数据交换、网上聊天记录、博客、微博、手机短信、电子签名、域名等形成或者存储在电子介质中的信息。根据2019年最高人民法院出台的《关于民事诉讼证据的若干规定》第十四条的规定,电子数据包括下列信息、电子文件:

① 网页、博客、微博等网络平台发布的信息。
② 手机短信、电子邮件、即时通信、通讯群组等网络应用服务的通信信息。
③ 用户注册信息、身份认证信息、电子交易记录、通信记录、登录日志等信息。
④ 文档、图片、音频、视频、数字证书、计算机程序等电子文件。
⑤ 其他以数字化形式存储、处理、传输的能够证明案件事实的信息。

(5)送达环节

人民法院可以采取电子送达。经受送达人同意,可以通过中国移动微法院、中国审判流程信息公开网、全国统一送达平台、传真、电子邮件、即时通信账号等电子方式送达诉讼文书和当事人提交的证据材料。

(6)人民法院应保证全方位诉讼服务

人民法院推进一站式多元解纷机制和一站式诉讼服务中心建设,升级在线诉讼服务平台,拓展在线诉讼服务功能,向当事人和社会公众在线提供诉讼咨询、交费退费、信息查询、联系法官、申诉信访、举报投诉等全方位诉讼服务,保障当事人足不出户即可获取司法信息、办理诉讼事项,切实减少人员出行和聚集,服务疫情防控工作。

(7)在线诉讼的发展方向

研究制定电子诉讼平台技术标准和数据安全标准,加大诉讼统一平台的建设和监督管理力度。指导互联网法院加强与政府机关、互联网企业交流合作,打通数据共享渠道,建立数据共享平台,实现内外网数据安全交互。积极协调相关部门在人员编制、机构设置、技术支持、专门人才培养等方面加大配套支持,推动互联网法院建设迭代升级。

案例与思考

互联网法院

互联网法院是新生事物,我国在这方面做出了有益的探索,2018年9月3日最高人民法院审判委员会第1747次会议审议通过了《最高人民法院关于互联网法院审理案件若干问题的规定》(以下简称《规定》),成了规范互联网法院诉讼活动,保护当事人及其他诉讼参与人合法权益,确保公正高效审理案件的主要依据。

互联网法院是指采取在线方式审理案件,案件的受理、送达、调解、证据交换、庭前准备、庭审、宣判等诉讼环节一般应当在线上完成。当然根据当事人申请或者案件审理需要,互联网法院可以决定在线下完成部分诉讼环节。

2017年8月,最高人民法院在杭州设立了全球首家互联网法院,2018年9月,又先后增

第6章 电子商务安全保障与争议解决法律制度

设北京、广州互联网法院。自三家互联网法院设立以来，审理了一大批具有重大影响的案件，探索了一系列"网上案件网上审理"的审判工作机制。互联网法院主要集中管辖全市辖区内特定类型涉互联网第一审案件，探索建立与互联网时代相适应的审判模式，推动起诉、调解、立案、庭审、判决、执行等诉讼环节全程网络化。创新顺应互联网审判的程序规则，建立全类型案件标准化、智能化审理模式。适应信息化时代要求，发挥跨地域审理优势，方便当事人参与诉讼。

据2020年9月召开的最高人民法院召开互联网法院工作座谈会介绍：截至2020年8月31日，杭州互联网法院受理案件51 882件，审结48 227件，在线立案申请率98.2%，在线庭审率96.7%，平均庭审时长32分钟；北京互联网法院受理案件73 095件，审结62 887件，在线立案申请率100%，在线庭审率99.8%，平均庭审时长33分钟；广州互联网法院受理案件97 496件，审结83 583件，在线立案申请率99.9%，在线庭审率99.8%，平均庭审时长21分钟。①

案例思考：
1．结合案例，谈一下"迟来的正义不是正义"。
2．结合案例谈一谈互联网法院"努力让人民群众在每一个司法案件中都能感受到公平正义"方面的优势。

自测题

一、单选题

1．用户不提供真实身份信息的，网络运营者（　　）为其提供相关服务。
　　A．必须　　　　　B．不得　　　　　C．可以　　　　　D．能够

2．（　　）应当为公安机关、国家安全机关依法维护国家安全和侦查犯罪的活动提供技术支持和协助。
　　A．网络运营者　　　　　　　　　B．电子商务经营者
　　C．平台内经营者　　　　　　　　D．商户

3．（　　）是电子商务发展的核心问题，也是涉及整个国家、单位和个人的问题。
　　A．网络运营安全　B．电子商务安全　C．信息安全　　D．网络安全

4．《刑法》第二百八十五条规定，违反国家规定，侵入国家事务、国防建设、尖端科学技术领域的计算机信息系统的，处以有期徒刑或者拘役的期限是（　　）。
　　A．1年以下　　　B．2年以下　　　C．3年以下　　　D．5年以下

5．ODR应当公开其处理争端的流程和调解的规则，使电子商务从业者与消费者能够了解其运作，这是要满足ODR的（　　）。
　　A．透明度　　　　B．平等对待机制　C．独立性　　　　D．对抗程序

---

① https://baijiahao.baidu.com/s?id=1678725379605655502&wfr=spider&for=pc。

二、多选题

1. 电子商务的安全问题主要表现在（　　）等问题。
   A．网络安全　　B．信息安全　　C．交易安全　　D．人身安全
2. 关键信息基础设施的运营者还应当履行安全保护义务，包括（　　）。
   A．设置专门安全管理机构和安全管理负责人
   B．定期对从业人员进行网络安全教育、技术培训和技能考核
   C．对重要系统和数据库进行容灾备份
   D．制定网络安全事件应急预案
3. 网络安全风险包括（　　）。
   A．系统漏洞　　B．计算机病毒　　C．网络攻击　　D．网络侵入
4. 争议在线解决方式主要有（　　）。
   A．在线协商　　B．在线调解　　C．在线仲裁　　D．在线清算
5. 电子证据的特征包括（　　）。
   A．依赖性　　B．便利性　　C．多样性　　D．易破坏性

三、简答题

1. 简述电子商务安全的需求。
2. 网络犯罪的类型有哪些？
3. 简述网络犯罪的成因分析。
4. 简述争议在线的解决方式。

四、案例题

敲诈勒索电商平台商家案

山东男子迟某用恶意投诉方式对平台商家进行敲诈勒索，得手至少6次，获利至少1400元，被判处有期徒刑8个月。

这起针对平台商家的敲诈勒索案，已入选2019年度浙江省互联网十大检察案例。记者获悉，上述十大案例系浙江省人民检察院于11月24日在"2019年互联网法律大会检察论坛"上发布，全国首例全链条打击制贩大麻网站案、全国首例互联网公益诉讼案、全国首例技术修改抖音靓号案等多起具有司法标杆性意义互联网领域新型犯罪案例入选。

现年21岁的山东青岛男子迟某在2017年10月至2018年1月期间，以店铺让其承担信用卡手续费、店铺拒绝其使用信用卡等为由，以恶意投诉方式敲诈勒索他人至少6次，获利至少1400元。温州市鹿城区人民检察院于2019年5月24日对被告人迟某提起公诉，指控其犯敲诈勒索罪。检方观点得到法院采纳，鹿城区人民法院一审认定迟某犯敲诈勒索罪，判处有期徒刑8个月，并处罚金2000元，并责令迟某退赔各被害人损失。

检方人士表示，利用平台规则对网店卖家恶意投诉、实施敲诈勒索屡见不鲜，此案的办理对区分敲诈勒索与合法维权具有指导意义，并为净化网络营商环境保驾护航。

（资料来源：https://www.sohu.com/a/357111894_197955）

第6章 电子商务安全保障与争议解决法律制度

思考：
1. 在本案中，违法者违反了《电子商务法》的哪项规定？
2. 如何利用《中华人民共和国刑法》保护电子商务经营者的利益的？

实训题

▶▶ 实训　通过互联网登录全国 12315 平台，了解网上投诉流程

操作步骤

（1）打开浏览器，输入网址：http://www.12315.cn。
（2）单击右上角的"请登录"，单击"注册新账号"，填写相关信息进行实名认证。
（3）单击右上角的"请登录"，填写账号信息后单击"登录"，单击"我要投诉"。
（4）阅读投诉须知，单击"同意"。
（5）选择要投诉的商家公司名称或个体工商户名称，如果是个人店铺没有营业执照的就选择购物平台的公司名称（关键字搜索可实现）。找到要投诉的商家后单击"选择企业"。
（6）选择企业之后会核对商家的相关信息，确认无误单击"确认"。
（7）确认消费者信息，单击"确认"。
（8）填写投诉事项信息后，单击"提交"，等待相关人员的处理。

小组任务

1. 小组组成及任务

案例："熊猫烧香"案。（案件资料通过网络进行搜集）
任务：法庭模拟审理"熊猫烧香"案。
团队：全班学生分成三个小组，第一组为公诉人，第二组为被告，第三组为法官、书记员和陪审员。

2. 要求

各小组准备相应的诉讼材料，在法庭模拟审理本案时完成并体会相应角色，同时熟悉并掌握相应法律知识。
各小组主要准备《中华人民共和国刑事诉讼法》和《中华人民共和国刑法》。
第一组（公诉人）准备材料：犯罪活动记录。
第二组（被告）准备材料：为自己进行无罪辩护。
第三组（法官、书记员和陪审员）审查证据，并借助网络，写出判决书。
所需案例及相关资料请在网络中查找。

第 7 章

其他相关电子商务法律制度

【引导性案例】

《花千骨》手机游戏"换皮"抄袭

由苏州蜗牛数字科技股份有限公司开发的手机游戏《太极熊猫》于 2014 年 10 月 31 日上线；手机游戏《花千骨》由成都天象互动科技有限公司、北京爱奇艺科技有限公司开发，于 2015 年 6 月 19 日上线。蜗牛公司向苏州市中级人民法院提起诉讼，认为《花千骨》手游"换皮"抄袭《太极熊猫》手游。"换皮"抄袭，一般是指在玩法规则、数值策划、技能体系、操作界面等方面完全相同或者实质性相似的行为。侵权者通过"换皮"抄袭，可以大量减少开发投入，缩短开发周期。

法院审定认为，《花千骨》手游在游戏玩法规则的特定呈现方式及其选择、安排、组合上，整体利用《太极熊猫》手游的基本表达，并在此基础上进行美术、音乐、动画、文字等一定内容的再创作，侵害了蜗牛公司享有的改编权，判决天象公司、爱奇艺公司赔偿蜗牛公司经济损失 3000 万元。

该案在我国首次明确网络游戏中玩法规则的特定呈现方式，可以获得著作权法保护，使用"换皮"抄袭手段被认定为著作权侵权，将对游戏行业的知识产权保护产生深远影响。

（资料来源：摘自《2019 年江苏法院知识产权司法保护十大案例》，http://jsip.jiangsu.gov.cn/art/2020/4/24/art_76029_9056750.html）

【本章学习目标】

1. 熟悉电子商务中网络隐私权保护法律制度。
2. 了解和熟悉域名的法律保护。
3. 掌握网络著作权侵权行为的归责原则。
4. 了解电子商务税收法律制度。

【课程思政目标】

通过对电子商务法所涉及的部门法内容的学习和掌握，使学生熟悉和掌握电子商务中网络隐私权、域名、网络著作权的法律保护，了解电子商务税收法律制度。使学生在树立正确的法治观念的基础上，全面了解我国法律体系的构成，懂得各个法律部门及重要法律的基本功能，深化其对法治中国的制度认知，增强推动法治中国建设的实践本领。

第7章 其他相关电子商务法律制度

【能力指标解析表】

其他相关电子商务法律制度

一级指标	权重	二级指标	权重	三级指标	权重
电子商务中的隐私权和个人信息的法律保护	0.3	隐私和隐私权的内涵	0.2	隐私的概念和内容	0.5
				隐私权的概念	0.5
		个人信息	0.2		
		电子商务中个人隐私权的内容	0.2		
		电子商务中侵犯隐私权的表现形式	0.2	非法侵入网络用户的终端设备，非法截取、篡改网络用户的个人信息	0.2
				对电子商务消费者个人信息的非法收集、利用和出售	0.4
				骚扰信息、垃圾信息	0.4
		我国对电子商务中个人隐私权的法律保护	0.2	电子商务法中个人信息保护的一般规定	
				个人信息的收集、利用和出售的法律规制	0.5
				对非法入侵电子商务消费者私人空间和侵犯信息秘密的法律规制	0.5
电子商务中的域名法律保护	0.2	域名概述	0.2	域名的概念	0.3
				中国互联网域名体系结构	0.3
				域名的法律特征	0.4
		我国与域名相关的立法概况	0.4		
		域名的法律保护	0.4	域名纠纷的类型	0.2
				域名保护的原则	0.2
				域名管理的法律规定	0.2
				域名服务	0.4
电子商务与著作权保护	0.3	网络著作权概述	0.2	网上作品与网络著作权	0.5
				网上作品的类型及保护模式	0.5
		电子商务中网络著作权的内容	0.3	著作权中的人身权和财产权	0.25
				网络著作权	0.25
				网络著作权的取得	0.25
				网上作品著作权保护的限制	0.25
		网络著作权的侵权形式	0.3	网站、网络用户对传统作品的侵权行为	0.25
				传统媒体对网上作品的侵权行为	0.25
				网站、网络用户对网上作品的侵权行为	0.25
				网站或网页制作者对著作权的间接侵权行为	0.25
		网络著作权侵权行为的归责原则	0.2		
电子商务税收法律制度	0.2	电子商务对现行税法的冲击	0.2	电子商务对我国现行增值税的影响	0.25
				电子商务对我国现行关税的影响	0.25
				电子商务对我国现行印花税的影响	0.25
				电子商务对现行税收程序法的冲击	0.25

续表

一级指标	权重	二级指标	权重	三级指标	权重
电子商务税收法律制度	0.2	我国现行电子商务税收法律体系构建的前提性基础	0.3	明确电子商务中的税收原则	0.5
				科学界定电子商务中的课税对象	0.5
		电子商务环境下我国现行税法体系及其完善	0.2	税收基本法的制定	0.1
				开征电子商务新税——网络信息商品税	0.2
				增值税	0.2
				关税	0.2
				印花税	0.2
				我国现行电子商务税收优惠政策	0.1
		税收程序法	0.3	修订《中华人民共和国税收征收管理法》，以适应电子商务税收需求应坚持的原则	0.5
				对电子商务税收程序法的完善	0.5

【职业指导】

电子商务时代对法律人才的需求尤为迫切。为了避免电子商务中个人的隐私权遭到侵犯和防止个人信息遭到不当收集、恶意使用、篡改的情况发生，保护域名，网络知识产权的合法保护，网上税收，相关的法律人才显得尤为重要。为此，学生在学好电子商务知识的同时，更应重视相关法律的学习，以满足实际工作岗位的需要。

7.1 电子商务中的隐私权和个人信息的法律保护

在电子商务时代，个人信息已经成为具有很高价值的商品，通过对网络用户个人信息的利用向网络用户推销商品或者服务是电子商务营销的重要手段。从这个意义上说，电子商务虽然不是网络隐私问题产生的原因，但它无疑是引发网络隐私保护的主要因素。电子商务对网络用户和电子商务消费者隐私权的侵害很大程度上是由互联网的开放性、虚拟性及计算机和网络技术的发展等因素造成的。

▶▶ 7.1.1 隐私和隐私权的内涵

目前，隐私权和个人信息保护问题日益受到关注。《中华人民共和国民法典》（以下简称《民法典》）在第四编人格权中设专章专门对"隐私权和个人信息保护"进行了法律规定，不仅对隐私、个人信息及个人信息的处理等基本概念做出了清晰的界定，同时明确了禁止实施的侵害隐私权的行为类型、处理个人信息应遵循的原则与合法性要件、个人信息的合理使用，还对隐私权和个人信息保护的关系问题做出了规定。①

1. 隐私的概念和内容

《民法典》中所界定的隐私指自然人的私人生活安宁和不愿为他人知晓的私密空间、私密活

---

① https://www.chinacourt.org/article/detail/2020/07/id/5383094.shtml。

动、私密信息。

从定义中可以看出，隐私仅仅是自然人所拥有的。隐私属于自然人的精神利益，保护隐私的根本目的是维护人格自由、保护人格尊严。民事主体包括自然人、法人和非法人组织。从《民法典》的规定中可以看出，只有自然人针对隐私才享有需要法律保护的精神利益。而法人、非法人组织除基于保护国家秘密、商业秘密、生产经营秩序或公共活动秩序的需要外，并不存在隐私的保护问题。

第一，隐私具体包括为保证私人生活安宁的私密空间、私密活动、私密信息。

【相关提示】

骚扰电话和强制弹窗广告属于侵犯私人生活安宁。无论从法理上讲，还是从现实生活角度看，"私人生活安宁"对于个人来说，是重要的人格权利。私人生活安宁不仅意味着一种安然有序的外在秩序，也意味着一种相安无事、从容不迫的祥和内在生活状态、心理境界。任何可能滋扰、破坏"私人生活安宁"或构成严重"扰民"的社会现象，都可能被认定为"侵犯隐私"。

第二，隐私还包括不愿为他人知晓的私密空间、私密活动、私密信息等。

私密空间涵盖了"住宅、宾馆房间"等物理空间，同时也包括了虚拟的空间，如电子邮箱、QQ群、微信群等。

私密活动是指自然人不愿意为他人知晓的活动，如亲友的聚餐、朋友间谈话等。

私密信息也称为隐私信息。《民法典》将个人信息分为私密信息和非私密信息，如自然人个人的健康信息、财产状况属于私密信息。不过，自然人的姓名、性别等通常不属于私密信息。

2. 隐私权的概念

隐私权是一种具体的人格权，是指自然人的隐私不受不法侵害的权利。《民法典》第一百一十条规定：自然人享有生命权、身体权、健康权、姓名权、肖像权、名誉权、荣誉权、隐私权、婚姻自主权等权利。另外，第一千零三十二条第一款规定：自然人享有隐私权，任何组织或者个人不得以刺探、侵扰、泄露、公开等方式侵害他人的隐私权。

从相关法律规定中不难看出，隐私权的主体应为自然人，而隐私权的客体是个人隐私，也就是自然人的私人生活安宁和不愿为他人知晓的私密空间、私密活动、私密信息。

我国学者多从隐私权的权利主体对权利的行使角度出发，将隐私权分为四项具体的权利，即隐私隐瞒权、隐私利用权、隐私维护权和隐私支配权。

7.1.2 个人信息

个人信息是以电子或者其他方式记录的能够单独或者结合其他信息，识别特定自然人的各种信息，包括自然人的姓名、出生日期、身份证件号码、生物识别信息、住址、电话号码、电子邮箱、健康信息、行踪信息等。个人信息强调"可识别性"，也强调"关联性"。

7.1.3 电子商务中个人隐私权的内容

电子商务的交易是以消费者个人信息的提供为基础的,在交易过程中,消费者必须主动向电子商务经营者提供真实的信息,如姓名、出生日期、身份证件号码、生物识别信息、住址、电话号码、电子邮箱、健康信息等基本信息及账号或密码等支付信息。为此,在电子商务中个人的隐私权包括:个人数据受到合法保护的权利和消费者的私人空间、私人活动受到合法保护的权利。

① 个人数据受到合法保护的权利。在电子商务中,消费者主动提供的或被搜集的信息由消费者决定其保存、删除和转让及保证个人信息完整和不被篡改的权利。换句话说,电子商务消费者有权知悉其个人信息被谁收集,如何处理和利用的权利,以及拥有对这些信息的收集、处理和利用的控制权。

② 消费者的私人空间、私人活动受到合法保护的权利。在电子商务中,消费者的私人数据存储空间可视为其私人空间,消费者有维护其终端使用系统和网络通信安全的权利。它包括禁止他人未经允许利用技术手段侵入网络用户储存于计算机系统、移动终端或网络上的个人信息、禁止他人利用技术手段对其网上活动进行跟踪定位或发送垃圾信息等权利。当上述权利遭受侵害时,消费者有要求侵权行为实施者,如电子商务平台或商家或其他网络用户承担相应的法律责任并获得赔偿的权利。

7.1.4 电子商务中侵犯隐私权的表现形式

电子商务经营者未经允许对电子商务消费者或网络用户的个人信息的收集和使用行为都侵犯了电子商务消费者或网络用户的隐私权。

1. 非法侵入网络用户的终端设备,非法截取、篡改网络用户的个人信息

个人网络用户的计算机终端系统和手机终端及其他终端设备在性质上属于系统所有者的私人空间,未经本人同意,利用技术手段非法侵入网络用户终端设备的行为侵犯了网络用户隐私控制权和隐私维护权。此外,某些非法侵入者还实施了对网络用户终端内储存的信息的删除、修改或伪造行为。

个人信息是重要的隐私内容之一,未经电子商务消费者同意对其个人信息进行截取或篡改,构成了对电子商务消费者隐私权的侵犯。

2. 对电子商务消费者个人信息的非法收集、利用和出售

在电子商务时代,大数据能够将人的行为及选择特征信息化,为人们的工作、学习、生活和购物、消费提供便利。不过个人信息的"数据化""网络化",使个人信息被侵犯的风险大大增加,这严重地威胁了信息主体的财产安全甚至人身安全。

除电子商务消费者主动提供的信息外,某些电子商务经营者还会利用技术手段取得电子商务消费者和网络用户的个人信息,构成了对网络用户个人信息的非法收集。收集网络用户信息的技术手段很多，其中最常使用的就是Cookie（小甜饼）技术。Cookie是某些网站为了辨别网络用户身份而储存在用户计算机硬盘上的一个程序，网站可以利用Cookie跟踪、统计用户访问该网站的习惯。在此种情况下，收集消费者的信息与跟踪消费者行为是同步进行的，由于这种对网络用户个人信息的利用不一定造成用户的直接损失，因此现在对于Cookie与用户隐私权的问题并没有相关法律约束。由于对网络用户个人信息的转让往往伴随着巨大的经济利益，经过对网络用户个人信息的处理，网站或电子商务经营者会将这些信息出售以从中牟利。

3. 骚扰信息、垃圾信息

垃圾信息和骚扰信息主要有以下几种类型：电子商务经营者发送的推销信息、不法分子以抽奖或中奖为诱饵的诈骗信息、各个办理贷款平台的推广信息。无一例外，这些情况表明电子商务消费者的个人信息已经被肆意窃取、传播，使之几乎都没隐私可言。此外，发送垃圾邮件的行为构成了对网络用户个人生活安宁权的侵犯。

▶▶ 7.1.5 我国对电子商务中个人隐私权的法律保护

在电子商务充分发展的今天，一个不容回避的问题便是电子商务消费者的隐私权受到侵犯。为了保护消费者的合法权益，引导电子商务的健康发展，我国现在已经形成以《中华人民共和国宪法》为基础，以《中华人民共和国民法典》《中华人民共和国消费者权益保护法》《中华人民共和国电子商务法》为主体，以其他相关法律为补充，构建了相对完善的电子商务消费者隐私权保护的法律体系。

【相关链接】

电子商务个人隐私权的宪法保护

宪法是治国安邦的总章程，是党和人民意志的集中体现，是中国特色社会主义法律体系的核心，在全面依法治国中具有突出地位和重要作用。我国宪法确定的尊重和保障人权原则是与人民主权原则相对应的，两者的关系就是国家权力和公民权利的关系，公民权利是人权的具体化。我国宪法以保护公民基本权利的方式体现个人隐私权的保护，《中华人民共和国宪法》第三十八条、第三十九条和第四十条对公民的人格尊严、住宅、通信自由和通信秘密提供了保护，这是我国法律对电子商务消费者隐私权进行保护的最根本的依据。

1. 电子商务法中个人信息保护的一般规定

在我国所有保护隐私权的法律法规中，民法是保护隐私权较充分、较完整的法律，为完善我国保护隐私权的立法奠定了基础。《中华人民共和国民法典》第一千零三十四条规定："自然人的个人信息受法律保护。个人信息中的私密信息，适用有关隐私权的规定；没有规定的，适用有关个人信息保护的规定。"

《电子商务法》第五条也明确要求电子商务经营者从事经营活动时，应履行个人信息保护等方面的义务。

2. 个人信息的收集、利用和出售的法律规制

（1）《中华人民共和国民法典》（以下简称《民法典》）的相关规定

在处理个人信息问题上，《民法典》第一千零三十五条规定，处理个人信息的，应当遵循合法、正当、必要原则，不得过度处理，并符合下列条件：征得该自然人或者其监护人同意，但是法律、行政法规另有规定的除外；公开处理信息的规则；明示处理信息的目的、方式和范围；不违反法律、行政法规的规定和双方的约定。个人信息的处理包括个人信息的收集、存储、使用、加工、传输、提供、公开等。

此外，《民法典》为了保护个人信息，还规定了：

自然人可以依法向信息处理者查阅或者复制其个人信息；发现信息有错误的，有权提出异议并请求及时采取更正等必要措施。自然人发现信息处理者违反法律、行政法规的规定或者双方的约定处理其个人信息的，有权请求信息处理者及时删除。信息处理者不得泄露或者篡改其收集、存储的个人信息；未经自然人同意，不得向他人非法提供其个人信息，但是经过加工无法识别特定个人且不能复原的除外。

信息处理者应当采取技术措施和其他必要措施，确保其收集、存储的个人信息安全，防止信息泄露、篡改、丢失；发生或者可能发生个人信息泄露、篡改、丢失的，应当及时采取补救措施，按照规定告知自然人并向有关主管部门报告。

国家机关、承担行政职能的法定机构及其工作人员对于履行职责过程中知悉的自然人的隐私和个人信息，应当予以保密，不得泄露或者向他人非法提供。

（2）《电子商务法》的相关规定

《电子商务法》第二十三条规定：电子商务经营者收集、使用其用户的个人信息，应当遵守法律、行政法规有关个人信息保护的规定。《电子商务法》第二十四条规定：电子商务经营者应当明示用户信息查询、更正、删除及用户注销的方式、程序，不得对用户信息查询、更正、删除及用户注销设置不合理条件。《电子商务法》第十八条规定：电子商务经营者针对消费者个人特征提供商品、服务搜索结果时，要一并提供非针对个性推荐选项，通过提供可选信息保护消费者的知情权、选择权。

（3）《中华人民共和国消费者权益保护法》（以下简称《消费者权益保护法》）的相关规定

《消费者权益保护法》明确规定：经营者收集、使用消费者个人信息，应当遵循合法、正当、必要的原则，明示收集、使用信息的目的、方式和范围，并经消费者同意。经营者收集、使用消费者个人信息，应当公开其收集、使用规则，不得违反法律、法规的规定和双方的约定收集、使用信息。经营者及其工作人员对收集的消费者个人信息必须严格保密，不得泄露、出售或者非法向他人提供。经营者应当采取技术措施和其他必要措施，确保信息安全，防止消费者个人信息泄露、丢失。在发生或者可能发生信息泄露、丢失的情况时，应当立即采取补救措施。

（4）《中华人民共和国刑法》的相关规定

2015 年《刑法修正案（九）》将刑法第二百五十三条之一修改为："违反国家有关规定，向他人出售或者提供公民个人信息，情节严重的，处三年以下有期徒刑或者拘役，并处或者单处罚金；情节特别严重的，处三年以上七年以下有期徒刑，并处罚金。""违反国家有关规定，将在履行职责或者提供服务过程中获得的公民个人信息，出售或者提供给他人的，依照前款的规定从重处罚。""窃取或者以其他方法非法获取公民个人信息的，依照第一款的规定处罚。""单位犯前三款罪的,对单位判处罚金,并对其直接负责的主管人员和其他直接责任人员,依照各该款的规定处罚。"

【相关案例】

2020年4月下旬,秀山公安局平凯派出所民警在工作中获悉,平凯镇无业人员彭某在从事一些个人信息搜集活动。为避免打草惊蛇,办案民警将其纳入视线开展秘密侦查。经侦查发现,彭某于2019年12月至2020年4月,通过各网络平台大量购买带有电话号码的公民个人信息,并通过微信方式将其以每条0.15~0.2元的价格倒卖给他人,先后倒卖公民个人信息上千万条,共获利45万余元,所获赃款分成三份,其中两份分别进入其女友胡某和彭某母亲夏某的支付宝账户。4月23日,民警将彭某抓获。经审查,彭某因其本人曾有过在贷款公司工作经历,熟悉公民个人信息来源渠道,认为公民个人信息是一条生财之道。去年底,他辞职单干,通过网络非法搜集购买公民个人信息后转手倒卖给诈骗团伙或贷款公司,赚取中间差价获利,其女友胡某、母亲夏某在知晓彭某从事非法活动获利的情况下也未进行阻拦,并默许彭某将每次犯罪所得分别转移到她们的支付宝账户内存储,为其转移、窝藏犯罪所得32万余元。

安全提示:在网络时代,信息交流迅速,犯罪分子利用网络大数据实施犯罪的案件数量迅速攀升,网络犯罪特别是网络、电信类诈骗犯罪花样不断翻新,很多群众缺乏对网络、电信类诈骗手段的辨识能力,加之公民个人信息不断泄露,稍有不慎就会落入犯罪分子圈套。

3. 对非法入侵电子商务消费者私人空间和侵犯信息秘密的法律规制

《电子商务法》通过加强电子商务经营者的义务对非法入侵电子商务消费者私人空间和侵犯信息秘密的行为进行法律制约。其中,《电子商务法》第三十条规定:电子商务平台经营者应当采取技术措施和其他必要措施保证其网络安全、稳定运行,防范网络违法犯罪活动,有效应对网络安全事件,保障电子商务交易安全。第三十一条规定:电子商务平台经营者应当记录、保存平台上发布的商品和服务信息、交易信息,并确保信息的完整性、保密性、可用性。商品和服务信息、交易信息保存时间自交易完成之日起不少于三年;法律、行政法规另有规定的,依照其规定。

《消费者权益保护法》则规定:经营者未经消费者同意或者请求,或者消费者明确表示拒绝的,不得向其发送商业性信息。

《中华人民共和国刑法》除对传统的自然人隐私权加以保护外,近年来还增加了对通过计算机及网络侵犯公民隐私权的惩处内容。例如,2009年《中华人民共和国刑法修正案(七)》在刑法第二百八十五条中增加两款作为第二款、第三款:"违反国家规定,侵入前款规定以外的计算机信息系统或者采用其他技术手段,获取该计算机信息系统中存储、处理或者传输的数据,或者对该计算机信息系统实施非法控制,情节严重的,处三年以下有期徒刑或者拘役,并处或者单处罚金;情节特别严重的,处三年以上七年以下有期徒刑,并处罚金。""提供专门用于侵入、非法控制计算机信息系统的程序、工具,或者明知他人实施侵入、非法控制计算机信息系统的违法犯罪行为而为其提供程序、工具,情节严重的,依照前款的规定处罚。"《中华人民共和国刑法》第二百八十六条规定:违反国家规定,对计算机信息系统功能进行删除、修改、增加、干扰,造成计算机信息系统不能正常运行,后果严重的,处五年以下有期徒刑或者拘役;后果特别严重的,处五年以上有期徒刑。违反国家规定,对计算机信息系统中存储、处理或者传输的数据和应用程序进行删除、修改、增加的操作，后果严重的，依照前款的规定处罚。

此外，《中华人民共和国商业银行法》《中华人民共和国未成年人保护法》，以及中国人民银行发布的《个人信用信息基础数据库管理暂行办法》《个人信用信息基础数据库金融机构用户管理办法》等法律和行业规章都为电子商务消费者的隐私权提供了保证。电子商务消费者隐私权的法律保护在我国已经开始呈现出部门化、独立化和特别化的趋势，制定旨在保护个人网络隐私权的单行法律法规将被提上议事日程。

7.2　电子商务中的域名法律保护

电子商务平台即电子商务网站，如今网站建立过程中所涉及的法律内容主要是域名的法律保护问题。

▶▶ 7.2.1　域名概述

1. 域名的概念

网络是基于 TCP/IP 进行通信和连接的，每一台主机都有一个唯一的标识固定的 IP 地址，以区别在网络上成千上万个用户和计算机。网络上每台计算机的 IP 地址具有唯一性，用户必须向特定机构申请注册，该机构根据用户单位的网络规模和近期发展计划，分配 IP 地址。IP 地址用二进制数来表示，每个 IP 地址长 32 比特，由 4 个小于 256 的数字组成，数字之间用点间隔。例如，192.168.0.189 表示一个 IP 地址。由于 IP 地址是数字标识，使用时难以记忆和书写，因此在 IP 地址的基础上又发展出一种符号化的地址方案，来代替数字型的 IP 地址。

【相关链接】

静态 IP 与动态 IP

根据网络 ID 和主机 ID 的不同位数规则，可以将 IP 地址分为 A（7 位网络 ID 和 24 位主机 ID）、B（14 位网络 ID 和 16 位主机 ID）、C（21 位网络 ID 和 8 位主机 ID）三类，由于历史原因和技术发展的差异，A 类地址和 B 类地址几乎分配殆尽，目前能够供全球各国各组织分配的只有 C 类地址。所以说 IP 地址是一种非常重要的网络资源。而对于大多数拨号上网的用户，由于其上网时间和空间的离散性，为每个用户分配一个固定的 IP 地址（静态 IP）是非常不可取的，这将造成 IP 地址资源的极大浪费。因此，这些用户通常会在每次拨通 ISP 的主机后，自动获得一个动态的 IP 地址，该地址当然不是任意的，而是该 ISP 申请的网络 ID 和主机 ID 的合法区间中的某个地址。拨号用户任意两次连接时的 IP 地址很可能不同，但是在每次连接时间内 IP 地址不变。

域名是指互联网上识别和定位计算机的层次结构式的字符标识，与该计算机的 IP 地址相对应。域名就是人性化的 IP 地址。要在网络上建立电子商务平台，就必须取得一个域名，域名也是由若干部分组成的，包括数字和字母，如 www.baidu.com。通过该地址，便可以找到相应的网页。域名是上网单位和个人在网络上的重要标识,起着识别作用,有利于他人识别和检索某一组织机构、企业或个人的信息资源,从而更好地实现网络上的资源共享。除识别功能外,在虚拟环境下,域名还可以起到引导、宣传、代表等作用。

中文域名则是指含有中文文字的域名。

2. 中国互联网域名体系结构

(1) 顶级域名

".cn"和".中国"是中国的国家顶级域名。在顶级域名下,采用层次结构设置各级域名。

【相关链接】

根据《互联网域名管理办法》第六条规定,".cn"和".中国"是中国的国家顶级域名。中文域名是中国互联网域名体系的重要组成部分。国家鼓励和支持中文域名系统的技术研究和推广应用。

中文域名自1998年启动研发至今已有20多年,多年来,随着技术研发和应用环境的逐渐成熟,与中文域名相关的技术标准和管理政策受到国际的广泛认可。

(2) 二级域名

中国的二级域名分为"类别域名"和"行政区域名"两类。其中,"类别域名"6个,分别为 ac(科研机构)、com(工、商、金融等企业)、edu(教育机构)、gov(政府部门)、net(网络服务公司)和 org(非营利性的单位);而"行政区域名"34个,适用于我国各省、自治区、直辖市,如 bj(北京)、sh(上海)和 hl(黑龙江)等。

(3) 三级域名的命名原则

三级域名长度不得超过20个字符,需用字母(A~Z,a~z,大小写等价)、数字(0~9)和连接符(-)组成,各级域名之间用实点"."连接。三级域名未经国家有关部门的正式批准,不得使用含 China、Chinese、cn 和 National 等字样的域名;不得使用公众知晓的其他国家或地区名称、外国地名、国际组织名称;未经各级政府批准,不得使用县级以上(含县级)行政区划名城的全称或缩写;不得使用行业名称或商品的通用名称;不得使用他人已在中国注册过的企业名称或商标名称;不得使用对国家、社会或公共利益有损害的名称。

【相关链接】

在国际社会上,普遍认可对互联网域名的管理是国家网络主权范围内的事,国家有权利也有责任处理与互联网域名相关的治理问题。对互联网域名服务活动进行管理是行使国家网络主权的具体体现;实现有能力对互联网域名服务活动进行有效管理是保障国家网络主权和网络安全的客观要求。

3. 域名的法律特征

电子商务中域名的法律特征在很大程度上取决于它的技术特征,为此,域名具有标识性、唯一性、排他性、无限性、财产性、可转让性和国际性。根据以上这些法律特征可见,域名是一种独立的、新型的知识产权,即域名权。

7.2.2 我国与域名相关的立法概况

我国与域名相关的法律规范主要包括：2001年6月，最高人民法院发布《关于审理涉及计算机网络域名注册民事纠纷案件适用法律若干问题的解释》，对域名纠纷案件定性为侵权或不正当竞争；2002年10月，最高人民法院发布《关于审理商标民事纠纷案件适用法律若干问题的解释》，明确了将他人注册商标注册为域名，并在电子商务中使用的行为属于商标侵权行为；2004年12月20日起施行的《中国互联网络域名管理办法》及其实施细则、2005年1月28日通过的《互联网IP地址备案管理办法》、2007年10月8日实施的《中国互联网络信息中心域名争议解决程序规则》等规定，对域名注册、管理及争议解决进行了规范；2017年颁布实施的《互联网域名管理办法》取代了《中国互联网络域名管理办法》。

尽管如此，我国目前对域名的管理规范多是从保护商标和禁止域名侵权这些角度进行的，多表现为禁止性的规定，对域名的积极扶持、保护的相关规定较少。另外，我国对域名的法律规则比较零散且专门的规范文件效力较低，对域名的法律性质尚未有明确规定。

7.2.3 域名的法律保护

1. 域名纠纷的类型

域名纠纷主要是指域名注册纠纷，大致包括以下几种：

第一，抢注类域名纠纷，是指将他人的商标、商号等商业标识抢先注册为域名，却"注"而不"用"，并未利用注册的域名进行商业使用。

第二，盗用类域名纠纷，指不仅将他人的商标、商号等商业标识抢先注册为域名，而且进行商业使用，造成公众的混淆。

第三，权利类冲突域名纠纷，是指在域名注册之前就存在权利配置状况所引发的冲突。例如，我国的"长城"等商标被多家企业分别注册为不同类别的商标，在这种情况下，如果其中一家企业注册了greatwall.com.cn域名，则很可能引起其他企业的诉讼。

2. 域名保护的原则

（1）先申请原则

域名的取得基于域名申请登记，按照先申请先注册原则处理。

（2）初步审查原则

域名的审查仅限于对与在册域名是否相同的审查，即要求域名的区别特征仅在于其是否与在册域名相同，而不在于相似性。

（3）国际检索与国内检索原则

在国际上，建立各国商标联网数据库，域名注册时可进行国际检索。在国内，域名机构可以利用商标查询数据库进行初步检查。当然，这需要域名注册机构与商标注册机构之间进行必要的协调。初步检索能减少大量的域名争议。

（4）允许转让原则

发生域名争议时，如果争议双方能在平等、自愿、公平的基础上，达到一致意见，应允许一方将域名转让给有争议的另一方。

3. 域名管理的法律规定

域名管理主要依据《互联网域名管理办法》和《互联网 IP 地址备案管理办法》等法律法规。

（1）管理机构设置的许可

在境内设立域名根服务器及域名根服务器运行机构、域名注册管理机构和域名注册服务机构的，应当依据本办法取得工业和信息化部或者省、自治区、直辖市通信管理局（以下统称"电信管理机构"）的相应许可。

（2）申请设立域名根服务器及域名根服务器运行机构应当具备的条件

域名根服务器设置在境内，并且符合互联网发展相关规划及域名系统安全稳定运行要求；是依法设立的法人，该法人及其主要出资者、主要经营管理人员具有良好的信用记录；具有保障域名根服务器安全可靠运行的场地、资金、环境、专业人员和技术能力及符合电信管理机构要求的信息管理系统；具有健全的网络与信息安全保障措施，包括管理人员、网络与信息安全管理制度、应急处置预案和相关技术、管理措施等；具有用户个人信息保护能力、提供长期服务的能力及健全的服务退出机制；法律、行政法规规定的其他条件。

（3）申请设立域名注册管理机构应当具备的条件

域名管理系统设置在境内，并且持有的顶级域名符合相关法律法规及域名系统安全稳定运行要求；是依法设立的法人，该法人及其主要出资者、主要经营管理人员具有良好的信用记录；具有完善的业务发展计划和技术方案及与从事顶级域名运行管理相适应的场地、资金、专业人员及符合电信管理机构要求的信息管理系统；具有健全的网络与信息安全保障措施，包括管理人员、网络与信息安全管理制度、应急处置预案和相关技术、管理措施等；具有进行真实身份信息核验和用户个人信息保护的能力、提供长期服务的能力及健全的服务退出机制；具有健全的域名注册服务管理制度和对域名注册服务机构的监督机制；法律、行政法规规定的其他条件。

（4）申请设立域名注册服务机构应当具备的条件

在境内设置域名注册服务系统、注册数据库和相应的域名解析系统；是依法设立的法人，该法人及其主要出资者、主要经营管理人员具有良好的信用记录；具有与从事域名注册服务相适应的场地、资金和专业人员及符合电信管理机构要求的信息管理系统；具有进行真实身份信息核验和用户个人信息保护的能力、提供长期服务的能力及健全的服务退出机制；具有健全的域名注册服务管理制度和对域名注册代理机构的监督机制；具有健全的网络与信息安全保障措施，包括管理人员、网络与信息安全管理制度、应急处置预案和相关技术、管理措施等；法律、行政法规规定的其他条件。

（5）申请设立域名管理机构应提交的材料

申请设立域名根服务器及域名根服务器运行机构、域名注册管理机构的，应当向工业和信息化部提交申请材料。申请设立域名注册服务机构的，应当向住所地省、自治区、直辖市通信管理局提交申请材料。

申请材料应当包括申请单位的基本情况及其法定代表人签署的依法诚信经营承诺书；对域名服务实施有效管理的证明材料，包括相关系统及场所、服务能力的证明材料、管理制度、与其他机构签订的协议等；网络与信息安全保障制度及措施；证明申请单位信誉的材料。

（6）审批

申请材料齐全、符合法定形式的，电信管理机构应当向申请单位出具受理申请通知书；申请材料不齐全或者不符合法定形式的，电信管理机构应当场或者在 5 个工作日内一次性书面告知申请单位需要补正的全部内容；不予受理的，应当出具不予受理通知书并说明理由。

电信管理机构应当自受理之日起 20 个工作日内完成审查，做出予以许可或者不予许可的决定。20 个工作日内不能做出决定的，经电信管理机构负责人批准，可以延长 10 个工作日，并将延长期限的理由告知申请单位。需要组织专家论证的，论证时间不计入审查期限。

予以许可的，应当颁发相应的许可文件；不予许可的，应当书面通知申请单位并说明理由。域名根服务器运行机构、域名注册管理机构和域名注册服务机构的许可有效期为 5 年。

（7）终止服务

在许可有效期内，域名根服务器运行机构、域名注册管理机构、域名注册服务机构拟终止相关服务的，应当提前 30 日书面通知用户，提出可行的善后处理方案，并向原发证机关提交书面申请。

原发证机关收到申请后，应当向社会公示 30 日。公示期结束 60 日内，原发证机关应当完成审查并做出决定。

许可有效期届满需要继续从事域名服务的，应当提前 90 日向原发证机关申请延续；不再继续从事域名服务的，应当提前 90 日向原发证机关报告并做好善后工作。

4. 域名服务

域名根服务器运行机构、域名注册管理机构和域名注册服务机构应当向用户提供安全、方便、稳定的服务。域名注册管理机构应当通过电信管理机构许可的域名注册服务机构，开展域名注册服务。域名注册服务机构应当按照电信管理机构许可的域名注册服务项目提供服务，不得为未经电信管理机构许可的域名注册管理机构提供域名注册服务。

（1）域名注册的原则

域名注册服务原则上实行"先申请先注册"，按照"先申请先注册"的原则受理域名注册，不受理域名预留。

为维护国家利益和社会公众利益，域名注册管理机构应当建立域名注册保留字制度。

（2）申请域名注册必须满足的条件

申请注册的域名符合《中国互联网络域名注册暂行管理办法》的各项规定；其主域名服务器在中国境内运行，并对其域名提供连续服务；指定该域名的管理联系人和技术联系人各一名，分别负责该级域名服务器的管理和运行工作。

（3）申请域名注册应当提交的文件、证件

域名注册申请表；本单位介绍信；承办人身份证复印件；本单位依法登记文件的复印件。

（4）域名注册的限制性规定

任何组织或者个人注册、使用的域名中，不得含有下列内容：

反对宪法所确定的基本原则的；危害国家安全，泄露国家秘密，颠覆国家政权，破坏国家统一的；损害国家荣誉和利益的；煽动民族仇恨、民族歧视，破坏民族团结的；破坏国家宗教政策，宣扬邪教和封建迷信的；散布谣言，扰乱社会秩序，破坏社会稳定的；散布淫秽、色情、赌博、暴力、凶杀、恐怖或者教唆犯罪的；侮辱或者诽谤他人，侵害他人合法权益的；含有法律、行政法规禁止的其他内容的。

域名注册管理机构、域名注册服务机构不得为含有前款所列内容的域名提供服务。

（5）域名注册管理机构、域名注册服务机构的职责

域名注册服务机构提供域名注册服务，应当要求域名注册申请者提供域名持有者真实、准确、完整的身份信息等域名注册信息。

域名注册管理机构和域名注册服务机构应当对域名注册信息的真实性、完整性进行核验。

域名注册申请者提供的域名注册信息不准确、不完整的，域名注册服务机构应当要求其予以补正。申请者不补正或者提供不真实的域名注册信息的，域名注册服务机构不得为其提供域名注册服务。

域名注册管理机构、域名注册服务机构不得采用欺诈、胁迫等不正当手段要求他人注册域名。

（6）域名注销

已注册的域名有下列情形之一的，域名注册服务机构应当予以注销，并通知域名持有者：域名持有者申请注销域名的；域名持有者提交虚假域名注册信息的；依据人民法院的判决、域名争议解决机构的裁决，应当注销的；法律、行政法规规定予以注销的其他情形。

（7）域名争议

域名注册管理机构可以指定中立的域名争议解决机构解决域名争议。

任何人就已经注册或使用的域名向域名争议解决机构提出投诉，并且符合域名争议解决办法规定的条件的，域名持有者应当参与域名争议解决程序。

域名争议解决机构做出的裁决只涉及争议域名持有者信息的变更。

域名争议解决机构做出的裁决与人民法院或者仲裁机构已经发生法律效力的裁判不一致的，域名争议解决机构的裁决服从于人民法院或者仲裁机构发生法律效力的裁判。

【相关案例】

360 公司斥巨资收购 360.com 域名

2015 年 2 月，奇虎 360 公司已经完成了对国际顶级域名 360.com 的收购，该域名的收购价格超过了 1 亿元人民币。

国际顶级域名 360.com 之前为跨国电信运营商沃达丰所持有，360 公司在 3 年之前就已经尝试从沃达丰手中收购该域名，但当时 360 公司 1400 万美元的报价未能打动沃达丰。因此，之前 360 公司一直只能使用 360.cn 这一国家级域名。

如今 360 公司终于实现了对 360.com 域名的收购，该域名已归属于北京奇虎科技有限公司，域名的更新时间为 2015 年 2 月 3 日，并且已经转入了易名中国管理平台。

最初，360 公司使用的域名是 360safe.com，之后 360 公司收购了数字域名 360.cn，并于 2008 年完成了从 360safe.com 到 360.cn 的域名切换。

对于互联网企业来说，拥有国际顶级域名更加容易使其被国外用户认可和接受。从重金购买国际顶级域名的举动来看，360 公司显然有意加快国际化布局。

（资料来源：http://media.people.com.cn/n/2015/0205/c40606-26510676.html）

域名争议在人民法院、仲裁机构或域名争议解决机构处理期间，域名持有者不得转让有争议的域名，但域名受让方以书面形式同意接受人民法院裁判、仲裁裁决或争议解决机构裁决约束的除外。

(8) 互联网 IP 地址备案制度

根据 2005 年 3 月 20 日起施行的《互联网 IP 地址备案管理办法》规定，国家对 IP 地址的分配使用实行备案管理。需报备的 IP 地址信息，包括备案单位的基本情况，即备案单位名称、备案单位地址、备案单位性质、电信业务经营许可证编号、联系人姓名、联系人电话、联系人电子邮件等；备案单位的 IP 地址来源信息，包括 IP 地址来源机构名称、IP 地址总量、各 IP 地址段起止地址码等；备案单位的 IP 地址分配使用信息；自带 IP 地址的互联网接入用户信息，包括用户基本信息（含用户名称、单位类别、单位所属行业、单位详细地址、联系人姓名、联系人电话、联系人电子邮件）、自带 IP 地址总量、IP 地址段起止地址码、自带 IP 地址的来源、网关 IP 地址、网关所在地址、IP 地址使用方式等。

7.3 电子商务与著作权保护

作为一种新兴的媒体，互联网既为文学、艺术和科学作品的传播提供了无限的机会，也为各种形式的侵犯著作权的行为提供了可能。

▶▶ 7.3.1 网络著作权概述

1. 网上作品与网络著作权

（1）作品的概念与特征

《中华人民共和国著作权法》中所称作品，是指文学、艺术和科学领域内具有独创性并能以某种有形形式复制的智力成果。作品是著作权的对象，也是著作权法保护的客体。

《中华人民共和国著作权法》第三条规定，本法所称的作品，是指文学、艺术和科学领域内具有独创性并能以一定形式表现的智力成果，包括：①文字作品；②口述作品；③音乐、戏剧、曲艺、舞蹈、杂技艺术作品；④美术、建筑作品；⑤摄影作品；⑥视听作品；⑦工程设计图、产品设计图、地图、示意图等图形作品和模型作品；⑧计算机软件；⑨符合作品特征的其他智力成果。

根据《中华人民共和国著作权法》的规定，在我国，受著作权法保护的作品必须是由作者创作的，在文学、艺术和科学领域内具有独创性的，并可以通过一定形式复制、能够被固定在有形载体上为公众所感知的作品。所谓独创性或原创性是指作品是由作者独立创作完成，而作品的可复制性是指作品须有一定的表现形式，为公众能够通过感官或借助机器所感知，且能够固定于某种有体物上，能复制使用。独创性和可复制性是作品的本质属性。

（2）网上作品

网上作品也被称为网络作品或在线作品，是指以数字化形式在互联网上呈现的文学、艺术和科学作品。网上作品应该包括经数字化后被上传至互联网的传统作品和直接在网上创作出来的作品两类。

传统作品的数字化是指利用计算机技术将传统作品输入计算机系统转换成二进制数字编码，运用数字信息储存技术进行储存并将作品加以还原的技术。数字化的网上作品既是被数字化后上传至互联网的传统作品，也是互联网上传播最为广泛的作品类型。

网络原创作品是指作者在网络上直接创作、生成的作品，如在网络上即时创作的网络小说和博客作品等。

数字化作品和网络原创作品虽然在创作形式和法律属性上都不相同，但它们是以同一形式在互联网上呈现的，作者对这两类作品所享有的权利也是相同的。

【学而思】

新时代对广大青年学生进行网络文化作品创作的要求是什么？

提示：广大青年学生的网络文化作品创作，应生动展现新中国所取得的辉煌成就和青年大学生积极向上、努力奋斗的精神风貌，以实际行动践行社会主义核心价值观，让正能量更强劲、主旋律更高昂，为新时代营造浓郁氛围，凝聚奋进力量。

（3）网络著作权

网络著作权是指著作权人对受著作权法保护的作品在网络环境下所享有的著作权权利。2006年发布的《最高人民法院关于修改〈最高人民法院关于审理涉及计算机网络著作权纠纷案件适用法律若干问题的解释〉的决定（二）》第二条规定，受著作权法保护的作品，包括著作权法第三条规定的各类作品的数字化形式。在网络环境下无法归于著作权法第三条列举的作品范围，但在文学、艺术和科学领域内具有独创性并能以某种有形形式复制的其他智力创作成果，人民法院应当予以保护。这一规定进一步明确了作者对其网络作品所享有的权利，也赋予了网上作品与传统作品同等的保护程度。至此，网上作品，无论是经数字化后上传至网上的作品还是网络原创作品只要满足《中华人民共和国著作权法》对作品独创性和可复制性的要求，即可认定该作品为受著作权法保护的作品，著作权人对该数字化作品仍享有著作权。

2. 网上作品的类型及保护模式

计算机和网络技术的发展丰富了作品的形式和载体，也扩展了著作权法保护的范围，除原有的各类作品的数字化形式外，计算机软件、电子数据库和多媒体作品也成为网络时代新的作品类型。

（1）数字化作品和网上原创作品

传统作品的数字化形式最常见的是网上文字、音乐、摄影和影视作品。根据我国著作权法的规定，对此类作品著作权的保护可以适用著作权法的相关规定。

（2）计算机软件

计算机软件也被称为电脑软件，是指用各种计算机程序设计语言编写的计算机程序及其有关文档。各国对计算机软件的分类不尽相同，但一般将其分为系统软件和应用软件两大类。系统软件是维持计算机正常使用的软件，包括操作系统软件、网络软件、数据库管理软件、汇编、解释或编译软件开发工具和程序语言软件等。应用软件是为某一应用目的而编制的在计算机上加载的实现特定功能的软件，包括文字处理软件、信息管理软件、辅助设计软件、实时控制软件、教育与娱乐软件等。

将计算机软件纳入著作权法体系是世界各国保护计算机软件的主要模式并在《与贸易有关的知识产权协定》（TRIPS）中得到了正式确定[①]。计算机软件的性质及著作权法对作品的保护

---

① 《TRIPS 协定》第十条第一款规定："计算机程序，无论是源代码还是目标代码，应作为《伯尔尼公约》（1971）项下的文字作品加以保护。"

方式这两个因素共同决定了由著作权法对计算机软件进行保护的合理性。《TRIPS 协定》制定的对计算机软件予以著作权法保护的原则在《世界知识产权组织版权条约》（WCT）中得到了明确。WCT 第四条指出，计算机程序作为《伯尔尼公约》第二条意义下的文学作品受到保护。此种保护适用于各计算机程序，而无论其表达方式或表达形式如何。根据 WCT 第四条的议定书的规定，计算机软件保护的范围，与《TRIPS 协定》的有关规定相同。《中华人民共和国著作权法》第三条第八款仅对计算机软件的保护做了原则性规定。现行的《计算机软件保护条例》于 2002 年 1 月 1 日起施行（2013 年第二次修订），它的颁布使我国对计算机软件的保护达到了较高的水平。

我国的著作权法中没有与计算机直接相关的数据库的法律保护的明确规定，但数据库在我国应属于《中华人民共和国著作权法》第十五条规定的汇编作品。该条规定："汇编若干作品、作品的片段或者不构成作品的数据或者其他材料，对其内容的选择或者编排体现独创性的作品，为汇编作品，其著作权由汇编人享有，但行使著作权时，不得侵犯原作品的著作权。"由于数据库纠纷多体现为对他人数据库功能的利用，因此在司法实践中，我国法院也根据《中华人民共和国反不正当竞争法》的规定对数据库提供保护。利用《中华人民共和国反不正当竞争法》对数据库提供保护的优势在于，在数据库的独创性不明显的情况下可以直接保护数据库制作者在数据库之上的人力和经济投资等竞争权益，其保护效果既优于"独有权利"，在实践中也更便于操作且易为公众所接受。

（3）多媒体作品及保护模式

多媒体作品是指利用计算机软件将由文学、美术、摄影、音乐、电影等多种形式的作品加以汇集而形成的一种具有交互性的数字作品。多媒体作品所包含的作品种类是没有限制的，既包括业已存在的作品的汇集，也包括原创作品的汇集。在网络上最典型的多媒体作品是网页和网站。

目前学界对多媒体作品性质争议的焦点在于将其视为一种新的作品类型加以单独保护还是将其视为一个多种传统作品的集合，即汇编作品，或是对构成多媒体作品整体的各种形式的作品进行分别保护，尤其是影视作品，以及如何对其进行有效的保护的问题。

我国著作权法没有对多媒体作品做出规定。在我国多媒体作品侵权的诉讼案件中，这些作品多是被当作汇编作品予以保护的①，这一点与英国的保护模式相一致。应该注意的是，从多媒体作品所包含的内容来看，它既符合汇编作品的定义，又不是简单的汇编作品，因为多媒体作品具备汇编作品所没有的交互性。在计算机软件技术日益发展的今天，在无法穷尽多媒体作品所包含作品形式的前提下，将多媒体作品归为汇编作品加以保护具有更加现实的意义。

7.3.2 电子商务中网络著作权的内容

1. 著作权中的人身权和财产权

我国著作权赋予著作权人共 17 项权利，可分为两类：作者的精神权利和财产权利。

作者的精神权利在我国被称为人身权利，是作者基于作品依法享有的以人身利益为内容的著作权权利。精神权利体现了作者的人格利益和身份利益。《中华人民共和国著作权法》第十条

---

① 参见张耕："汇编作品的版权保护"，http://www.lawtime.cn/info/zzq/zzqbhbaohu/2006091933150.html。

规定了著作权人的发表权、署名权、修改权和保护作品完整权四项精神权利。

作者的财产权利也被称为经济权利，是作者利用其作品获得财产收益的权利，是作者既可以通过复制、发行、表演、翻译等方式使用作品并获得报酬，也可以授权许可他人使用其作品并获得报酬的权利。作者的财产权是著作权法保护的主要权利，它体现了作者同作品的使用人之间的以对作品的一定利用方式为标的的商品关系。《中华人民共和国著作权法》第十条规定了著作权人的复制权、发行权、出租权、展览权、表演权、放映权、广播权、信息网络传播权、摄制权、改编权、翻译权、汇编权以及应当由著作权人享有的其他权利等13项财产权。

根据《中华人民共和国著作权法》第十条规定，著作权包括下列人身权和财产权：①发表权，即决定作品是否公之于众的权利；②署名权，即表明作者身份，在作品上署名的权利；③修改权，即修改或者授权他人修改作品的权利；④保护作品完整权，即保护作品不受歪曲、篡改的权利；⑤复制权，即以印刷、复印、拓印、录音、录像、翻录、翻拍、数字化等方式将作品制作一份或者多份的权利；⑥发行权，即以出售或者赠与方式向公众提供作品的原件或者复制件的权利；⑦出租权，即有偿许可他人临时使用视听作品、计算机软件的原件或复制件的权利，计算机软件不是出租的主要标的的除外；⑧展览权，即公开陈列美术作品、摄影作品的原件或者复制件的权利；⑨表演权，即公开表演作品，以及用各种手段公开播送作品的表演的权利；⑩放映权，即通过放映机、幻灯机等技术设备公开再现美术、摄影、视听作品等的权利；⑪广播权，即以有线或者无线方式公开传播或者转播作品，以有线传播或者转播的方式向公众传播广播的作品，以及通过扩音器或者其他传送符号、声音、图像的类似工具向公众传播广播的作品的权利，但不包括本款第⑫项规定的权利；⑫信息网络传播权，即以有线或者无线方式向公众提供，使公众可以在其选定的时间和地点获得作品的权利；⑬摄制权，即以摄制视听作品的方法将作品固定在载体上的权利；⑭改编权，即改变作品，创作出具有独创性的新作品的权利；⑮翻译权，即将作品从一种语言文字转换成另一种语言文字的权利；⑯汇编权，即将作品或者作品的片段通过选择或者编排，汇集成新作品的权利；⑰应当由著作权人享有的其他权利。著作权人可以许可他人行使前款第⑤项至第⑰项规定的权利，并依照约定或者本法有关规定获得报酬。著作权人可以全部或者部分转让本条第一款第⑤项至第⑰项规定的权利，并依照约定或者本法有关规定获得报酬。

2. 网络著作权

在电子商务环境中，网上作品作者的经济权利主要体现在作品的网络复制权和信息网络传播权两个方面。

（1）网络复制权

在网络时代，作者的复制权被赋予了新的内涵。网络复制权是指作者享有的将作品数字化传输至互联网上或将网络原创作品进行复制的权利。

传统的复制权在电子商务环境中面临的最突出的问题就是传统法律法规对复制形式的要求。比如，数字化作品是否能够满足著作权法对作品可复制性的要求，对传统作品的数字化是不是一种复制方式等。实际上，早在数字化复制出现之前，《伯尔尼公约》和《美国1976年版权法》即预见到了未来复制技术的发展对著作权法可能产生的影响并对复制形式做出了开放性规定。《伯尔尼公约》第九条规定："受本公约保护的文学艺术作品的作者，享有批准以任何方式和采取任何形式复制这些作品的专有权利。"《美国1976年版权法》第一百零一条也规定：复制件是指除录音制品外，作品以现在已知或以后发展的方法固定于其中的物体，通过该物体可直接或间接地借助于机器或装置感知、复制或用其他方式传播该作品。《伯尔尼公约》的规定显然可以涵盖作品的数字化复制，《美国1976年版权法》对"现在已知和以后发展的方法"的表述也已经充分考虑了新的复制形式的出现对复制可能产生的影响。尽管如此，明确赋予由计算机技术的发展引发的各种电子复制与传统复制同等的法律效力仍具有极为重要的现实意义。

由于数字化作品无须任何有形的载体即可以进行复制，因此强调其载体似无必要。在我国1991年的《计算机软件保护条例》中，软件的复制是指"把软件转载在有形物体上的行为"（第三条），2001年的《计算机软件条例》删除了这一定义，仅在软件著作权人的权利中规定复制权是"将软件制作一份或者多份的权利"。这一规定充分考虑了软件的载体和复制形式的特殊性，便于操作。

（2）信息网络传播权

信息网络传播权是为了适应网络环境下对作品的保护的需要，解决作品网上传播的问题而加入我国著作权法中的一项新的权利。根据《中华人民共和国著作权法》第十条的规定，信息网络传播权是作者"以有线或者无线方式向公众提供，使公众可以在其选定的时间和地点获得作品的权利。"这一定义直接来源于WCT第八条"向公众传播的权利"，即"文学和艺术作品的作者应享有专有权，以授权将其作品以有线或无线方式向公众传播，包括将其作品向公众提供，使公众中的成员在其个人选定的地点和时间可获得这些作品。"《世界知识产权组织表演和录音制品条约》（WPPT）第十条"提供已录制表演的权利"也规定："表演者应当享有专有权，以授权通过有线或无线的方式向公众提供其录音制品，使该录音制品可为公众中的成员在其个人选定的地点和时间获得。"2006年7月1日起《信息网络传播保护条例》（该《条例》于2013年修订）开始实施。该条例对信息网络传播的范围、ISP的责任等做出了明确的规定。

信息网络传播权是与一般作品的播放（如广播、电视）权完全不同的权利，公众可以在个人选定的时间与地点获得作品，如公众在网上阅读文字作品、收听音乐作品、收看影视作品等。信息网络传播权使著作权人对作品传播方式的专有控制权延伸到网络空间，作者可以在网上直接传播其作品并行使邻接权。信息网络传播权这一权能的引入，解决了长期存在的"网络无版权"的问题，是网络时代保护著作权人经济权利的重大进步。

3. 网络著作权的取得

（1）网络著作权自愿登记制度

网络著作权实行自愿登记，论文不论是否登记，作者或其他著作权人依法取得的著作权不受影响。我国实行作品自愿登记制度的在于维护作者或其他著作权人和作品使用者的合法权益，有助于解决因著作权归属造成的著作权纠纷，并为解决著作权纠纷提供初步证据。

（2）网络著作权或归属自动取得和登记取得

在中国，按照著作权法规定，作品完成就自动有版权。所谓完成，是相对而言的，只要创作的对象已经满足法定的作品构成条件，即可作为作品受到著作权法保护。

（3）网络著作权申请机构

目前可以通过中国版权保护中心和各省直辖市主管部门备案部门申请登记，数字作品形式的著作权归属也可以通过各种协会自办的第三方登记中心或有可信第三方支撑的能够证明作品备案存证时间的机构。

(4) 网络著作权认证方式

可选择融合和集成各种数字版权技术和权威时间戳公证处公证邮箱等可信第三方群支撑的支持的大众版权认证保护平台，进行网络著作权自主存证和首次发布智能认证，取得作品归属权初步证明，需要时，通过司法鉴定，增强证据的法律效力是核心保障。这一方式已在很多欧美国家盛行多年。

4. 网上作品著作权保护的限制

各国的著作权立法中不仅规定了对作者权利的保护，也规定了在特定情况下作者因其对社会负有的义务而不得行使著作权权利的情况，即著作权的权利限制。著作权的权利限制是指对著作权人可行使权力的限制，即在法律规定的某些特定情况下，权利人不得行使其著作权，或者非著作权人对作品的使用不构成对作者著作权的侵权。我国著作权的权利限制主要有作品的合理使用制度、作品的法定许可制度和作品的默示许可制度。

(1) 作品的合理使用制度

对作品的合理使用是指在一定情况下，法律允许他人可以不经著作权人同意而使用其作品，也不必向其支付报酬，但使用者需明示作者姓名或名称、作品名称，且不得侵害著作权人依法享有的其他权利。《伯尔尼公约》第九条第二款规定：本联盟成员的法律有权允许在某些特殊情况下复制上述作品，只要这种复制不致损害作品的正常使用也不致无故危害作者的合作利益。

在网络环境中，对作品使用的方式包括转载、将作品传输至网上或下载作品。2006年7月1日起施行的《信息网络传播保护条例》（2013修订）（以下简称《条例》）对网上作品的合理使用做出了一定限制，排除了如个人的使用等对某些传统作品进行合理使用的权利。该条例第六条规定了八种通过互联网提供他人作品合理使用的情况：①为介绍、评论某一作品或者说明某一问题，在向公众提供的作品中适当引用已经发表的作品；②为报道时事新闻，在向公众提供的作品中不可避免地再现或者引用已经发表的作品；③为学校课堂教学或者科学研究，向少数教学、科研人员提供少量已经发表的作品；④国家机关为执行公务，在合理范围内向公众提供已经发表的作品；⑤将中国公民、法人或者其他组织已经发表的、以汉语言文字创作的作品翻译成的少数民族语言文字作品，向中国境内少数民族提供；⑥不以营利为目的，以盲人能够感知的独特方式向盲人提供已经发表的文字作品；⑦向公众提供在信息网络上已经发表的关于政治、经济问题的时事性文章；⑧向公众提供在公众集会上发表的讲话。《条例》第七条规定：图书馆、档案馆、纪念馆、博物馆、美术馆等可以不经著作权人许可，通过信息网络向本馆馆舍内服务对象提供本馆收藏的合法出版的数字作品和依法为陈列或者保存版本的需要以数字化形式复制的作品，不向其支付报酬，但不得直接或者间接获得经济利益。当事人另有约定的除外。

《计算机软件保护条例》（2013修订）规定，计算机软件的合理使的范围包括因课堂教学、科学研究、国家机关执行公务等非商业性目的的需要对软件进行少量的复制。计算机软件合理使用的范围限制在"为了学习和研究软件内含的设计思想和原理，通过安装、显示、传输或者存储软件等方式使用软件"的范围内。应该看到，《计算机软件保护条例》的规定实际上并未排除"课堂教学"作为合理使用情况的一种，但是排除了任何以"非商业目"对计算机软件的合理使用，也就是说个人、家庭等非营利性使用未经授权软件均被视为侵犯计算机软件著作权的行为。

(2) 作品的法定许可制度

作品的法定许可使用又称为法定许可证制度或法定转载制度，是指非著作权人在向著作权人支付使用费用及不侵害著作权人其他利益的情况下，有权依据法律直接给予的许可而无须经著作权人同意使用已经发表的作品的一项著作权法律制度。法定许可制度是各国著作权法普遍采用的一项制度，各国适用法定许可使用的作品的范围有所区别，但普遍限于已发表的作品，并且对著作权人特别声明不许使用的排除在法定许可的范围之外。

我国著作权法中对图书报刊的转载或者作为文摘、资料刊登，录音制作者使用他人合法录制为录音制品的音乐作品制作录音制品，广播电台、电视台播放已经出版的录音制品，都可以适用法定许可的条款，但权利人声明不得使用的除外。《中华人民共和国著作权法》第三十五条第二款规定："作品刊登后，除著作权人声明不得转载、摘编的外，其他报刊可以转载或者作为文摘、资料刊登，但应当按照规定向著作权人支付报酬。"

（3）作品的默示许可制度

在著作权法律制度中，默示许可也被称为默认许可或推定许可，是指作者虽然没有明示他人可以使用其作品，但是从作者的行为可以推定其对他人使用其作品不会表示反对。具体来说就是在作者可以做出"不得转载、摘编"的声明以阻止他人对其作品的有偿使用而有意识地不作为，或者在作者明知其不做"不得转载、摘编"的声明其他人就可以、可能对其版权作品进行有偿使用的情况下有意识地不做这样的声明，等于是默示了他人对其版权作品的有偿使用。一方当事人向对方当事人提出民事权利的要求，对方未用语言或者文字明确表示意见，但其行为表明已接受的，可以认定为默示。

默示许可制度在网络环境下的适用具有极为重要的意义。根据该制度，作者自己将其作品上传至网上，他即应该可以合理地预见到其作品被他人转载、下载的可能，因此可以推定该作者对他人对其作品进行复制和传播的行为是明知的并且是默许的。我国学者多倾向于将默示许可视为著作权的权力限制，但是《中华人民共和国著作权法》对此并未做出相应的规定，在司法实践中也未被法院所接受。按照我国著作权法的规定，编辑作品在创作时仍要取得原作品的著作权人的许可并向其支付报酬。

7.3.3 网络著作权的侵权形式

网上作品著作权侵权是指未经著作权人许可或无法律依据擅自上传、下载、转载或在网络上以其他不正当的方式行使专由著作权人享有的权利的行为。世界各国一般将侵犯著作权的行为划分为直接侵权和间接侵权两种形态。著作权直接侵权是指行为人直接侵犯著作权人的法定权利的行为，而著作权间接侵权则是指行为人虽未有直接著作权侵权行为，由于主观过错教唆、引诱他人实施直接侵权或帮助他人实施直接侵权的行为。

从我国网上著作权侵权纠纷的实际情况看，网上作品著作权侵权的形式主要有以下四种：

1. 网站、网络用户对传统作品的侵权行为

网站或网络用户未经著作权人许可并且未支付报酬将传统作品上传至互联网上，使这些作品可以被网络用户浏览是目前最常见的对传统作品的网上侵权形式。"王蒙等六作家诉世纪互联公司著作权侵权案"就是此类侵权行为的典型案例。在该案中，原告王蒙、张洁等六位作家状告世纪互联通讯技术有限公司未经原告的同意将六位作家的七部作品上传至被告拥有的"北京在线"网站上予以登载，其行为侵犯了原告对其作品享有的使用权和获得报酬权。1999年9月

18日北京市海淀区人民法院判决被告世纪互联通讯有限公司停止使用原告的作品,向原告赔礼道歉并赔偿经济损失。法院认为,被告未经原告许可将原告的作品在其计算机系统上进行存储并上载至网上的行为侵害了原告对其作品享有的使用权和获得报酬权。根据《中华人民共和国著作权法》的规定,被告的行为还侵犯了作者的网络信息传播权。

2. 传统媒体对网上作品的侵权行为

在"陈卫华诉成都电脑商情报社著作权侵权案""上海榕树下计算机有限公司诉中国社会出版社著作权侵权纠纷案"和"冯英健诉中国财政经济出版社、李友根著作权侵权案"中,报社和出版社在报纸上或在书籍中刊载、收录著作权人的作品,并在全国范围内公开发行的行为均构成了对网上作品著作权人出版权的侵权行为。目前,书籍、报刊、广播、电视等传统媒体无偿使用网上作品侵犯网上作品著作权的问题已日益突出。作者将作品发布于互联网这一新型媒体上应视为著作权法意义上的刊登,传统媒体下载网上作品后予以发表则构成了转载,应表明作者身份并向作者支付稿酬,《中华人民共和国著作权法》第三十五条对此已有明确规定。所以,网上作品的作者同样享有对作品的发表权、署名权、使用权和获得报酬权等权利。

3. 网站、网络用户对网上作品的侵权行为

此类侵权行为主要表现为网站或网络用户对其他网络用户或网站上享有著作权的作品的转载、复制及模仿等行为。

【相关案例】

2013年下半年以来,为谋取非法利益,被告人林某、许某、张某未经《热血传奇》著作权人许可,非法获取《热血传奇》源程序,改编为"轩辕传奇""回忆传奇"和"至尊传奇"三个私服游戏,用于在互联网上发布网络游戏,供玩家下载。被告人韦某、何某明知被告人林某等人开设的是传奇私服游戏,仍借用易宝、支付宝等支付平台接受玩家的充值,为他们提供资金结算服务,共同实施犯罪。经鉴定,"轩辕传奇""回忆传奇"和"至尊传奇"与《热血传奇》的相似性比例分别为98.5%、97.45%、98.35%,均构成实质性相似。

法院最终认定5名被告人构成侵犯著作权罪,分别判处林某、许某、张某有期徒刑3年,缓刑5年,并处罚金200万元;分别判处韦某、何某有期徒刑1年,缓刑1年,并处罚金7万元;扣押的犯罪工具笔记本电脑、电脑主机、服务器硬盘予以没收;扣押的被告人林某的违法所得45万余元和张某的违法所得12万余元予以追缴。5名被告人当场认罪,表示不上诉。

4. 网站或网页制作者对著作权的间接侵权行为

网络服务提供者(ISP)、网络内容提供者(ICP)[①]和个人网页是互联网上的主要信息来源。为了信息提供的目的,目前几乎所有的网站和相当一部分网页都在其页面上提供信息搜索工具,如搜索引擎或利用超级链接技术引领网络用户进入其他网站或页面,以帮助网络用户查找、获

---

① 《最高人民法院关于审理涉及计算机网络著作权纠纷案件适用法律若干问题的解释》和《互联网信息服务管理办法》对ISP和ICP分别使用了"网络服务提供者"、"提供内容服务的网络服务提供者"和"互联网信息服务提供者"的称谓,但并未对它们加以定义。根据通说,ISP包括提供网络接入服务的网络设备服务提供者和提供内容服务的网络服务提供者,而ICP只提供内容服务。随着网络服务内容提供的多元化,ISP和ICP之间的界限已不明显。

取相关信息。超级链接也被称为超链接,是允许一个网页同其他网页或网站之间进行连接的元素,以在网页之间形成一种互相关联的关系。超级链接是一种对象,它以特殊编码的文本或图形的形式来实现链接,如果单击该链接,则相当于指示浏览器移至同一网页内的某个位置,或打开一个新的网页,或打开某一个新的网站中的网页。从技术角度分析,超级链接技术本身并未侵犯著作权人的权利,但是该技术的使用为侵犯著作权的行为提供了极大的便利,因为网络用户可以利用网站或网页设置的超级链接轻而易举地进入含有受著作权法保护的作品内容的网站或网页。因此,网站或网页设置的超级链接在客观上帮助网络用户实施了直接侵犯著作权的行为。

世界各国对网站或网页制作者提供超级链接应承担何种责任的问题仍存在争议。支持网站或网页制作者应承担直接侵权责任的理论认为,网站或网页制作者将含有著作权对象的网页链接在自己的页面上的行为与将所链接网页的内容直接编辑到自己页面中的行为是没有根本差别的。另有学者指出网站或网页制作者仅需承担由于网络用户利用超级链接侵犯著作权人权利的行为的间接责任,因为网络用户侵犯著作权的行为是第三方网站或网页上进行的,网站或网页。

▶▶ 7.3.4 网络著作权侵权行为的归责原则

《中华人民共和国著作权法》对著作权侵权归责原则并无明文规定。《中华人民共和国民法典》规定:行为人因过错侵害他人民事权益造成损害的,应当承担侵权责任。依照法律规定推定行为人有过错,其不能证明自己没有过错的,应当承担侵权责任。根据通说,我国对传统著作权侵权行为采取过错责任和无过错责任相结合的原则,但以过错责任原则为主。在美国、英国、法国、新加坡、澳大利亚等版权法律保护程度较高的国家的立法和司法实践中,对著作权侵权行为多采用以无过错责任原则为主的归责原则。由于网上著作权侵权行为的范围广,隐蔽性强,侵权主体难以确定,所以在确定行为人主观上是否有过错方面比较困难,如采取过错责任原则,则会在客观上放任甚至纵容侵权行为的发生。根据这一观点,对网上作品著作权侵权行为应适用无过错责任原则。

另一方面,对 ISP 侵犯著作权行为的责任认定各国仍存在一定争议。根据 WCT 关于第八条"向公众传播的权利"的议定声明,如果 ISP 仅为作品的传播提供传输设施及技术支持,则不构成对作者向公众传播其作品权利的侵犯。由于 ISP 无法对利用其通信设施进行信息传输的内容加以监控,因此为了维护互联网的健康发展,维护公共利益,应对 ISP 的侵权行为适用过错责任原则,即考察其主观意识状态,在确实存在主观过错的情况下才应承担责任。但如果一个 ISP 既提供信息传输设备服务又提供内容服务,则在发生除对作品合理使用情形外的网上著作权侵权行为时应适用无过错责任原则。

《互联网著作权行政保护办法》(以下简称《办法》)采用了过错责任原则,对 ISP 的责任做出了限制。由于我国对 ISP 和 ICP 的界定仍存在一定的模糊认识,所以该办法进行了更为细致的规定。根据该《办法》第十一条规定,ISP 明知 ICP 通过互联网实施侵犯他人著作权的行为,或者虽不明知,但接到著作权人通知后未采取措施移除相关内容,同时损害社会公共利益的,著作权行政管理部门可以根据《中华人民共和国著作权法》的规定责令其停止侵权行为,并给予行政处罚。这一规定可以看作是对 ISP 间接侵犯著作权人的信息网络传播权行为的处罚。该

《办法》第十二条还规定，没有证据表明 ISP 明知侵权事实存在的，或 ISP 接到著作权人通知后，采取措施移除相关内容的，不承担行政法律责任。

2006 年修订的《最高人民法院关于审理涉及计算机网络著作权纠纷案件适用法律若干问题的解释》在认定 ISP 和 ICP 侵犯著作权人权利的行为时也采取了过错责任原则，但对 ISP 规定了四种免责情形。第一，ISP 提供自动接入服务、自动传输服务的，只要按照服务对象的指令提供服务，不对传输的作品进行修改，不向规定对象以外的人传输作品。第二，ISP 为了提高网络传输效率自动存储信息向服务对象提供的，只要不改变存储的作品、不影响提供该作品网站对使用该作品的监控、并根据该网站对作品的处置而做相应的处置。第三，向服务对象提供信息存储空间服务的，只要标明是提供服务、不改变存储的作品、不明知或者应知存储的作品侵权、没有从侵权行为中直接获得利益、接到权利人通知书后立即删除侵权作品。第四，ISP 提供搜索、链接服务的，在接到权利人通知书后立即断开与侵权作品的链接。但是，如果明知或者应知作品侵权仍链接的，应承担共同侵权责任。

【学而思】

请结合以下数据，谈一谈如何提高网络著作权保护工作法治化水平？

2019 年我国网络版权行政保护和司法保护力度不断加强，共删除侵权盗版链接 110 万条，查处网络侵权盗版案件 450 件，其中查办刑事案件 160 件、涉案金额 5.24 亿元。北京、广州、杭州互联网法院共审理网络版权相关案件 1700 余件。

提示： 创新是引领发展的第一动力，保护知识产权就是保护创新。党的十九届五中全会《中共中央关于制定国民经济和社会发展第十四个五年规划和二〇三五年远景目标的建议》明确要求"加强知识产权保护"。著作权是激励创新、保障创新的一项重要权利，依法做好著作权工作对建设创新型国家、建设知识产权强国和社会主义文化强国具有十分重要的意义。

要提高网络著作权保护工作法治化水平。要在严格执行民法典相关规定的同时，加快完善相关法律法规。要强化民事司法保护，加大刑事打击力度，要加大行政执法力度，对群众反映强烈、社会舆论关注、侵权假冒多发的重点领域和区域，要重拳出击、整治到底、震慑到位。

7.4 电子商务税收法律制度

7.4.1 电子商务对现行税法的冲击

电子商务的出现，改变了产品的流转方式，有形商品可以转化为数字形式存在，使交易商品与劳务转化为信息流，并通过网络来传递，这就改变了传统所得、传统财产的形式，而且电子商务产生了新的信息资源，这些都导致传统的税法不再适用。例如，原来以有形商品形式出现的书籍、报刊和软件等，现在都可以以数字化的信息形式从互联网上直接下载使用，还可以通过复制方式进行传播，其性质是提供商品还是提供服务或特许权使用，界限模糊。对于这种交易行为应该按销售货物征收增值税，还是按提供劳务征收营业税，或按转让无形资产征收营业税，根据现行税法难以判断。并且，由此而获得的所缴纳的所得税，应视为生产经营所得，还是提供劳务或特许权使用费所得，其标准也很难确定。

因此，由于电子商务环境下的交易对象的数字化，导致了课税对象性质认定上的困难，并进一步引发了税法使用上的不确定性。

1. 电子商务对我国现行增值税的影响

增值税是以商品和劳务价值中的增值额为课税对象而征收的一种流转税，为世界各国普遍采用，也是我国税制结构中居首位的主体税种。

《中华人民共和国增值税暂行条例》规定，在中华人民共和国境内销售货物或者加工、修理修配劳务（以下简称劳务），销售服务、无形资产、不动产及进口货物的单位和个人，为增值税的纳税人，其课税对象为销售货物或者加工、劳务，销售服务、无形资产、不动产及进口货物而产生的增值额。在间接电子商务交易情况下，使用现时增值税规定毫无疑问，而在直接电子商务交易情况下，对无形的数字化商品是否征收增值税及如何征收却难以套用现行税法。这样，纳税人在电子商务情况下销售产品和提供劳务的界限就变得十分模糊。而在税务处理中，交易性质的不同，适用的税种和税率也会不同，对交易性质的认定更是直接影响到税种的应用及税负的大小。对于在直接电子商务下的数字化产品交易，究竟是将其视为特殊的版权使用费转让，纳入无形资产转让的范畴，从而征收营业税，还是将其视为商品交易及劳务提供，从而纳入增值税的征收范围，我国至今尚未有明确说法。

2. 电子商务对我国现行关税的影响

关税本是指进出口商品经过一国关境时，由政府所设置的海关向进出口商所征收的一种流转税。简而言之，关税是对进出口一国边境的货物和物品征税，属于间接税。

传统的关税制度是以属地原则和属人原则为基础建立起来的，征税和行使征税管理的传统依据是通过能够控制的要素来确定的。但在电子商务中由于虚拟化的交易方式和数字化和无形性产品的出现，使纳税主体复杂化、边缘化和模糊化，具有不确定性。电子商务中跨地区、跨国界交易的发生概率加大，数字化产品无须经过传统国界，即可进入他国，所有这些，最终弱化了属地管辖权。特别是美国政府发布的《全球电子商务纲要》，在有关电子贸易税收问题上主张"互联网零关税"。如果全球网上贸易实行零关税，那么发展中国家的关税堤防将不攻自破。随着在线交易数量逐年增大，大量数字化产品会以在线交易方式通过网络从国外进入国内，目前，尽管国际上普遍认同对在互联网上完成的在线交易免征关税，电子商务对我国关税的影响也将逐步增大。

3. 电子商务对我国现行印花税的影响

印花税是以经济活动中签订的书面形式的合同、产权转移书据、营业账簿和权利、许可证照等应税凭证文件为对象所课征的税。这里的应税凭证文件原指书面文件，但在电子商务中，由于数据电文与电子签名被承认与书面文件功能等同。所以，导致许多新形式应税凭证文件的产生。

电子商务中为提高业务洽谈的效率，交易双方以互联网为平台，通过数据电文来订立合同。电子合同虽然形式上具有不同于传统纸质书面合同的特点，但其性质和意义并没有发生改变，仍然是为了规范交易，确定交易方各自的权利和义务，以保证经济交往迅捷正常地进行，功能仍等同于书面凭证。

随着会计电算化的日益成熟,财务网上处理已经成为必然趋势。在电子商务中主要采取的是会计软件记账、核算收入,产生的账簿和凭证是以网络数字信息的形式存在的,没有传统的纸质账本。

按照《电子商务法》的规定,电子商务经营者必须取得营业执照或经营特许权证照。而这些网上商店多数不具有实体性,且多数网络消费者也不可能再沿用传统的方式鉴定网店或经营许可的真实性与合法性,所以其营业执照只能采用数字方式或电子方式悬挂于网上商店之中。

电子商务的数字化、无纸化交易将传统交易方式下的合同、凭证隐匿于无形,印花税原有的课税对象——合同、账簿、产权转移书据、结算凭证等不复存在。电子商务的出现使印花税的征收由于法律的缺失,造成税款的大量流失。

4. 电子商务对现行税收程序法的冲击

税收征管一般包括税务登记(征税主体对纳税义务主体的确认)、纳税申报审核(征税主体对纳税义务数额的确认)、税款征收(征税主体对纳税义务完成的确认)、税务稽查(征税主体对纳税主体履行纳税义务质量的确认)等四个环节。电子商务课税对象的变化导致现行税收程序法的适用出现困境。

▶▶ 7.4.2 我国现行电子商务税收法律体系构建的前提性基础

电子商务以其虚拟化、无形化、无界化、无纸化及电子支付的特点对以实物交易为基础的现行税收法律制度和原则造成了冲击,突显出了许多法律的空白和漏洞,传统的税法体系对其无法适从。那么,如何确定电子商务税收的基础、构建和完善电子商务税法体系是税法研究的重要内容。

【相关链接】

"人民性"是贯穿于国家制度和国家治理体系的一根红线。我国财政的本质属性是"人民财政",人民至上价值取向充分彰显了我国税收法律制度的本质属性与时代内涵。税收在解决我国经济社会发展不充分、不平衡矛盾中发挥着重要作用,在"为人民谋幸福""为民族谋复兴"过程中也起着至关重要的作用。只有"人民性"税收价值理念贯穿于"电子商务税制"学习的全过程,才能更加深刻地认识中国特色社会主义国家税收制度,才能更好地培育公民意识与社会责任感。

1. 明确电子商务中的税收原则

电子商务的到来对税收从理论到实务都产生了重大的冲击,动摇了传统税收理论的基础,给税收实务带来了从未经历的问题。但是,仍须坚持如下原则:

(1)坚持税收法定主义原则

在电子商务税收法律制度的具体内容中也应包括开征新税,应在法律规定范围进行课征;税收构成要素和征管程序必须由法律加以限定;法律对税收要素和征管程序的规定应当尽量明确,以避免出现漏洞和歧义;征税机关必须严格依照法律的规定征收,不得擅自变更法定税收要素和法定征收程序;纳税人必须依法纳税,同时也应享有法律规定的权利。

（2）坚持税收公平原则

税收公平原则是指国家征税要使各个纳税人承受的负担与其经济状况相适应，并使各个纳税人之间的负担水平保持均衡。电子商务作为一种新兴的贸易方式，虽然是一种数字化的商品或服务的贸易，但它并没有改变商品交易的本质，仍然具有商品交易的基本特征。因此，按照税法公平原则的要求，电子商务和传统贸易应该适用相同的税法，担负相同的税收负担。确立税法公平原则的目的在于支持和鼓励商品经营者采取电子商务的方式开展贸易，但并不强制推行这种交易的方式。

（3）坚持税收效率原则

税收效率原则主要是指税法的制定和执行必须有利于社会经济运行效率和税收行政效率的提高，税法的调整也必须有利于提高社会经济效率和减少纳税人的纳税成本。电子商务税收也应当坚持效率原则。为此，在制定电子商务税收政策时，应当以我国现有的电子商务发展水平和税收征管水平为前提，确保税收政策能被准确贯彻执行；另外，力求将纳税人利用电子商务进行偷税与避税的可能性降到最小限度。同时，对电子商务立法应贯彻肯定、明确、简洁、易于操作的原则，将纳税人的纳税成本和税务机关的征税成本控制在最低限度，提高税收效率。

2. 科学界定电子商务中的课税对象

（1）电子商务的出现使课税对象难以确定

在传统的商务交易模式下，课税对象主要包括物、财产和行为。电子商务是网络化的新型经济活动，发展速度迅猛，以其所具有的活动"虚拟化"、支付手段隐匿化、操作无纸化等特点，将原先以有形财产提供的商品和服务转变为在虚拟的网络空间以数字形式提供。这种以数字化方式提供商品和服务方式很难再用传统的物与行为进行认定，使得电子商务的课税对象界限变得模糊，这种状况不利于税务处理。

（2）比特税方案（Bit Tax）及其评价

电子商务引发的税收问题已经引起国际社会的足够重视，各大国际经济组织、各国政府及理论界、企业界人士纷纷采取相应的对策。

比特税是根据网络中流通信息的最小的信息单位比特（bit）而征收的税。同时适用于增值的数据交易，如数据收集、传输、图像或声音的传递。

比特税方案最早在1994年，由加拿大税收专家阿瑟·科德尔提出，后经荷兰教授卢·苏特加以完善，其主要特点是对全球信息传输的每一个数字单位（bit）征税，不仅对网上数字化产品的交易和服务要征税，而且对所有的数据交换都要征税。这两位学者认为征收比特税的理由有三个：第一，信息时代经济模式的改变要求税收基础的转换，对"字节"征税是最直接和最符合逻辑的；第二，字节税是对信息传输征税，较之传统的对价值征税的模式，字节税意味着征税环节的根本改变，这符合信息流的本质；第三，字节税能够切实减少网络信息污染和拥挤。

应该说比特税既具有合理性，又具有矛盾性。从合理性来看，它是以电子商务的税基——信息流为征税对象，因而它在理论上最符合电子商务的运行特征。而且，它也具有征管简便易行的可操作性。从矛盾性来看，信息流与资金流的非统一性，将使该税面临两个矛盾。第一，商业信息流与非商业信息流同时负税的矛盾。由于比特税是对Internet上的所有信息流量均要征税，因而必然造成商业信息流与非商业信息流（如网上提供一些免税服务）同时负税的矛盾。

第二，信息流量与税负成正比变化的矛盾。由于比特税是以信息流量为计税依据，因而信息流量与税负成同方向变化关系：信息流量越大，税负越高；信息流量越小，税负越小。但是信息流量并不完全与商品价值量成正比关系，因此在比特税下，有可能出现数字化产品的价值量与税负相背离的矛盾，从而违背税收公平原则与量能负担原则。

（3）确定电子商务的课税对象应区分电子商务交易模式

电子商务的出现改变了传统商品交易模式中物流、资金流与信息流之间的关系，形成了新的交易模式。由于电子商务交易是在网络中完成的，也就是说只要在网络中完成某个交易环节就可以认为是电子商务。

所以，按照物流、资金流与信息流在网络中完成环节的不同，电子商务可以分为直接电子商务和间接电子商务。在直接电子商务状况下，交易过程全部实现了网络化，使物流、资金流与信息流合为一体，同步在网络中完成，称为完全电子商务。其交易的产品具有数字化，无形性的性质。所以在课税对象的认定上无法再采用传统的方法进行。直接电子商务中出现了新的课税对象。而间接电子商务则无法完成物流、资金流与信息流同步化，其具体包括两种情形：其一，只有资金流与信息流在网络中交易完成，而物流活动则必须通过传统的物流渠道来完成，在网络中只有商品信息的传递与资金的传递；其二，只有信息流在网络中传递，网络只起到了宣传作用。从中不难看出，间接电子商务未脱离传统的交易模式，通过网络只能完成部分交易过程，其课税对象仍是物与行为。

（4）电子商务课税对象的界定

从电子商务的交易内容中可以看出，电子商务交易商品既包括商品信息在网络空间传递、而实物流转仍需通过传统渠道的间接电子商务，也包括采用虚拟方式在网络空间传递数字化产品与服务的直接电子商务。而现行税法与间接电子商务关系密切，传统税法只需稍加改动，即可与之配套使用。而直接电子商务则与现行税制之间严重脱节。

间接电子商务中的课税对象。间接电子商务只是借用网络完成部分交易，物流或资金流的完成仍有赖于传统的渠道，并未改变交易的实质。所以，其课税对象并未发生实质改变，即便出现与传统税法的冲突，也是较小的，传统的税收法制的框架完全能够加以解决。对该种交易模式应仍采用传统的课税对象的认定方式，即按课税对象的性质不同，可分为流转税、所得税、资源税、财产税、行为税，并可按照传统的税法进行税收征收。

直接电子商务中的课税对象。电子商务改变传统交易模式的实质原因在于科技进步，出现了新的商品和交易行为，并改变了传统的物流传递方式，使物流（含服务与劳务）与信息流合为一体。但是，对网络中传递的所有信息都应当认定为是交易对象吗？那么是不是应该对网络中所有信息都应该课税呢？网络是信息的海洋，但并非所有的信息都与商业有关。即便是与商业有关，也不应不加区分地都认为是交易对象或课税对象。所以，在研究电子商务课税对象时只应将有价值的商业信息列入其中，即网络商品和网络商品信息。

网络商品是指网络上用于交换的劳动产品，既包括实物商品、劳务，也包括网络信息商品；网络信息商品是指依托网络所进行的各种信息商品和服务，包括网络信息商品、在线服务和其他网络劳务；而网络商品信息是指所有在网络空间传递的商品信息，即包括网络信息商品信息，又包括传统商品信息，还包括其他网络商品信息。对于网络商品信息是不应征税的（有偿网络信息服务和网络广告服务除外）。

▶▶ 7.4.3　电子商务环境下我国现行税法体系及其完善

根据《电子商务法》的规定，电子商务经营者应当依法履行纳税义务，并依法享受税收优惠。不需要办理市场主体登记的电子商务经营者在首次纳税义务发生后，应当依照税收征收管理法律、行政法规的规定申请办理税务登记，并如实申报纳税。所以，我国电子商务并不是免税的，电子商务经营者应当依法纳税。

1. 税收基本法的制定

税收基本法作为统帅各单行税收法律、法规的母法，是介于宪法和各单行税法之间的一部法律，主要规定税收的基本法律制度和原则，是税收法律中的上位法，对各单行税法的制定具有统领和指导作用。

我国的税收基本法尚未出台，所以在制定税收基本法时，应考虑电子商务税收的定义、功能、税收法律制度的基本原则、税收法律关系中当事人的权利义务等内容，使税收基本法适应电子商务这一新兴经济形式的需要。

【学而思】

《电子商务法》第十一条规定：电子商务经营者应当依法履行纳税义务，并依法享受税收优惠。这意味着电子商务经营者纳税有了直接的法律依据。那么，在电子商务税收实践中，纳税人尊法、学法、守法、用法的基本前提是什么？

尊法学法守法用法，必须养成良好的法治思维和行为方式，做到在法治之下，而不是法治之外，更不是法治之上。

2. 开征电子商务新税——网络信息商品税

在电子商务飞速发展的今天，对电子商务是否征税仍存在两种截然不同的认识，即对电子商务不应开征新税和对电子商务必须开征新税。

对电子商务开征新税，只是对直接电子商务中产生的新型的网络信息商品、在线服务和其他网络劳务征收，而不是对所有通过电子商务交易的产品全部征收。

直接电子商务中，物流、资金流与信息流均在网络中实现，特别是物流与信息流趋于相同状态，一并在网上进行传递。而这种所谓的"物"又与传统"物"的概念完全不同，在按照传统税制收税确定课税对象显然是不适宜的。由于交易对象的变化，必然导致课税对象的变化。

国际流行观点认为，"比特税"是电子商务开征新税种的倾向性选择。但该方案受到大多数人的反对，主要原因是比特税难于区分信息流的性质，从而不符合税收的公平原则。比特税的征收也没有考虑到网络信息商品的价值问题，网络中传递的相同流量的信息，其价格可能是完全不同的。这样就违背了税收的实质课税原则。

为此，由于在电子商务中网络信息商品的出现，使计税计量单位发生了变化。从而也使课税对象发生变化，此时既要考虑到网络信息商品的价值性，同时也要考虑到比特税的合理性。如果只对其征收比特税无法体现出网络信息商品的价值，如果只对其征收从价税则无法体现出税收的公平性。所以，为了即符合税收原则，同时又能解决电子商务造成国家税收的大量流失问题，建议采取既征比特税又征从价税的方式来解决该问题。但是，毕竟电子商务是新生事物，在现阶段双重征税的前提是采用较轻的税率，比特税只是按照信息流量进行象征性征收，以便体现网络商品交易的可税性。

另外，对于注册地在我国的公司，无论其服务器或网址注册地是否在本国，进行网络信息商品销售的，均由其自行缴纳网络信息商品税。对于注册地在外国的公司，无论其服务器或网址注册地是否在本国，对我国进行网络信息商品销售时，由消费者缴纳网络信息商品税和关税。

3. 增值税

开征电子商务新税后，对于传统税种受到电子商务的冲击可以不予考虑，只对其征收内容和征收管理手段上进行调整。

（1）增值税的概念

增值税是以商品（含应税劳务）在流转过程中产生的增值额作为计税依据而征收的一种流转税。从计税原理上说，增值税是对商品生产、流通、劳务服务中多个环节的新增价值或商品的附加值征收的一种流转税。实行价外税，也就是由消费者负担，有增值才征税没增值不征税。

（2）增值税的一般纳税人和小规模纳税人

增值税一般纳税人是指年应征增值税销售额超过财政部规定的小规模纳税人标准的企业和企业性单位。增值税纳税人，年应征增值税销售额超过财政部、国家税务总局规定的小规模纳税人标准的，应当向主管税务机关申请一般纳税人资格认定。

【相关链接】

电子商务企业提供电子商务平台进行商品销售如何缴纳增值税

电子商务企业提供电子商务网络平台，其他企业把商品展示在电子商务网络平台，个人或企业（以下称客户）可以在电子商务网络平台购买这些商品，客户在电子商务网络平台通过网上银行支付货款给电子商务企业，电子商务企业一定时间支付给商品销售企业。在实务中，电子商务平台销售有两种模式：

一是代销模式，电子商务向厂家收取佣金。例如，100元的货物，售价500元。电子商务收取500元的10%作为代销服务手续费，则电子商务开具50元发票给厂家。厂家开具500元发票给直接客户。则电子商务收取的佣金。《财政部、国家税务总局关于全面推开营业税改征增值税试点的通知》（财税〔2016〕36号）、《销售服务、无形资产、不动产注释》规定：经纪代理服务，是指各类经纪、中介、代理服务。因此，电子商务企业取得的佣金、奖励和劳务费等相关收入，应按提供经纪代理服务缴纳增值税。

二是一次性购销模式，电子商务批量购入厂家商品，直接发货给客户。例如，100元的货物，电子商务以450元价格向厂家购买，以500元卖给客户。那么厂家开具450元发票给电子商务，电子商务开具500元发票给客户。对电子商务企业购买货物后再销售行为，属于销售货物，应当按照销售货物的适用税率或征收率计算缴纳增值税。

（资料来源：http://zwgs.shiyan.gov.cn/zcdy/201812/t20181229_1636279.shtml）

4. 关税

对于间接电子商务进行的货物交易，现行法律政策应延续适用。对于涉及关税的在线交易，考虑到电子商务的发展前景，中国当前应积极组织有关力量来研究制定全面的电子商务关税政策，根据关税主权原则和便利征收原则，科学制定既符合我国利益又不违反目前国际通行做法的电子商务关税法律政策。

（1）反对零关税

中国的电子商务尚处于初级发展阶段，在很长一段时间内仍将是数字化商品净进口国，不对电子商务征收关税的零关税政策必将造成进口关税的大量损失，适度的保护性关税政策是带动和促进中国经济发展的必然选择。因此，在解决电子商务关税征收问题时，要注意公平原则的问题，也就是说应保持电子商务与传统贸易的税负一致。比较好的方法是"发展优先，兼顾公平"。既要发展又要纳税，既要扶持又要征税。

（2）完善电子商务的税交征管体系

第一，加快税收部门自身的网络建设，尽早实现与国际互联网、网上用户、银行、海关等相关部门的连接，从支付体系入手解决网上交易是否实现及交易内容、数量的确认问题，实现真正的网上监控和稽查，并加强与各国网上合作，防止税款流失，打击偷税、逃税现象；第二，组织技术力量与金融机构、网络技术部门及公证部门紧密配合，开发出统一、实用、高效的自动征税软件和稽核软件；第三，对开展电子商务的公司、企业进行电子商务状况登记，海关对其申报交易进行准确、及时地审查和稽核。

5. 印花税

首先，强调印花税电子完税凭证与传统的书面完税凭证"功能等同"。凡符合书面形式要求的数据电文及电子签名，如果能够可靠地保证所载信息自首次以最终形式生成时起，始终保持了完整、未做改变，该数据电文与电子签名即具有法律规定的原件效力。

在《印花税暂行条例》原有 10 类经济合同、产权转移书据、营业账簿和权利、许可证照列举征税基础上，加入了近年来不断涌现的新形式完税凭证范围，同时承认其电子形式。例如，代理合同，网上交易合同，土地使用权、国有资产经营转让合同，有线、无线线路租赁合同，公路经营权使用合同，机场跑道租赁合同，以及供水、供气、供热合同，行纪合同，居间合同均应列入其中。改进税收征收模式，设计"电子印花税"系统，以应对电子商务模式产生的印花税。

6. 我国现行电子商务税收优惠政策

我国财政部、海关总署、税务总局 2018 年出台《关于完善跨境电子商务零售进口税收政策的通知》，明确表示：①将跨境电子商务零售进口商品的单次交易限值由 2000 元提高至 5000 元，年度交易限值由 20 000 元提高至 26 000 元；②完税价格超过 5000 元单次交易限值，但低于 26 000 元年度交易限值，且订单下仅一件商品时，可以自跨境电子商务零售渠道进口，按照货物税率全额征收关税和进口环节增值税、消费税，交易额计入年度交易总额，但年度交易总额超过年度交易限值的，应按一般贸易管理；③已经购买的电子商务进口商品属于消费者个人使用的最终商品，不得进入国内市场再次销售，原则上不允许网购保税进口商品在海关特殊监管区域外开展"网购保税+线下自提"模式。

▶▶ 7.4.4 税收程序法

为了应对电子商务对税收征收的挑战，在坚持电子商务可税性的前提下，在遵循税收征管

第7章 其他相关电子商务法律制度

"法治、公平、效率"原则基础上,结合电子商务交易的新特点,对《中华人民共和国税收征收管理法》予以适当修订,设计一整套具有前瞻性、可行性、针对性、操作性的电子商务税收征管程序法律制度,以处理电子商务所引发的税收征管问题。

1. 修订《中华人民共和国税收征收管理法》,以适应电子商务税收需求应坚持的原则

修订《中华人民共和国税收征收管理法》,强调电子商务税收的征收与缴纳必须以法律为基础,确立和充实了一批新的、与电子商务相配套的法律法规,以完善电子商务税收征纳法律关系为目标。进一步明确电子商务税收中征税的法定主体,为建立和维护良好的电子商务税收法律秩序做出了关键性的规定。增强对电子商务纳税人合法权益的研究保护,重视依法调整国家和纳税人之间的利益关系,培育电子商务中纳税人依法纳税的自觉性。提高电子商务税收程序规范化的水平,从规范基础工作开始,到征收管理的主要环节,都补充和增添了与电子商务有关行为规则的内容,强调按法定程序征税。有力地推进电子商务税收执法行为的规范化,在推进规范化的基础上,提高执法水平,加强执法监督,实现秉公执法,严格执法。

2. 对电子商务税收程序法的完善

(1) 修订后的《中华人民共和国税收征收管理法》及其实施细则,对从事电子商务的企业实施专门的税务登记管理

要求所有网上交易的企业必须进行工商登记。从事电子商务的企业或个人进行申报时,税务机关可以要求纳税人申报相应的电子商务资料,并由税务机关指定的网络服务商出具有效证明以保证资料的真实性。上网企业通过网络提供的劳务、服务及产品销售业务应单独建账核算,以便税务机关核定其申报收入是否属实。税务机关应当对纳税人登记的有关网上交易的事项进行严格审查,逐一登记并建立电子商务税务登记档案和纳税资料备案制。这样,即使纳税人在网上是匿名交易的,对税收也不构成威胁。另外,当其网址或者网站等登记内容发生变更、注销的时候,应当在一定期限内到税务机关办理变更和注销登记。从法律上将电子商务企业税务登记制度确定下来,便于税收征收、管理和稽查,从源头上堵塞网上逃税的漏洞。

在完善现行税法的过程中,针对电子商务对税收征管提出的挑战,应该重点补充有关运用电子商务纳税的税法条文,要求从事电子商务活动的单位和个人,在办理电子商务交易手续之后,必须同时办理电子商务的税务登记,填写《电子商务纳税登记表》,并提供有关电子商务的业务范围等相关材料,以便税务机关掌握管辖地从事电子商务的纳税人户表及电子商务交易纳税人的活动情况。通过明确该交易行为的纳税义务、发生时间、纳税期限、纳税地点和应纳税额等资料申报制度,加强对电子商务活动的税法约束。

(2) 修订后的电子商务税收程序法增加对账簿、凭证、发票管理的规定,增加要求从事电子商务的纳税人以可以阅读的电子方式保存记录的规定

在《中华人民共和国税收征收管理法》和《中华人民共和国发票管理办法》及其实施细则中明确数字化发票作为记账核算及纳税申报凭证的法律效力,规范电子发票的申领、填写及传递等相关程序。《中华人民共和国电子签名法》赋予数据电文与电子签名以法律效力。为此,税务部门应在该法的基础上设计出成套的电子发票,供网络交易者购买和使用,以配合纳税人凭证、账簿、报表及其他交易信息载体的电子一体化。纳税人可以在线领购、在线开具、在线传递电子发票。但必须达到以下要求,以确保电子发票发挥其应有的效用。税务机关可以对申

领购的发票的有关项目进行预填,以防止电子发票被转移使用,并对电子发票设置防伪标识,保证发票的真实性,开具完毕的电子发票在确认后只能进入"只读"状态,拒绝纳税人的任何修改,并自动生成备份以供税务机关查询核对。

(3) 纳税申报与税款征收

在电子商务中,纳税义务人仍需自行按照税法的规定向税务机关申报纳税的行为。为适应网络经济的"无纸化",必须尽快建立电子纳税申报制度。电子申报是指纳税人利用通信网络系统,将申报资料以数据电文方式发送给税务部门。数据电文申报方式中的网络传输方式因具有直接、便捷、成本低廉的优越性,符合电子商务的内在需要,必将成为电子商务纳税人进行纳税申报的主要选择。电子申报不仅减少了数据库录入所需的庞大的人力、物力,也降低了输入的错误率,实现了申报的"无纸化"。对于申报有效的,税务机关将数据信息传输至银行数据交换系统和国库,由银行进行资金划拨,并向纳税人发送银行收款单。税务机关对网络申报系统应安排专人维护,而且对每一项操作都应设置相应的密码,未经授权的人员不能进入网络申报系统,确保系统安全,避免因管理不善而造成纳税人资料丢失。

(4) 网络发票、电子发票与加强增值税管理

为加强普通发票管理,保障国家税收收入,规范网络发票的开具和使用,2013年国家税务总局制定的《网络发票管理办法》。网络发票是指符合国家税务总局统一标准并通过国家税务总局及省、自治区、直辖市税务局公布的网络发票管理系统开具的发票。国家积极推广使用网络发票管理系统开具发票。网络发票是规范发票使用和税收征管,以及防控发票类违法犯罪的手段,而非针对网络购物和电子商务征税。电子发票是指纸质发票的电子映像和电子记录,是网络发票的电子形态或者说无纸化形式。网络发票的推行为使用电子发票奠定了基础。①

(5) 建立有效的电子商务税务稽查

在电子商务模式下实施有效的税务检查,可以从以下几个方面考虑充分发挥税务检查的监督功能:从税务登记开始,独立运用一整套监督工作程序软件,建立网络用户的基础资料,掌握税务检查的主动性。抓住电子商务活动中的关键环节——货币流动。该制度要求税务机关将自身网络与国际互联网及财政、银行、海关、国库、网上商业用户的全面连接,实现各项业务的网上操作,达到网上监控与稽查的目的,堵塞网上交易的税收漏洞。此外,还需要建立完善的税务稽查电子系统,基于税务系统的广域网,实施办公自动化与征管、税务稽查、大面额专用发票防伪系统、出口退税专用票证系统、丢失被盗增值税专用发票报警系统、电子邮件等系统的系统集成,实现跨部门、跨地区之间的涉税信息的快速传递、发票函件调查和相互协调。

【相关链接】

2020年12月,国家税务总局公布了《2020年电子商务税收数据分析应用升级完善和运行维护项目中标公告》(以下简称《公告》)。《公告》指出:在充分发挥原有系统数据获取和分析的基础上,依据新法规,结合目前电子商务发展的趋势及电子商务平台情况,以及税收征管特点将电子商务进行合理分类,在加强原有电子商务税收数据采集、分析和应用的基础上,做好电子商务税收数据采集分析项目的运营服务,为电子商务税收数据供给和分析应用稳定运行提供有力保障。

---

① 参见"税务总局就《网络发票管理办法》有关问题答问",中央政府门户网站,2014-08-26。

第7章 其他相关电子商务法律制度

之前由于电商平台数据未对税务部门全部开放,存在信息不对称或缺失现象,有部分不法企业利用这一点逃税漏税,税收流失严重;电子商务税收数据升级完善后,网店信息和市场监管、公安、社保等部门实现了数据共享,打通了国家向网店商家征税的盲点,使电商行业的税收管理制度趋于完善,这意味着电商行业的税务管理有法可依,有效遏制了偷税漏税现象的发生。

案例与思考

随着移动互联网的发展,各类手机App日渐普及。但手机App使用权限被滥用、隐私条款内容不达标有可能造成用户隐私泄露,进而引发个人信息非法买卖、电信网络诈骗等互联网安全事件。中国消费者协会《App个人信息泄露情况调查报告》(2019年)显示:个人信息泄露总体情况比较严重,遇到过个人信息泄露情况的人数占比为85.2%,没有遇到过个人信息泄露情况的人数占比为14.8%。此外,个人信息买卖已形成地下产业链,从采集到售卖和利用,各个环节都可能存在危害公民信息安全的情况。

案例思考:

1. 结合案例谈一谈,大学生应当采取何种法律手段防止手机App泄露自己的信息?
2. 结合案例谈一谈,大学生养成心中有法、自觉守法、遇事找法、解决问题用法、化解矛盾靠法的良好习惯的重要意义。

自测题

一、单选题

1. 个人信息最为强调的(　　)。
   A. 可识别性　　B. 关联性　　C. 可比性　　D. 隐私性
2. 比特税理论最早诞生于(　　)。
   A. 美国　　B. 加拿大　　C. 澳大利亚　　D. 荷兰
3. 下列不属于个人数据的特点的是(　　)。
   A. 个人数据的所有权为该数据的生成者所拥有
   B. 个人数据的内容是数据主体可被识别的个人信息
   C. 个人数据构成个人隐私的重要内容
   D. 个人数据控制权丧失后具有可恢复性
4. ".cn"和".中国"属于中国的国家(　　)。
   A. 顶级域名　　B. 二级域名　　C. 三级域名　　D. 四级域名
5. 将他人的商标、商号等商业标识抢先注册为域名,但却"注"而不"用",并未利用注册的域名进行商业使用属于(　　)。
   A. 抢注类域名纠纷　　　　　　B. 盗用类域名纠纷
   C. 权利类冲突域名纠纷　　　　D. 域名诉讼纠纷

二、多选题

1. 下列属于个人信息的是(　　)。

A. 自然人的姓名　　B. 身份证件号码　　C. 生物识别信息　　D. 健康信息

2. 隐私是由（　　）所组成的。

A. 个人数据　　B. 个人活动　　C. 个人空间　　D. 绝对隐私

3. 电子商务税收法律制度构建的基本前提包括（　　）。

A. 诚信基础　　B. 法律基础　　C. 物质基础　　D. 技术基础

4. 关于域名下列说法正确的是（　　）。

A. 域名该计算机的 IP 地址相对应

B. 域名就是人性化的 IP 地址

C. 域名是上网单位和个人在网络上的重要标识，起着识别作用

D. 域名和 IP 地址一样，不是唯一的

5. 下列属于著作权人精神权利的是（　　）。

A. 发表权　　B. 署名权　　C. 修改权　　D. 复制权

三、简答题

1. 简述跨境电子商务中的主要法律主体。
2. 网络隐私权的主要侵权方式有哪些？
3. 简述电子商务对税法要素的影响。
4. 简述域名保护的原则。

四、案例题

北京互联网法院第一案——"抖音短视频"诉"伙拍小视频"侵犯信息网络传播权案

一条"抖音"App 上的短视频，被用户上传到百度公司拥有的"伙拍小视频"，因为短视频原作者与抖音签订独家协议，"抖音"App 所有者北京微播视界科技有限公司（以下简称微播视界公司）遂将百度公司和上传视频的用户告上北京互联网法院，要求其公开道歉并给予经济赔偿。2018 年 12 月 26 日，北京互联网法院一审判决驳回了原告"抖音"App 所有者微播视界公司的全部诉讼请求。

一审法院认定原告微播视界公司主张权利的"5·12，我想对你说"短视频（简称"我想对你说"短视频）构成类电作品；被告百度在线网络技术（北京）有限公司（以下简称百度在线公司）、被告北京百度网讯科技有限公司（以下简称百度网讯公司）作为提供信息存储空间的网络服务提供者，对于伙拍小视频手机软件用户的侵权行为，不具有主观过错，在履行了"通知-删除"义务后，不构成侵权行为，不应承担相关责任；驳回原告的全部诉讼请求。

法院经审理认为，本案的争议焦点有三点：一是原、被告公司是否为适格主体，二是该作品是否构成"类编作品"，三是被告行为是否构成侵权。

法院推定，原、被告均为适格的主体。同时，法院也认定，该视频具备独创性，构成类编作品。不过，因为二被告在接到原告的电子邮件通知后，及时删除了视频，被告作为网络服务的提供者，符合了信息网络传播权保护条例规定的"避风港"原则，最终法院认为，二被告不应承担责任，并且驳回了原告的诉讼请求。

（资料来源：中国法院网 https://www.chinacourt.org/article/detail/2018/12/id/3635565.shtml）

思考：

1. 著作权应当包括哪些内容？

2. 结合案例谈一谈信息网络传播权保护条例规定的"避风港"原则。

实训题

实训一 通过互联网登录广东电子税务局，体会用户注册流程

此功能允许任何自然人注册，主要是让个人用户拥有自己的电子税务局账号。用户注册的基本信息包括用户名、密码、手机号码、地址、邮箱等。

操作步骤

（1）打开广东省电子税务局网站（https://etax.guangdong.chinatax.gov.cn/xxmh/），单击网页右上角的"登录"。
（2）单击"微信扫码登录"，填写相关信息，进行人脸识别登录验证，成功后即可使用。

注意事项

（1）实名认证可以通过广东税务手机App进行办理，也可以携带相关证件信息到基层税务局进行实名认证后，在广东省电子税务局网页或广东电子税务局手机App中进行实名制绑定。
（2）未实名认证的个人用户，只能申请授权办理个税社保业务。

实训二 在凡科建站网上建立自己的网上商店（宣传型），申请二级域名，并体会构建网站的流程

操作步骤

（1）打开IE浏览器，输入凡科建站网站地址 http://jz.faisco.com/pro12.html?_ta=169。
（2）单击"免费注册"并填写注册信息，单击"免费注册"。
（3）按照操作流程，进行"一键复制样板，急速搭建网站"。
（4）建站成功后，依次单击"网站设计""网站管理""商务平台"等栏目进行相关设置。
（5）打开IE浏览器，在地址栏输入：已申请会员名，浏览自己建立的网站。

实践技能要点解读

二级域名是顶级域名（一级域名）的下一级，域名整体包括两个"."或包括一个"."和一个"/"，如 www.abc.com，bbs.abc.com。大部分所谓免费二级域名，是指除了"www"前缀，只含有两个"."的二级域名。二级域名是以顶级域名为基础的地理域名。例如，中国的二级域名有.com.cn，.net.cn，.org.cn，.gd.cn等。子域名是其父域名的子域名。例如，父域名是abc.com，子域名就是 www.abc.com 或*.abc.com。一般来说，二级域名是域名的一条记录。例如，

alidiedie.com 是一个域名，www.alidiedie.com 是其中比较常用的记录，一般默认是用这个，但是类似*.alidiedie.com 的域名全部称为 alidiedie.com 的二级域名。

顶级域名、二级域名、子域名的区别在于：顶级域名以.com、.net、.org、.cn 等结尾的属于国际顶级域名。根据目前的国际互联网域名体系，国际顶级域名分为两类：类别顶级域名（gTLD）和地理顶级域名（ccTLD）。类别顶级域名是以 com、net、org、biz、info 等结尾的域名，均由国外公司负责管理。地理顶级域名是以国家或地区代码为结尾的域名，如"cn"代表中国，"uk"代表英国。地理顶级域名一般由各个国家或地区负责管理。

小组任务

1. 小组组成及任务

案例：北京互联网法院第一案——"抖音短视频"诉"伙拍小视频"侵犯信息网络传播权案。

任务：互联网出版物著作权的法律保护。

团队：全班学生分成三个小组，第一组为公诉人，第二组为被告和辩护律师，第三组为法官、书记员和陪审员。

2. 要求

各小组准备相应的诉讼材料，模拟审理互联网出版物著作权侵权案并体会相应角色，同时熟悉并掌握相应法律知识。

各小组主要准备《中华人民共和国著作权法》《中华人民共和国民法典》《信息网络传播权保护条例》及其他相关法律。

第一组（公诉人）准备材料。

第二组（被告和辩护律师）准备材料。

第三组（法官、书记员和陪审员）审查证据，并借助网络，写出判决书。

相关资料请在网络中查找。

参考文献

[1] 电子商务法起草组. 中华人民共和国电子商务法条文释义[M]. 北京：中国法制出版社，2018.
[2] 凌斌. 电子商务法[M]. 北京：中国人民大学出版社，2019.
[3] 郭锋. 中华人民共和国电子商务法法律适用与案例指引[M]. 北京：人民法院出版社，2018.
[4] 柯桦龙，周海斌，夏雪峰，等. 以案说法：电子商务法案例评析[M]. 北京：机械工业出版社，2016.
[5] 罗佩华，魏彦珩. 电子商务法律法规[M]. 北京：清华大学出版社，2019.
[6] 刘喜敏，迟晓曼. 电子商务法实务研究[M]. 大连：大连理工大学出版社，2015.
[7] 姚维振. 电子商务法[M]. 合肥：安徽师范大学出版社，2014.
[8] 李莉莎. 第三方电子支付法律问题研究[M]. 北京：法律出版社，2014.
[9] 鞠晔. B2C电子商务中消费者权益的法律保护[M]. 北京：法律出版社，2013.
[10] 郑远民，李俊平. 电子商务法发展趋势研究[M]. 北京：知识产权出版社，2012.
[11] 李国旗. 电子商务法实务研究[M]. 杭州：浙江大学出版社，2015.
[12] 高富平. 中国电子商务立法研究[M]. 北京：法律出版社，2015.